761	Tage
41	Länder
43.578	Kilometer per Fahrrad
477	Fahrtage
90	Kilometer Ø pro Fahrtag
2.350	Stunden Fahrzeit
295.000	Höhenmeter
63	Platte Reifen

Besser Welt als Nie

Der Film zum Buch, der Soundtrack zum Film
und viele weitere Informationen zur Reise auf

www.besserweltalsnie.de

Besser Welt als Nie

besserweltalsnie

2. Auflage 2020
ISBN: 978-3-00-063828-2
Herausgeber: Dennis Kailing, Waldblick 7, 63571 Gelnhausen
Lektorat: Yannic Hannebohn, Bruno Sendner
Satz und Covergestaltung: Dennis Kailing
Druck und Bindung: CPI Clausen & Bosse GmbH, Leck
Fotos: Dennis Kailing, Robert Elschner (USA),
Micha (Nicaragua / Costa Rica), Tom, Axel, Kerstin,
Bobo, Rekah, Samuel, Phil und viele mehr
Special thanks to: Nikolai Binner

"In der Ungewissheit verbergen sich die größten Abenteuer"

WARUM?

Vor Beginn der Reise haben mich viele Leute gefragt: “Warum fährst du mit dem Fahrrad um die Welt?” Und auch nach 25 Monaten, 43.600 km und der Umrundung unseres Planeten, scheint die Frage viele noch immer zu interessieren.

Aufgewachsen in Gelnhausen-Haitz, einem kleinen Ort in Hessen; Grundschule, Gymnasium, Zivildienst, Studium und Abschluss als Bachelor of Engineering. In den Augen vieler ein Lebenslauf, wie er sein soll. Aber soll er auch in meinen Augen so sein?

In meinem Auslandssemester in Namibia 2012 muss es wohl passiert sein: Ich habe mich verliebt – ins Reisen. Seitdem habe ich immer wieder Google Earth geöffnet und mir stundenlang auch die letzten Ecken der Erdkugel angeschaut. Eigentlich hat eine Kugel ja keine Ecken, aber bei genauerem Hinsehen sind es unendlich viele. Wie wäre es, diese Orte mal in der Realität zu erleben? Wie würde es sich anfühlen? Warum kann man eine Weltreise erst dann machen, wenn man jahrzehntelang Geld gespart hat? Warum geht sowas nicht schon jetzt?

Eines Abends scrolle ich gelangweilt durch die Facebook-Timeline und mir fällt ein Link auf, den jemand geteilt hat: „Er fuhr zwei Jahre lang mit dem Fahrrad um die Welt und starb nicht mal dabei" – so oder so ähnlich hieß die Überschrift. Ich klicke drauf und versinke im Artikel. Ich wusste nicht, dass Leute mit dem Fahrrad reisen; es ist die beste Sache, die ich seit langem gehört habe. Der Artikel mit der bescheuerten Überschrift soll mein Leben verändern. Die Story lässt mich nicht mehr los und ich durchforste das Internet nach mehr Informationen. Was mir auffällt: Radreisende scheinen keine Übermenschen zu sein, keine Bruce Lees oder Arnold Schwarzeneggers. Also muss eine solche Reise doch auch für mich möglich sein. Ich habe sogar schon mal an einem Tag 60 km mit dem Fahrrad bewältigt. Und anschließend ins Hotelzimmer gekotzt. Trotzdem scheint das Fahrrad ein tolles Fortbewegungsmittel für eine Reise zu sein: Die Kosten für Fahrrad und Equipment sind überschaubar, Kraftstoff ist nicht notwendig, Reparaturkosten halten sich im Rahmen und an Grenzen muss man vermutlich nicht extra zahlen. Nachteil: Man ist wahrscheinlich relativ langsam.

Mehr Ahnung hatte ich vor meiner Reise nicht.

Heute weiß ich: Mit dem Fahrrad zu reisen ist absolut genial! Warum?
Das finde mal heraus.

Inhalt

Dennis Kailing

Besser Welt als Nie

VORBEREITUNGEN

Ich habe mir also in den Kopf gesetzt, mit dem Fahrrad um die Welt zu fahren. So eine Idee ist schön, aber es soll nicht nur bei einer Idee bleiben. Doch wie setzt man den Startschuss? Schließlich habe ich Verpflichtungen: montags bis freitags Filmschnitt, Kamera und Homepage-Pflege für eine wenig bekannte Talkshow in Berlin. Einfach den Job kündigen? Nein, dazu hätte ich niemals den Mut. Es bedarf etwas Glück – ein Ereignis, das wahrscheinlich eher wenige als Glück bezeichnen würden.

An einem Sonntagabend Ende April bekomme ich einen Anruf von meinem Chef: „Dennis, du weißt wie es aussieht – unser Vertrag mit dem Sender wird nicht verlängert und damit haben wir kein Geld. Also, das heißt so viel wie, also, ähm, …“ – „…dass ich arbeitslos bin“, ergänze ich nüchtern, während eine Mischung aus Freude und Aufregung in mir zu brodeln anfängt. Er holt aus, um sich für die Situation zu entschuldigen, aber ich komme ihm zuvor: „Mach dir um mich keine Sorgen. Ich hab‘ da schon eine Idee.“ Als ich auflege, habe ich also meinen Job verloren. Jetzt kann es losgehen!

Noch in derselben Nacht checke ich meine Kontostände, realisiere, dass ich etwas Geld zusammengespart habe, was mir gar nicht so bewusst war, und gehe alle Fakten durch. *Du bist 24 Jahre alt, du hast keine Arbeit, du hast keine Kinder, du hast keine Freundin, du hast also keine Verpflichtungen, die dich hier halten. Aber du hast diese Idee mit der Fahrradweltreise. Und du hast etwas Geld, um das zu finanzieren. Wenn du es machen willst, dann jetzt oder nie! Nochmal: Idee, Geld, Arbeit, Kinder... Aber ist das nicht gefährlich? Was ist, wenn ich in Indien vom Laster umgefahren werde, in Indonesien Malaria bekomme und in Mittelamerika komplett ausgeraubt werde? Was mache ich eigentlich, wenn ich es nicht mache. Nichts?*

Ich grüble bis zum Morgengrauen und leicht benommen vom Schlafentzug begebe ich mich auf direktem Weg zum Tropenarzt. Ich zeige ihm meine Route, die ich schnell auf eine kleine Weltkarte gekritzelt habe. “Ich möchte mit dem Fahrrad um die Welt fahren", sage ich und schaue ihn unsicher an. Er freut sich riesig, dass er montagmorgens schon zum ersten Mal gefordert wird und stellt in Windeseile einen vierwöchigen, mit elf Spritzen an drei Terminen versehenen Impfplan zusammen. Die ersten vier drückt er mir schon heute in den Arm und sagt: „Bis nächste Woche Montag."

Etwas benebelt vom Impfstoff und noch immer ohne Schlaf laufe ich nach Hause. Am Abend rufe ich meine Eltern an, mehrmals habe ich von der Idee erzählt ohne wirklich ernstgenommen zu werden. Beide hoffen noch immer, dass es nur eine Phase ist, ich vom Filmschnitt zurück zum Bauingenieurwesen wechsle und meinen Master mache; was Eltern halt so hoffen...

"Hallo?", höre ich meine Mutter am anderen Ende.

„Hey Mama, ich fahre mit dem Fahrrad um die Welt."

„Ja, ja, Dennis, wie immer."

„Ich war heute Morgen beim Tropenarzt und hab' mir die ersten vier Spritzen in den Arm jagen lassen. Die nächsten drei in der nächsten Woche und dann nochmal vier in vier Wochen."

Ein paar Sekunden höre ich nichts außer dem Fernseher, der im Hintergrund läuft. Günther Jauch unterhält sich mit einem Kandidaten – Wer wird Millionär. Dann höre ich, wie sich meine Mutter zur Seite dreht und mit emotionsloser Stimme zu meinem Vater sagt: „Ich glaub' er meint's ernst."

Damit sind die wichtigsten Menschen informiert und ich verbringe die nächsten vier Wochen mit: Einreisebestimmungen checken, einen zweiten Reisepass beantragen, Auslandskrankenversicherung abschließen, Fahrrad- und Campingequipment kaufen und Umzug vorbereiten. Ich kündige meine Wohnung, verabschiede mich von meinen Freunden in Berlin, schaffe alle Dinge in mein Elternhaus nach Gelnhausen, Hessen und warte auf mein neues Fahrrad.

Sobald das Fahrrad da ist, packe ich es aus, schraube die Pedale dran, bringe den Lenker in Position und fahre zweimal die Straße 100 Meter vor und 100 Meter zurück. Mit Fahrrädern kenne ich mich so gut wie nicht aus, deswegen lautet das kritische Fazit meiner Studie: *Das ist ein Fahrrad. Es hat zwei Reifen. Und es fährt.* Auf dem Rahmen steht „vsf fahrradmanufaktur TX 400", das ist mir zu kompliziert. Ich taufe es pragmatisch: „Fahrrad."

Europa

Deutschland
Österreich
Slowakei
Ungarn
Serbien
Bulgarien
2758 km / 42 Tage
GELNHAUSEN
PASSAU
WIEN
BUDAPEST
BELGRAD
GIGEN
WARNA

DEUTSCHLAND

„Da ham se ja noch einiges vor sich"

Zwei Tage nach der Lieferung des Fahrrads ist der große Tag gekommen. Ich habe meine Sachen zusammen und die Taschen sind gepackt. Außer meinen Eltern ist niemand zu Hause und außer meinen engsten Freunden habe ich niemandem von meinem Plan erzählt. Ich wollte den Kommentaren, die in einer Kleinstadt kommen, aus dem Weg gehen. „Und was machste danach beruflich?" „Ist das nicht gefährlich?" Lieber schleiche ich mich heimlich davon.

Wir hängen die Taschen ans Fahrrad, das dadurch sein Kampfgewicht von ca. 50 Kilo erreicht, und ich fahre erneut zweimal die Straße 100 Meter vor und 100 Meter zurück. Meine Hände schlackern ganz ordentlich, noch nie habe ich auf einem so schwer beladenen Fahrrad gesessen. „Und damit willst'e um die Welt fahren?", sagt mein Vater mit hämischem Spott. „Ich schau mal, ob ich's bis ins Nachbardorf schaffe." Ich umarme ihn, umarme meine Mutter und steige auf mein Fahrrad. **Die Reise beginnt.**

Von Aufregung kann man wohl kaum sprechen, schließlich ist es kein Flugzeug, das abhebt oder eine Rakete, die zum Mond geschossen wird. Es ist ein Fahrrad und selbst nachdem ich schon drei Stunden unterwegs bin, könnte mir meine Mutter schnell 20 Minuten mit dem Auto hinterherfahren, um mir das Butterbrot zu bringen, das ich auf dem Küchentisch liegen gelassen habe. Doch irgendwie muss man eben anfangen. Denn wie schon Laotse sagte, beginnt eine Reise von 1.000 Meilen mit dem ersten Schritt bzw. Tritt.

Am ersten Abend, satte 50 km von meiner Heimat entfernt, kaufe ich mir voller Stolz bei McDonalds einen Snack und esse ihn draußen bei meinem Fahrrad. Ein Mann kommt vorbei und fragt mich, was ich vorhabe. „Um die Welt will ich fahren!“ Er macht riesige Augen und bekommt den Mund nicht mehr zu. Als sich sein geschätzt 10-jähriger Sohn nähert, erzählt ihm der Mann aufgeregt, was er gerade gehört hat. Unbeeindruckt fragt mich der Bengel mit hoher Stimme:
„Un wie weit sin se schon gekomme?“
„In Gelnhausen bin ich losgefahren, heute ist mein erster Tag.“
„Da ham se ja noch einiges vor sich.“
Das stimmt. Da hab’ ich ja noch einiges vor mir. Schon mal was von Laotse gehört?!

Ich fahre weiter bis es dämmert. Aus Angst vor Entdeckung oder fiesen Räubern roll ich an jeder Stelle vorbei, die sich zum Campen anbietet. Weitere Minuten vergehen und die sich ausbreitende Dunkelheit zwingt mich, die nächste Möglichkeit zu nutzen, sonst sehe ich gar nichts mehr. Ich finde eine Wiese und schlage mein Zelt so heimlich wie möglich unter einer großen Bahnbrücke auf. Neben meinem Fahrrad, dem Zelt und mir fließt der Main. Ich habe so viel Angst beklaut zu werden, dass ich mein komplettes Fahrrad mit ins Zelt nehme und mich auf die verbleibenden 50 Zentimeter quetsche. So viel Angst in der Nähe eines Dorfes in Unterfranken. Unter der Woche. *Wie soll das erst in Südamerika werden, wenn ich mein Zelt auf der Kokaplantage eines Drogenkartells aufschlagen muss?*

Ich versuche zu schlafen, habe ich heute doch ganze 65 Kilometer geschafft, so viel wie noch nie zuvor. Ebenfalls noch nie habe ich wild gecampt und schon gar nicht allein. Meine Ohren sind gespitzt und es ist dunkel im Zelt. Bei jedem Rascheln der Blätter im Wind, bei jedem kleinsten Geräusch fantasiere ich: *Jetzt steht jemand mit langem schwarzen Mantel und Schweinemaske bekleidet vor dem Zelt und wird mich gleich mit seiner Kettensäge zweiteilen.* Eine berechtigte Angst, da man ja täglich in den Nachrichten von Menschen in Unterfranken mit Schweinemasken und Kettensägen hört. Das geht für etwa eine Stunde so, ehe ich mich beruhigen kann. Ich rede mir ein, im Garten meiner Eltern zu zelten. Global betrachtet, bin ich auch noch im Garten meiner Eltern, aber wie das in anderen Ländern werden soll, weiß ich nicht. Eventuell gewöhne ich mich ja daran – an diesen Typ mit der Schweinemaske.

Tatsächlich wache ich am nächsten Morgen lebendig und in einem Stück auf und schwinge mich aufs Rad.

Am dritten Tag erreiche ich nach insgesamt 200 km mit starken Knieschmerzen **Bamberg**. Abends kann ich kaum noch laufen, als ich und mein Kumpel Jonas, der hier wohnt, aus einer Bar kommen. Wir haben uns das ein oder andere Bierchen gegönnt, aber daran liegt es nicht. Ein leichter Knorpelschaden im linken Knie von elf Jahren Basketball beschert mir immer mal wieder Schmerzen und jetzt tut er das wie nie zuvor.

Alles aus? Nach drei Tagen? Wie soll ich mich vor meinen Freunden rechtfertigen? Jonas argumentiert, dass ich mehr trinken soll, das betäube den Schmerz. Ich stelle mir meinen Vater vor, der mir mit laufendem Motor aus seinem Auto zuwirft: „Im Prinzip hast du's ja bis ins Nachbardorf geschafft." „Jonas! Gib die Flasche rüber!" So behandeln wir zwei Tage lang das Knie und tatsächlich: Es wirkt.

In kleineren Gängen, dafür mit höherer Trittfrequenz, radel ich weiter Richtung Südosten und knacke zum ersten Mal die magische 100 km-pro-Tag-Grenze. Die **Campingplätze** am Mainufer kosten im Schnitt an die zehn Euro – zehn Euro Lehrgeld. Die zweieinhalb Jahre, die ich unterwegs sein will, würden mein Konto also um 9.000 € alleine an Übernachtungskosten dezimieren. Das ist zu viel, ist mir klar.

Nach elf Tagen überquere ich die deutsch-österreichische Grenze. Einen Hinweis darauf suche ich vergebens. Es ist schön, dass viele Grenzen innerhalb Europas offen sind und ich weiß, dass wir nicht gerne Flagge zeigen, solange nicht WM ist, aber ein Hinweis-, Begrüßungs- oder Verabschiedungsschild an der Grenze würde doch nicht schaden. Vielleicht nur die Meinung eines Einzelnen, der weiß, wie gut Fotos mit Schildern bei den Freunden ankommen.

Österreich bis Bulgarien

„Dennis, Arbeit, Arbeit!"

Österreich

Am ersten Abend in Österreich frage ich ein Ehepaar mittleren Alters, ob es einen Campingplatz in der Nähe gibt. Spontan laden sie mich ein, bei ihnen im Garten zu zelten.

Als ich morgens aufwache, klopft eine Hand an mein Zelt. Die Nachbarin, **Marianne**, 74, lädt mich ein, ins Haus zu kommen, sie hat Frühstück vorbereitet. Einen Kaffee, ein Glas Orangensaft, zwei Brötchen, Butter, Marmelade, Käse und Honig, fein säuberlich auf dem Tisch aufgebaut. Auch sie will wissen, wo ich hinwill und hält sich erschrocken die Hand vor den Mund, als ich meinen Plan offenlege, was mich schon sehr amüsiert. Ich zähle in gemischter Reihenfolge die Länder auf, die ich besuchen will und lege eine besonders gefährliche Betonung auf „Iran" und „Kolumbien". Marianne nimmt die Hand von ihrem Mund, reißt beide Hände in die Höhe und ruft voller Entsetzen: „Maria!" Ich sehe, wie sie Pablo Escobar und Ajatollah Chomeini vor Augen hat, die mich eigenhändig exekutieren. „Das wird schon funktionieren", ermuntere ich sie mit einem Grinsen, bedanke mich fürs Frühstück und fahre weiter an der Donau entlang Richtung **Wien**.

In der prallen Sonne erreiche ich die Hauptstadt Österreichs. Der Test ist damit überstanden. Mein Knie hat rebelliert, aber dann doch mitgemacht und die ersten 900 km sind in den Speichen. Ich bin überzeugt, dass ich diese Entfernung noch 50 Mal zurücklegen kann. Zeit, meinem Freundeskreis zu erzählen, was der Plan ist.

Slowakei / Ungarn / Serbien

Mit der Einreise in die Slowakei verlasse ich den deutschsprachigen Raum. Die Hauptstadt **Bratislava** ist nicht sonderlich spektakulär, aber es ist auffällig, dass die Bierpreise sich seit Wien, also innerhalb von 65 km, exakt halbiert haben. Es motiviert mich, noch weiter Richtung Osten zu fahren.

Der osteuropäische Sommer zeigt seine volle Stärke und ich folge weiter der Donau. Meine Theorie ist einfach: Wer an einem Fluss entlangfährt, muss keine Berge überwinden, denn ein Fluss macht sowas ja auch nicht. Die kritische Prüfung dieser Theorie zeigt, dass es stimmt, was ich mir überlegt hatte. Weitere Erkenntnisse sind, dass man nach 100 km Radfahren auf einem schwer bepackten Touring-Bike abends sehr gut einschlafen kann. Und man hält es auch bei 38°C in der prallen Sonne gut aus, solange man auf dem Rad sitzt und der Fahrtwind einen kühlt.

Ich fahre durch Ungarn nach **Serbien**. Einige Dörfer zeigen noch immer Spuren des Kosovokriegs, der hier 1999 getobt hatte. In Belgrad komme ich über die Reise-Community „Couchsurfing“ bei Milan und Nevana unter. Milan, der 1986 hier geboren wurde, erklärt mir, dass er zwar immer in derselben Stadt, aber

aufgrund politischer Entscheidungen und **Kriege** schon in fünf verschiedenen Ländern gelebt hat. Sowieso sei ihm sein Land viel zu korrupt und das nicht nur auf politischer Ebene. Er lädt mich ein, ein **Erstliga-Fußballspiel** im Stadion anzuschauen: das Stadtderby Roter Stern Belgrad gegen OFK Belgrad.

Von Niveau und Stadiongröße ähnelt es einem Spiel der dritten Liga in Deutschland. Die Fans sind aggressiv, manche nebeln schon vor Spielbeginn das Stadion mit Rauchfackeln ein. Milan sagt: „Egal was passiert, Roter Stern wird heute gewinnen. Ich setze mein Haus, meine Frau und meine nicht vorhandene Yacht. Willst du dagegen wetten?“
„Ne danke, lass mal gut sein.“
„Der Direktor von Roter Stern ist gleichzeitig der Direktor von OFK“, erklärt Milan. “Aber da Roter Stern als der traditionell erfolgreichere Verein die Punkte braucht, sowie auch der ein oder andere Politiker“, er wedelte mir mit einem Geldschein vor der Nase herum, „wird Roter Stern heute gewinnen. Glaub mir.“

Das Spiel beginnt mit viel Energie auf beiden Seiten und zur Überraschung einiger Fans, geht OFK mit 1 : 0 in Führung. Kurz vor der Halbzeit legen sie sogar noch eins drauf, 2 : 0 zur Pause. Ich gucke Milan grinsend an: „Wie war das nochmal mit Haus, Frau und Yacht?“ „Abwarten!“ In Halbzeit zwei ändert sich dann alles. OFK läuft lustlos hinterher und probiert nicht einmal das gegnerische Tor zu attackieren, geschweige denn vernünftig zu verteidigen. Roter Stern schießt lässig ein Tor nach dem nächsten – Endstand 2 : 6.

Ich gucke zu Milan, er grinst mich an: „So läuft Fußball in Serbien." In den darauffolgenden Tagen leitet der Verband ein Ermittlungsverfahren aufgrund des Verdachts der Manipulation ein. Viel Spaß beim Ermitteln.

Nach drei Tagen in Belgrad fahre ich weiter, noch immer an der Donau entlang. Jetzt bei durchschnittlich 38°C im Schatten, frage ich am Abend bei einem alten, runtergekommenen Bauernhof, ob ich dort mein Zelt aufbauen könne. Slobodan und seine Frau sprechen kein Englisch, ich spreche kein Serbisch. Mit Händen und Füßen, Gesichtsausdrücken und einzelnen Worten versuchen wir uns zu verständigen. Erstmal soll ich mich setzen, signalisiert er. Er holt eine 1,5 Liter Fanta–Flasche mit durchsichtiger Flüssigkeit. „Sliwowitz!" Er schenkt sich und mir ein. **„Dennis, Arbeit, Arbeit!"**, ruft er mir entgegen und das Destillat macht sich auf den Weg in unsere Mägen. Neben „Arbeit, Arbeit" kennt er noch „Gut", „Danke" und „Scheiß", sowie drei Worte Französisch. Dazu spricht er fließend Serbisch und Italienisch. Ich spreche Deutsch, Englisch, zwei Worte Französisch und ein bisschen Spanisch. Wir können uns alles

erzählen und mit jedem Sliwowitz und damit verbundenen „Dennis, Arbeit, Arbeit!" funktioniert es umso besser. Ihm scheint mein martialisch aussehendes Messer zu gefallen, dass ich jedoch nur zum Essen verwende. „Military Style", sage ich und drücke es ihm in die Hand. Slobodan schaut es an, macht einen warnenden Gesichtsausdruck und sagt: „Bulgaria, Zapp-zarapp!“ Er will mir wohl mitteilen, dass in Bulgarien viel geklaut wird und ich das Messer als Verteidigung benutzen kann. Hastig legt er es zur Seite, verschwindet in seinem Häuschen und kommt kurzerhand mit einem riesigen Gewehr zurück. **„Russia!“**, grinst er mich an. Amüsiert zolle ich ihm kurz Respekt für den Besitz dieses Prachtstücks, dann setzt er sich wieder. „Dennis, Arbeit, Arbeit!“ und der nächste Schnaps brennt bei mir in der Kehle, während Slobodan sich stets nur kurz schüttelt.

Nachdem ich die Nacht auf dem Bauernhof leicht beschwipst in meinem Zelt verbracht habe, lädt mich Slobodan am nächsten Morgen zu einem serbisch-italienischen Frühstück ein: Ein kleiner Kaffee, der etwa zu 40 % aus Kaffeesatz besteht und ein Sliwowitz. „Dennis, Arbeit, Arbeit!“ Ich packe meine Sachen zusammen und ehe er mir das nächste Glas füllt, zeige ich auf mein Fahrrad und sage: „Slobodan, Arbeit, Arbeit!“ Er lacht herzhaft und nimmt mich in den Arm. Noch einmal warnt er mich vor Bulgarien und winkt mir zusammen mit seiner Frau bei der Abfahrt hinterher.

Bulgarien

An meinem 25ten Geburtstag überquere ich die Grenze zu Bulgarien. Der Grenzort Bregovo ist das Trostloseste, was ich bisher gesehen habe. Heruntergekommene Häuser, aufgerissene Straßen, keine Menschen auf der Straße, lediglich ein paar Straßenhunde. Der Nordwesten ist der ärmste Teil Bulgariens und das sehe ich hier auch.

Mein Geburtstag hält leider keine Highlights bereit. Während ich gerne mit meinen Freunden in der Heimat gefeiert hätte, bin ich jetzt eben hier. Das ist wohl der Kompromiss, den man als Alleinreisender eingehen muss. Aber bereuen tue ich meine Reise wegen einem Tag mit gemischten Gefühlen natürlich nicht. Wer weiß, wo ich an meinem 26ten sein werde.

Auf meinem weiteren Weg sehe ich eine Mischung aus Bulgaren-Dörfern und Roma-Dörfern. Vor den Roma-Dörfern werde ich immer wieder von Bulgaren gewarnt. Bei der Durchfahrt dieser meist von Armut geprägten Gemeinden wird von den Bewohnern oft die Hand aufgehalten für ein paar Münzen – egal ob jung, alt oder sogar sehr alt. Teilweise beginnen Kinder hektisch zu tanzen, wenn sie mich sehen, um anschließend die Hand aufzuhalten.

An einer Quelle, an der ich meine Trinkflasche auffüllen will, treffe ich eine Roma-Frau. Sie hat eine **Schildkröte** gefangen und hält diese in ihrer Hand. Sie zeigt auf mein Fahrrad und signalisiert mir, dass ich viel essen muss. Dann hebt sie die Hand, in der sie die Schildkröte hält, und sagt „pet leva", während sie mit der freien Hand fünf Finger nach oben hält. Fünf Leva, also 2,50 € für dieses Exemplar, dabei ist das schutzpanzertragende Reptil noch relativ klein. Ich denke einen Moment nach. „Mit Salz und Pfeffer?" Sie guckt mich verdutzt an. Ich bedanke mich, aber gebe ihr zu verstehen, dass ich vorerst andere Speisen präferiere und fahre weiter.

An einem Mini-Market begegnet mir ein Radfahrer mit Rennrad und Trikot. Er spricht kein Englisch, trotzdem verstehe ich, dass er mich überreden möchte, mitzukommen. Beschäftigt mit Tagebuch und Blogeinträgen für meine Homepage, lasse ich ihn vorerst weiterziehen, gebe ihm aber noch die Adresse meiner Homepage bevor er davonradelt.

Tagebuch, ja oder nein?
Tagebuch schreiben ist definitiv ein Zeitfaktor und Spaß macht es in der Regel nicht. Man sollte sich bewusst machen, wofür man es braucht. Wenn du ein Buch über deine Reise schreiben willst, ist es von Vorteil. Anfangs dachte ich, dass ich so manche spannende Geschichte nie vergessen werde, aber dann passierten noch viel verrücktere Dinge und das davor Geschehene versank in den Tiefen der Erinnerung. Insofern ist das Tagebuch auch dann eine schöne Sache, wenn es nur dem privaten Zweck dient. Vorausgesetzt man nimmt es danach jemals wieder in die Hand.

Als ich zwei Stunden später weiterfahre, ärgere ich mich tierisch, dass ich ihm nicht gefolgt bin, aber schon nach wenigen Kilometern begegnet er mir erneut, dieses Mal mit seiner 13-jährigen Tochter Nelina. **Gemeinsam** fahren wir weiter und Nelina erzählt mir in gutem Englisch, dass ihr Vater Dimitar mich gerne zum Essen einladen will. Ich lasse mich nicht zweimal bzw. nicht ein drittes Mal bitten und folge den beiden, während ich die erste Unterrichtsstunde Bulgarisch erhalte.

In Gigen, dem Dorf der Großeltern angekommen, weiß man längst Bescheid. Die zwei führen mich zum Haus, da kommt Nelinas Schwester auf mich zu und sagt: „Hi Dennis!“ In der Küche gibt es Aufregung bei Mutter, Großmutter und Großvater: Der Gast ist da! Setzen, trinken, gemischter

Salat, Essen ist in Arbeit! Ich erwarte zwar von niemandem irgendetwas, aber heute scheint die Messlatte der Gastfreundschaft in unermessliche Höhen geschraubt zu werden. Salat, Suppe mit Hühnchen, Lamm mit Beilage, Bier, Kebapche mit Kartoffeln, Eis, Wassermelone und zwischendurch der ein oder andere **Rakija**. Man wartet nur darauf, dass ich einen Wunsch äußere, um ihn mir direkt erfüllen zu können, sobald ihn die Mädels ins Bulgarische übersetzt haben.

Nach dem Festmahl will mir Opa Rumen eine Geschichte auf Bulgarisch erzählen, aber ich verstehe ihn einfach nicht. Also beginnt er nochmal, in doppelter Lautstärke. Auch dies bleibt ohne Erfolg. Er muss sich eingestehen, dass die Sprache und nicht die Akustik das Problem ist.

Zur Krönung darf ich im Wohnzimmer auf der Couch übernachten. Ich kann es kaum fassen: *Da haben mich einfach wildfremde Menschen, die mich noch nie zuvor gesehen haben, in ihr Haus eingeladen, mich gemästet und jetzt darf ich bei ihnen übernachten!* Sowas ist mir noch nie passiert.

Am nächsten Morgen, nach einem ausgiebigen Frühstück erzähle ich Nelina, wie überwältigt ich bin und frage, was ich denn als Gegenleistung tun könne. Mit ihrem sympathischen Lächeln sagt sie: „Nichts. Alles gut. Du warst unser Gast und das hat uns alle sehr glücklich gemacht." Um meine Schuldgefühle noch etwas zu verstärken, drückt mir Opa Rumen 20 Lev also ca. zehn Euro in die Hand, nachdem er mir am Vorabend erzählt hatte, dass er 300 Lev Rente bekommt. Ich sage ihm, dass ich es nicht annehmen kann. „Du musst aber!", befiehlt er mit autoritärer Stimme. Was bleibt mir schon übrig?

Einige Kilometer nach Abfahrt bin ich schon nicht mehr allein. Momchil ist ein Nuklear-Ingenieur, der mich mit seinem Rennrad auf der Straße aufgabelt. Mit ihm verlasse ich nach über drei Wochen den Donauradweg und zusammen erreichen wir das **Schwarze Meer!** Ist das nicht verrückt? Ich bin von Gelnhausen bis ans Schwarze Meer gefahren! Nach 36 Tagen fühle ich mich heute wie ein König.

Voller Euphorie springen wir ins Wasser und schneiden uns an scharfen Steinen und Muscheln Füße und Hände auf, aber in diesem Moment des Triumphes ist uns alles egal. Beim anschließenden Sieger-Bier zeige ich Momchil im Smartphone die Route, die ich bereits zurückgelegt habe. Ich zoome raus und mir wird bewusst, was ich schon geschafft habe: nicht viel. „Da ham se ja noch einiges vor sich", sehe ich den Bengel vom ersten Tag wieder vor mir. Aber nun die gute Nachricht: Das Ziel ist nicht das Ziel. Denn sonst hätte ich auch daheim bleiben können und wäre schon da gewesen. Was auf dem Weg passiert, darum geht es. Es muss nicht schnell vorangehen und auch nicht langsam, sondern genau so, wie ich es will. Wenn die Reise fünf Jahre dauert und ich noch immer Lust habe, dann ist es auch okay.

Der Orient

Tiflis
Istanbul
Kappadokien
Teheran
Schiraz
Bandar Abbas
Dubai
Maskat
Türkei
(Georgien)
(Armenien)
Iran
VAE
Oman
4177 km / 104 Tage

TÜRKEI

Die Drohne in der Felswand

Die Kirchen runden sich plötzlich ab, werden kuppelförmig und nennen sich Moschee. Das Kreuz wird zum Halbmond und aus den Minaretten schallt mehrmals täglich der Ezan. Ich bin in einer anderen Welt angekommen, der Welt des Islams. In vielleicht keiner anderen Religion haben die religiösen Regeln so großen Einfluss auf das alltägliche Leben der Menschen.

Auf dem Weg nach Asien gerate ich auf die Stadtautobahn Istanbuls, doch es gibt keine alternative Route. Dicht neben mir düsen hupende Autos, knatternde Motorräder, Abgaswolken-erzeugende Kleinlaster und röhrende Busse in einem nicht abreißenden Strom aus Lärm, Schmutz und Gefahr an mir vorbei, wobei sich innerhalb des Stroms jeder die Pole Position erkämpfen will. Es herrscht Krieg auf der Straße und ich bin schutzlos mittendrin. Mit 0,05 % Radfahrern hat Istanbul eine der geringsten Radverkehrsanteile weltweit und das kann ich hier gerade spüren. Sobald der Verkehr zum Stehen kommt, drängel ich mich an den Autos vorbei, quetsche mich durch die Menschenmassen auf dem Bürgersteig und umkurve die zahlreichen Obst- und Gemüsehändler. Es gibt zwar keine genaue Definition von „Metropole“, aber so langsam bekomme ich ein Gefühl dafür, was es sein könnte. Es gab weder einen richtigen Anfang, noch ist ein Ende in Sicht. Großstadt und mehr Großstadt.

Für satte 40 km hält dieses Szenario an, ehe ich sie vor Augen habe: die Brücke über den Bosporus und damit die Brücke von Kontinentaleuropa nach Kontinentalasien. Jeden Meter bis hierher habe ich aus eigener Muskelkraft zurückgelegt, jeden Zentimeter Asphalt haben meine Reifen gefühlt und jetzt ist der epische Moment gekommen. Eine letzte Rechtskurve und dann geht es auf die Brücke. In der Kurve sehe ich plötzlich ein Schild mit einem durchgestrichenen Fahrrad. *Mir egal, ich war die ganze Zeit schon auf der Autobahn und jetzt hält mich nichts mehr auf. Außerdem sind wir nicht mehr in der EU, hier kann man sowas schon machen,* denke ich mir etwas blauäugig. In letzter Sekunde sehe ich ein Auto mit einem lustig blinkenden roten und blauen Licht vor mir stehen. Es ist die **türkische Polizei** und sie winkt mich zur Seite.

„Mister, das hier ist eine Autobahn, keine Fußgänger, keine Fahrräder", erklärt mir einer auf Englisch. Die drei Jungs wollen tatsächlich meinen großen Moment verhindern. „*Aber ich kann meinen Helm aufziehen, dann bin ich in Sicherheit*", argumentiere ich. Kopfschütteln. „*Ich kann auch ganz schnell fahren, dann ist die Gefahr schneller vorbei.*" Die drei schauen sich ungläubig an. „*Da ist sogar Stau auf der Brücke, ich werde sogar schneller als alle anderen sein.*" Leicht genervt und dennoch amüsiert, stellt sich einer der drei tatsächlich mit seiner Warnkelle auf die Straße und hält den nächsten Niederflurbus an. Ich wuchte mein Stahlross hinein und stehe im Bus. Und der im Stau. Toll! Nach zehn langen Minuten bin ich drüben - Asien!

Auf der asiatischen Seite Istanbuls hatte ich über Couchsurfing einen "Host", also einen Gastgeber gefunden. Alper, 33, Doktor, zeigt mir am Abend sein Stadtviertel und lädt mich auf einen Türkischen Tee und eine Tüte Sonnenblumenkerne am Ufer des Bosporus ein. „Dennis, ich hatte dir ja schon über Couchsurfing geschrieben, dass ich die nächsten Tage nicht da sein werde, aber wenn du willst, kannst du meinen Schlüssel haben und ein wenig Istanbul erkunden." Leserumfrage: Hättest du einem Wildfremden, den du seit zwei Stunden kennst, deinen Wohnungsschlüssel überlassen, während du einige hundert Kilometer weiter ein paar Tage Urlaub machst?

Ich nehme die Einladung an, finde über Couchsurfing einen „Stadtführer“, Emrah, 34, Anwalt und gemeinsam ziehen wir los. **Blaue Moschee**, Hagia Sophia, der Große Basar, eine Bootsfahrt über den **Bosporus**, Kebab, Köfte, Pide, Tee, Tee und noch mehr Tee. In Reiseführern wird immer wieder beschrieben, wie Traditionen und Moderne in der Metropole am Bosporus verschmelzen würden. Auch ich finde Spuren dieses Phänomens, im expliziten Beispiel in der Kombination von Burka und Selfie-Stick. Es ist der Sommer 2015 und die Revolution der Selbst-Foto-Stöcke ist im vollen Gange. An jeder Ecke werden die Dinger verscherbelt und jeder muss mindestens einen besitzen. Das Schlimme ist nicht der Stock selbst, sondern der Großteil seiner Bediener. In einem Artikel habe ich einst die poetischen Worte gelesen: „Es ist der Mensch hinter dem Gerät, welcher es zu dem macht, was es ist.“ In 99 % aller Fälle also der fotografische Krückstock für Narzissten mit zu kurz gewachsenen Armen. Ihr T-Rexe im Menschengewand, lasst euch gesagt sein: Niemand will eure Bilder sehen. Würdet ihr euch beim Bilder-durchscrollen beobachten, würdet ihr feststellen, dass dieses „niemand“ auch euch umfasst. Ja, ihr seid wunderschön!

Als meine Selfiestick-induzierten Aggressionen verfliegen, verlasse ich Istanbul nach erneuter stundenlanger Fahrt durch den Großstadtdschungel.

Die Sonne scheint erbarmungslos, aber der körperlich anstrengende Aspekt des Radfahrens gerät mehr und mehr in den Hintergrund. Durchs trockene Hochland der Türkei fahre ich zum Tuz Gölü, in dem ich meine Vorliebe für **Springfotos** in Salzseen entdecke.

Ich fahre weiter über die Hauptstadt Ankara nach Kappadokien in Zentralanatolien. Die unterirdischen Städte, sowie Höhlen und Kirchen, die vor Jahrtausenden in den weichen Tuff gehauen wurden, und die bizarren und bunten durch Erosion geformten **Felsformationen** – sie alle bieten traumhafte Fotomotive. Das finden auch die chinesischen Touristen, die in großen Bussen viehtransportähnlich angekarrt werden, aussteigen, ihre Fotos machen, kurz verweilen, nochmal die gleichen Fotos machen, einsteigen und wieder abtransportiert werden. Wirklich wohl fühle ich mich hier nicht und entferne mich vom touristischen Hotspot.

Eine Drohnenaufnahme würde hier bestimmt richtig stark aussehen, denke ich mir. Also begebe ich mich mit meinem Kameraequipment in eine enge, ca. 20 m tiefe Schlucht. Ich will meine Drohne, die ich seit Beginn dabei habe, hier hindurchfliegen, um sie dann nach oben zu ziehen.

Die Drohne hebt ab und das Manöver funktioniert wie geplant. Als ich weit oben bin, will ich den Vogel wieder vom Himmel holen, aber es bewegt sich nichts. Ich bin zu hoch geflogen und die WiFi-Verbindung ist abgebrochen. Bewegungslos steht die Drohne in der Luft. Panisch renne ich ihr entgegen, um die Entfernung zu verkürzen, doch mir wird kein Signal angezeigt. Ich strecke mich, um mein Smartphone

soweit wie möglich nach oben zu halten. Nichts passiert. Hätte ich jetzt bloß einen Selfie-Stick! Minuten vergehen, die Batterie der Drohne entlädt sich kontinuierlich, mein Herzschlag steigt. Dann, wie aus dem Nichts, ist die Verbindung wieder da und ich ziehe den Vogel mit voller Kraft nach unten, um das Signal nicht erneut zu verlieren. Auf dem Weg nach unten wird die Drohne urplötzlich von einer Böe erfasst, klatscht an die Felswand und bleibt auf mittlerer Höhe der Schlucht liegen.

Was jetzt? Ich versuche hochzuklettern. Unmöglich. Also sprinte ich 200 m zurück zu einem kleinen Café und frage den Besitzer, Bayram, ob er mir helfen könne. Bayram ist erleichtert und erzählt mir, dass ihn das ungewöhnliche Geräusch verunsichert hatte. Er war losgerannt, weil er dachte, ein Bienenschwarm würde ihn attackieren. Auch er versucht dort hochzuklettern, wo wir die Drohne vermuten. Keine Chance. Eine Leiter hat er nicht. Ich frage ihn, ob man sie von oben erreichen kann.

„Lebensgefährlich“, antwortet er.

„Vielleicht mit einem langen und stabilen Seil?“

„Langes, stabiles Seil – woher?“

Ich soll ihm folgen. Wir laufen ein Stück zurück in Richtung seines Cafés. Hinter einem Baum versteckt, auf gut zwei Meter Höhe zeigt er auf einen kleinen Schacht, der in die Felswand führt. „Vielleicht?“, sagt er etwas verzweifelt und hilft mir hineinzukrabbeln. Nach einem Meter befinde ich mich in einem leeren Raum und sehe einen 1,20 m hohen Tunnel, dem ich folge. Vom Tunnel gelange ich in einen zweiten Raum, es ist stockdunkel. Vergeblich suche ich einen weiteren Tunnel, aber da ist nichts. Ich scheine in der Sackgasse gelandet zu sein. Aber dann finde ich doch den nächsten Gang, ein schmaler Schacht, der fünf Meter senkrecht nach oben führt. Ich schiebe mein Handy mit aktivierter Taschenlampe unter meine Kappe und habe eine **Do-It-Yourself Grubenlampe** gebaut. In Gedanken an meine Auslandskrankenversicherung drücke ich mich in Jackie Chan-Manier den Schacht nach oben, Stück für Stück, und befinde mich in Raum 3. Ich schaue mich um und sehe einige schwarze Punkte an der Wand. Schon erstaunlich, wie in dieser absoluten

Dunkelheit Spinnen leben können. Noch ein Tunnel, noch ein Raum und es ward Licht! Ich habe ein Fenster gefunden und schaue heraus. Unten in der Schlucht sehe ich Bayram stehen, der mir signalisiert, dass ich noch weiter nach links müsse. Im selben Raum sehe ich noch ein zweites Fenster, das jedoch mit großen Steinen verbarrikadiert ist. In meinem Kopf erklingt der Soundtrack von Indiana Jones, als ich die schweren Steine zur Seite wuchte. Als das Licht einfällt und ich meinen Kopf rausstrecke liegt sie genau vor mir: Ich hatte die Drohne exakt aufs Fensterbrett einer Jahrhunderte alten Höhle gesetzt. Das Piepen, das sie bei einem Absturz aussendet, ist noch immer aktiv. In dem Moment, als ich sie greifen will, erlischt es. Der Akku ist leer. Meine Drohne hatte nach mir gerufen und die Rufe wurden erhört.

Im Osten der Türkei liefern sich das türkische Militär und die PKK seit einigen Wochen schwere Gefechte mit Straßenschlachten, Häuserkämpfen und sogar Luftangriffen. Mein eigentlicher Plan, von der Türkei direkt in den Iran zu fahren, ist zwar weiterhin möglich, aber es ist nicht der Plan mit den größten Überlebenschancen. Mehrfach wurde mir von Menschen auf meiner Reise davon abgeraten, teilweise flehten sie mich an, das Gebiet großräumig zu umfahren. Auch ich habe aktuell wenig Interesse zwischen die Fronten zu geraten und beginne folglich eine kleine Etappe Richtung Norden, zurück ans Schwarze Meer:

Einen Abend lädt mich ein **Muezzin** zu Abendessen und Übernachtung ein, in der nächsten Nacht finde ich Unterschlupf im **Arbeitszimmer des Bürgermeisters**. Nach 3.400 km habe ich den ersten Platten und stelle nach der Reparatur mit 75,2 km/h einen neuen Geschwindigkeitsrekord auf. Ich tanze mit Unbekannten auf einer

türkischen Hochzeit und bekomme an einem anderen Abend die Erlaubnis in einer Moschee zu übernachten. An gefühlt jedem zweiten Kiosk treffe ich einen älteren Türken, der mir auf Deutsch erzählt, dass er zwanzig, dreißig, vierzig Jahre in Deutschland gearbeitet hat. Anschließend zelte ich an einer Tankstelle und werde am Morgen von der LKW-Waschanlage aufgeweckt. Ein LKW-Fahrer nimmt mich und mein Bike einige Kilometer mit und am fünften Tag komme ich bei einem Anwalt unter. In hellblauem Morgenmantel und mit einer Tasse Kaffee in der Hand blicke ich am Morgen vom **Balkon** eines modernen Hochhauses auf die Stadt Samsun und das Schwarze Meer. Das "Verrückte" scheint so langsam, aber sicher zur Normalität zu werden.

Um in den Iran einreisen zu können, brauche ich ein Visum, das ich im Voraus in einem Konsulat der Islamischen Republik Iran besorgen muss. Das erledige ich in Trabzon, Türkei: Am ersten Tag im Konsulat muss ich nur die Referenznummer vorzeigen, die ich mir online besorgt hatte. Drei Tage später gebe ich meinen Pass ab, zusammen mit Vincent, einem Backpacker aus Frankreich, den ich im Konsulat kennenlerne. Wir müssen zur Bank, um die Antragskosten von etwa 50 € zu überweisen. Zurück im Konsulat füllen wir den Visa-Antrag aus, dann bin ich fertig, denn ich bin Deutscher. Vincent muss noch Fingerabdrücke abgeben, denn er ist Franzose. Aber nicht von einem Finger, sondern von allen zehn Fingern. Und auch nicht elektronisch, sondern mit lila Tinte auf ein Blatt Papier. Drei Tage später treffe ich ihn am Konsulat. „So ein Dreck!", flucht er und zeigt mir seine Hände. Sie schimmern noch immer lila. Wir klingeln, werden reingelassen und erhalten unsere Visa. Glücklich verlassen wir das Gebäude. Unsere Eintrittskarte in den Iran ist klein und eckig. Auf ihr steht geschrieben: „Gültig vom 08.09.2015 bis zum 08.09.2015“ Moment. Heute ist der 10.09.2015. Mein Visum hat eine Gültigkeit von einem Tag. Und der war vorgestern. Ich hechte zurück zum Konsulat, eigentlich ist dort schon Feierabend. Man lässt mich herein, ich darf erneut warten und 20 Minuten später bekomme ich meinen Pass zurück. Das alte Visum wurde einfach mit einem Filzstift **durchgestrichen** und eine neue, korrigierte Version klebt jetzt im Pass. Wenn das mal keine Fragen an der Grenze aufwerfen wird. Vincent reist per Bus weiter, ich folge der Schwarzmeerküste Richtung Osten.

Typisch Türkei: Ich komme eine Nacht bei Ali unter, der ist ein Freund von Bahar, die ich nie gesehen habe, die aber eine Freundin von Emrah 2 ist, den ich über Onur kennengelernt habe, der ein Kumpel von Emrah 1 (mein „Stadtführer“ in Istanbul) ist. Ein Kontakt reicht und man kennt die halbe Türkei.

Anschließend treffe ich mich mit Ismael, dem Vater von Emrah 2. Er nimmt mich mit in die Berge, in ein kleines Dorf namens Delihsanli, 25 km entfernt von der Küste des Schwarzen Meers. Hier im Hauptanbaugebiet der Türkei für Tee werde ich in die hohe Kunst des **Tee-Schneidens** eingeführt – ein Knochenjob. Meine Stärken sehe ich eher im Tee-Trinken. Am Abend wird kräftig geschlemmt mit allerhand Leckereien und zwei Flaschen Raki. Die Dorfältesten, zu denen auch Ismael gehört, erzählen, dass ich nicht der erste Tourist in Delihsanli bin: „Es waren mal zwei Männer und eine Frau aus England hier. Wann war das noch gleich?“ Die Männer überlegen. „Im Jahr meiner Hochzeit: 1971!“, verkündet Ismael voller Stolz. Bei meiner Abfahrt zwei Tage später lasse ich ein Bild von mir da. Vielleicht wird man sich in 44 Jahren an mich erinnern.

GEORGIEN / ARMENIEN

Revolte der Fahrradklingel

Dem Schwarzen Meer folgend, überquere ich die Grenze zu Georgien. Plötzlich sind sämtliche Kopftücher verschwunden und ich sehe Reklame für Casinos und leicht bekleidete Frauen auf Werbeschildern für die Autowaschanlage. Alles was in der Türkei verpönt oder verboten war, wird vor allem in Grenznähe in Fülle angeboten. Die Preise für Bier sind plötzlich wieder deutlich günstiger und die eine oder andere Kuh verharrt rücksichtslos auf der Straße.

Rücksichtsloser erscheinen mir nur die georgischen Trucker und Autofahrer, die absolut lebensmüde sind. In keinem anderen Land konnte ich tagtäglich solch waghalsige Überholmanöver bestaunen, die stets bei 100 km/h und mehr auf der Landstraße ausgeführt werden, während sich links und rechts am Straßenrand die Gedenkkreuze aneinanderreihen. Nach dem einen oder anderen sehr knappen Manöver klingel ich kraftvoll mit meiner kleinen roten Fahrradklingel, um diesen Halunken zu zeigen, dass ich ihr rabiates Fahrverhalten nicht tolerieren kann. Wirklich niemand registriert mein Klingeln – welch Wunder. Ich muss einsehen, dass in Georgien das Motto „Survival of the fittest" lautet. Und „the fittest" bin in dem Fall nicht ich. Wenn dich der Leichenwagen von der Straße kratzt, bringt es dir auch nichts, wenn der andere dran schuld war. Also schaue ich in den Rückspiegel, passe auf und bete. Von der Leichenüberführungs-Option der Auslandskrankenversicherung

Gebrauch zu machen ist nichts, von dem man seinen Freunden stolz erzählen kann.

Wo ist Georgien?

Natürlich ist Georgien im Kapitel „Der Orient" eigentlich vollkommen fehl am Platz; sie haben es aber auch nicht leicht. Es ist umstritten, ob Georgien geographisch zu Europa oder Asien gehört. Man könnte das Kaukasus-Gebirge als Grenze werten, aber selbst dann wäre es nicht eindeutig für Georgien. Politisch ist es nicht einfacher. Georgien würde aktuell gerne der EU beitreten und hat als Hinweis die Europaflagge neben der Georgischen Flagge an der Grenze hängen, jedoch ist die Entfernung zum nächsten EU-Staat enorm. Im Norden Russland und im Westen das Schwarze Meer und die Türkei. Georgien als EU-Exklave – zumindest kulturell würde es sehr gut passen: das verlängerte Osteuropa hinter dem Schwarzen Meer.

Auf dem Weg Richtung Osten bestaune ich traumhafte Berglandschaften und **fruchtbare Täler**. Die **Menschen** sind sehr herzlich, helfen mir gerne beim Lernen einiger einfacher georgischer Wörter und schenken mir beim Camping im Dorf Trauben, Wein und Kaffee. Der Rückenwind bläst mich bis zur modernen Hauptstadt Tiflis und nach nur sechs Tagen bin ich schon wieder an der nächsten Grenze.

Georgien und Armenien waren niemals ein Teil meiner Planungen und nur aufgrund der Gefechte in der Türkei fahre ich diese Route. Vielen Dank ans Türkische Militär und die PKK, ich hätte echt was verpasst! Mehr als einen Blick auf die Einreisebestimmungen, Währung und die topographische Karte hatte ich nicht genommen, was heißt, dass ich auch keine Erwartungen habe. Und das ist wohl auch das Beste, was einem passieren kann.

Auf nur 560 km sammle ich in Armenien 9.200 Höhenmeter. Wer sich das nicht vorstellen kann, dem möchte ich es so erklären: Es tut weh. Aber die **Ausblicke** in die meist kaum besiedelte Landschaft sind nach der harten Arbeit doppelt schön und ein ums andere Mal bleibe ich minutenlang stehen, von der Schönheit der Natur gelähmt, und blicke in die Weite. Einige Schaf- oder Ziegenhirten schauen mich erstaunt aus der Ferne an. Ebenso erstaunt schaue ich zurück. Wie muss es sich anfühlen, Tag für Tag mit seiner Herde durch die Berge zu ziehen, mit märchenhafter Aussicht, aber ganz allein, um erst am Abend wieder zu seiner winzigen Siedlung zurückzukehren? Und das ein Leben lang.

In fast jedem Dorf bauen die Menschen ihr eigenes Gemüse an, Supermärkte gibt es kaum, nur vereinzelte Autos kreuzen meinen Weg. Manchmal habe ich das Gefühl, dass die Zeit hier vor gut 80 Jahren stehen geblieben ist. Zumindest stelle ich es mir damals so vor.

Die Hilfsbereitschaft der Menschen ist großartig: Einmal kommt mir ein kleiner Junge aus dem Mini-Markt hinterhergelaufen, tippt mich an und

schenkt mir zwei Birnen. Einfach so. Ein anderes Mal hält ein Auto auf einer unbefahrenen Schotterstraße an und die vier gefährlich aussehenden **Insassen** mit Tattoos und einzelnen Silberzähnen machen kurzerhand ein großes Picknick auf dem Kofferraumdeckel ihres vierrädrigen Gefährts, zu dem sie mich einladen. Dabei darf ein klarer Schnaps aus einer alten Plastikflasche natürlich nicht fehlen.

Fruchtig
Die unterste der drei Farben der armenischen Flagge repräsentiert den Pfirsich.

Häufig bin ich nachmittags motiviert den letzten Berg noch zu erklimmen und zelte mehrmals oben. Die nächtlichen Temperaturen im armenischen September halten sich auf 2.000 m nur noch knapp über dem Gefrierpunkt

und damit ist die Unterkühlung mit meinem Sommerequipment nicht weit entfernt. Dass es unten wärmer ist als oben, kommt mir nicht in den Sinn. Genauer gesagt nimmt die Temperatur im Mittel um 0,6°C pro 100 m Höhenunterschied ab bzw. zu. Ich hätte mir die eine oder andere qualvolle Nacht ersparen können.

Nach dem letzten und bis dato höchsten Anstieg der Tour bis auf **2.535 m** fahre ich bis zur iranischen Grenze nur noch bergab. Rapide verändert sich die Landschaft von einem grünen Tal zur steinigen Wüstenlandschaft. Die Grenze passieren will ich noch nicht, ich habe noch etwas zu erledigen. Aus einigen Blogs und von der Homepage des Auswärtigen Amtes weiß ich, dass der Iran als Reiseland zwar eher ungefährlich ist, aber dass die iranischen Sicherheitsbehörden große Angst vor Spionen haben. Ab und zu werden auch Reisende verdächtigt und ihre Kameras überprüft. In meinen Taschen befindet sich eine versteckte Kamera in Form einer unauffälligen Lesebrille, sowie meine Drohne – also genau die Dinge, die man zur Spionage bräuchte und die mich mit Sicherheit in große Erklärungsnot, höchstwahrscheinlich sogar in Polizeigewahrsam bringen würden, falls man mich damit erwischt. In meiner letzten Nacht auf armenischer Seite darf ich zum ersten Mal in einer Polizeistation schlafen, weil die armenischen Polizisten behaupten, dass es zu gefährlich sei, draußen zu zelten. In der Polizeistation packe ich meine Fahrradtaschen um und verstaue meine Spionagegeräte ganz unten in den Taschen, in der Hoffnung, dass die Grenzbeamten bei einer Kontrolle nicht zu tief graben werden.

IRAN

"After shower, I will kill you!"

Früh am Morgen mache ich mich auf den Weg zur Grenze. Auf armenischer Seite werden tatsächlich alle meine Taschen gescannt, aber auf den Monitor scheint keiner zu schauen, denn erstens bin ich bei der Ausreise, was soll ich schon großartig Illegales ausführen, und zweitens bin ich einer von „diesen verrückten Radreisenden“, die an jeglicher Grenze sowieso nur durchgewunken werden: Ausreisestempel in den Pass und weiter.

Als ich den Grenzfluss überquere und die iranischen Flaggen im Wind wehen sehe, steigt meine Anspannung. Die düsteren Berichte über die Islamische Republik Iran scheinen auch an mir nicht spurlos vorbeigegangen zu sein. Ich passiere einen Checkpoint nach dem anderen, davor stehen schwer bewaffnete Soldaten, die mir durch ihr Erscheinungsbild zwar Angst einflößen, aber freundlich grüßen. Ich fahre geradewegs auf das Gebäude der Passkontrolle zu und ein Beamter kommt heraus, um mir die Tür zu öffnen. Scheinbar bin ich der Erste heute Morgen.

Samt Fahrrad soll ich eintreten und muss ein paar einfache Fragen beantworten, die beweisen sollen, dass ich der bin, für den ich mich ausgebe. Name des Vaters, Geburtsdatum usw. – ich brilliere bei allen Fragen. Hinter mir sehe ich den Gepäckscanner stehen, er ist nicht an. Durchatmen. Der Herr wünscht mir einen schönen Tag und ich darf einreisen. Hätte ich bloß 20 Liter Wodka mitgenommen, die hätten hier gutes Geld gemacht.

In den ersten Kilometern zwischen dem Grenzfluss und einer Felswand bin ich aufgeregt. *Werde ich vielleicht überwacht? Oder bin ich einfach nur paranoid?* Die Soldaten an den vielen Militärstützpunkten hier in Grenznähe grüßen immer sehr freundlich und nehmen mir nach und nach die Angst. Als ich an der ersten Tankstelle vorbeikomme, frage ich mich, warum ich hier eigentlich mit dem Fahrrad rumgurke, schließlich kostet der Liter Diesel 3.000 Rial, also weniger als 0,08 €.

Angekommen in Tabriz, der ersten großen Stadt hinter der Grenze, werde ich am Abend im Park Teil eines ernstzunehmenden 3-gegen-3. Die Teams:

bespickt mit **Spielern** der Iranian Basketball Super League. Prompt folgt die erste Einladung zu einem der Basketballer nach Hause. Während ich im Dunkeln seinem Auto folge, fährt plötzlich ein anderes Auto neben mir her. Das Fenster geht runter und zwei Iranerinnen sprechen mich an. Kurz später halten wir alle nebeneinander, tauschen Nummern und einen Abend später haben wir bei ihnen zu Hause ein Doppeldate mit deliziösem Abendessen, Wein, Schnaps und Tanz, zu dem wir uns in die Wohnung schleichen müssen, um sicherzugehen, dass uns keine Nachbarn oder die Polizei sieht. Im Iran ist sowas illegal und nicht ganz ungefährlich.

Es kostet mich Tage, herauszufinden, ob diese Anziehungskraft von mir oder meinem Fahrrad ausgeht. Die Antwort gibt es erst, als ich mich von Tabriz Richtung Teheran mache. Außerhalb der Stadt hält ein Trucker namens Shayan an, winkt mich heran und fragt, wohin ich fahre. „*Teheran!*“, sage ich. „Together, for free!“, antwortet er in gebrochenem Englisch. Wir stopfen das Fahrrad und Taschen in den vollgeladenen **LKW** und ab geht's.

Er ist freundlich und zuvorkommend, hat heißen Tee dabei und ich kann sein Messer nehmen, um mir eine Stulle zu schmieren. Wie immer hole ich eines meiner Fotos raus, auf dem ich mit meinem Fahrrad zu sehen bin. Es dient stets als kleines Geschenk bzw. nette Erinnerung für die Menschen, die mir auf meiner Reise in irgendeiner Weise helfen. Da er kaum

englisch spricht, denke ich, dass eine Unterschrift, das Datum und ein einfaches Herz, in das ich „Deutschland + Iran“ schreibe, als Zeichen meiner Dankbarkeit ausreichend sind.

Als ich später eine Menthol-Muskelsalbe auf mein Knie auftrage, will er plötzlich mein Bein massieren, schließlich sei das Radfahren ja anstrengend. Iranische Gastfreundlichkeit? Ich bin mir nicht ganz sicher. Eine türkische Bekanntschaft hatte mich darauf hingewiesen, dass iranische heterosexuelle Männer keine Berührungsängste haben, sich Umarmen, mit Küsschen begrüßen usw., und ich vielleicht denken werde, dass mancher schwul ist. Ich bedanke mich bei Shayan, aber weise darauf hin, dass ich die Fähigkeit besitze, mir eigenständig Mentholcreme aufs Knie zu schmieren.

Wenig später stellt er fest, dass es ja ganz schön warm ist und bietet mir an, meine Shorts auszuziehen. Ich bedanke mich erneut und erkläre ihm, dass es schon okay ist. Als nächstes bietet er mir an, mein Bein rüber zu legen, damit er es massieren kann und so langsam wird mir klar, wohin die Reise geht. Die Bestätigung bekomme ich, als er daraufhin fragt, ob ich ihm einen Blick auf mein Glied gewähren würde. Hätte ich bloß nicht dieses Herz auf das Foto gemalt. Ich bedanke mich für das Kompliment und gebe ihm zu verstehen, dass er sich den Falschen geangelt hat. Das findet er nicht fair, schließlich nimmt er mich kostenlos mit, da kann ich ihm doch auch mal was Gutes tun. Als sich letztendlich seine Hand nähert und sich Zugriff verschaffen will, bin ich lange genug freundlich gewesen. Jetzt wird mir klar, dass es sich erstens nicht um iranische Gastfreundschaft handelt und zweitens, dass die Anziehung von mir ausgeht, nicht von meinem Fahrrad. Mit einer geschickten Defensivattacke durch Anwendung der Kranichtechnik kann ich seine Hand abblocken und er versteht (mehr oder weniger), dass aus uns nichts wird.

Ein Schweigen liegt im Führerhaus des LKW. Aussteigen kommt für mich trotzdem nicht in Frage, schließlich kann ich durch ihn 600 km überspringen und ob ich jetzt oder später aussteige, macht nun auch keinen Unterschied mehr. Shayan ist nicht sonderlich muskulös, deswegen muss ich nichts befürchten. Im Ernstfall werde ich ihn mit meiner Shaolin-Tigertechnik niederstrecken, die ich mir in alten Jackie Chan-Filmen abgeschaut habe.

Später in der Nacht, als wir bei einem Restaurant halten und uns vorm Essen die Hände waschen, fragt er mich freundlich, ob ich nicht aufs Klo müsse. Ich bedanke mich. „Nein, zufällig gerade nicht." Das gemeinsame Abendessen ist weder sehr romantisch, noch sehr beschämend, denn mittlerweile ist mir schon alles egal. Hauptsache es gibt was zu futtern.

Als wir nachts in Teheran ankommen, will er Geld von mir. Hatte ich ihn um diese Fahrt gebeten? Mir ist zwar klar, mit welchem „kleinen Gefallen" ich mich freikaufen kann, aber ein so *lower* Low-Budget-Traveler bin ich auch nicht. 50.000 Rial will er, etwa 13 €. „*Nein.*" „40.000!" „*Nein.*" Er spricht zwar so gut wie kein Englisch, aber wir haben eine hitzige Diskussion. Er fährt weiter, um mir zu zeigen, dass er mich ohne Kohle nicht rauslassen wird. In dem Zehntel einer Nanosekunde, in der ich darüber nachdenke, die Polizei anzurufen, stelle ich fest, dass ich nicht einmal die Nummer kenne.

Es ist nachts um 4 Uhr, ich bin in einer 15-Millionen-Metropole im Iran und habe keinen Plan, wo genau ich bin und wo ich hinwill. Also lehne ich mich entspannt zurück. Diese Unbekümmertheit gefällt ihm gar nicht, also hält er wieder an und fordert 20.000, also fünf Euro. „*Nein.*" Er droht, die Polizei zu rufen – genau das ist das Eigentor, auf das ich gewartet habe. Mit brüskem Duktus motiviere ich ihn die Polizei zu rufen und frage ihn, ob er weiß, was Homosexualität im Iran bedeutet. Das hat gesessen. Er öffnet seine Tür und hilft mir das Bike auszuladen, bevor er sich freundlich mit Küsschen links und rechts verabschiedet.

Ich kann es keinesfalls befürworten, dass Homosexualität im Iran oder in irgendeinem Land strafbar ist, aber jetzt war es paradoxerweise meine Rettung. Wieder allein analysiere ich haarscharf die letzten acht Stunden und resümiere: „Komischer Typ, aber ich bin hier."

Jetzt bin ich also in Teheran, es ist 4 Uhr nachts und das scheint eines der mieseren Viertel zu sein. Die Straßen sind ruhig, neben mir schläft ein Obdachloser und ein paar Leute sind noch unterwegs, die mich erstaunt anschauen. Ich radel Richtung Zentrum, finde an einem Hotel WiFi und kann chatten. Neda, eine Reisebekanntschaft aus Tiflis, Georgien, die in

Teheran, Iran aufgewachsen war, ist mittlerweile wieder daheim in Sacramento, USA und ist deshalb online. Ein paar Stunden später bin ich in einem schönen Stadtteil bei ihrem Vater und kann endlich schlafen.

In den nächsten Tagen zeigt mir **Joaan**, eine Freundin von Neda, Teheran – was strenggenommen auch illegal ist. Mann und Frau, unverheiratet und ohne familiäre Beziehung zusammen unterwegs, das darf man im Iran nicht. Joaan interessiert das wenig. Azadi Tower, Milad Tower, Golestan Palace, Juwelenmuseum – am beeindruckendsten und gleichzeitig am bizarrsten finde ich jedoch die Gemälde an den Mauern der **ehemaligen Botschaft der USA**, die 1979 im Zuge der Islamischen Revolution unter Ajatollah Chomeini besetzt wurde und in der 52 US-Diplomaten 444 Tage lang als Geiseln gehalten wurden (Filmtipp: „Argo"). Öffentlich wird hier im Zentrum der Stadt der Hass gegenüber den USA ausgedrückt. „DOWN WITH USA", eine Pistole in den Farben der amerikanischen Flagge, die Freiheitsstatue mit Totenkopfgesicht und noch viele weitere Gemälde. Auch wenn die meisten Iraner kein Problem mit den USA haben, scheint es auf politischer Ebene nach wie vor wenig Sympathie zu geben.

کفش بلا
کفش بلا
Bella
کفش های
طبی و اسپرت
مردانه
زنانه
بچه گانه

مسجد صاحب الزمان
خوش بحال آن کسی

Um Teheran zu verlassen, muss ich quer von Norden nach Süden durch die Stadt fahren, etwa 30 km Großstadtdschungel. Die Autofahrer haben die Fähigkeit, aus einer dreispurigen Straße spontan ein fünfspurige zu machen, wenn der Verkehr zähflüssig läuft. Jeder Zentimeter wird genutzt und so stehe selbst ich im Stau.

Als ich die Stadt nach mehreren Stunden verlasse, hinter mir die Smog-Wolke über der Metropole und vor mir die ewig weite Wüste, bin ich plötzlich etwas unmotiviert. *Wenn mich jetzt jemand mal einige Kilometer mitnehmen könnte – das wäre großartig.*

Beim Halt am nächsten Straßenkiosk will ich mir bewusst Zeit lassen, weiß ich doch so langsam, wie hilfsbereit die Iraner sind. Direkt der nächste LKW-Fahrer, der nach etwa vier Minuten hier anhält, guckt mich etwas zurückhaltend, aber dennoch erfreut an und sagt: „Isfahan?" Die letzte Fahrt im Kopf, frage ich mich, was mir dieses Mal passieren wird. Wenn ich das Angebot nicht annehme, werde ich es wohl nicht herausfinden, also sage ich zu. Bike rein und Abfahrt.

Etwas angespannt, versuche ich in aller Schnelle nach Anzeichen zu suchen, ob es sich hier um einen Shayan 2.0 handeln könnte. Er zieht sein Handy aus der Tasche, tippt hastig eine Nummer ein und beginnt auf Persisch zu reden. Meine Verunsicherung beginnt langsam zu steigen. Dann drückt er mir plötzlich das Kommunikationsgerät in die Hand, grinst mich an und sagt: „My wife!" Erleichtert kann ich meine Kniewärmer ausziehen und etwas Mentholcreme aufs Knie auftragen.

Abends in Isfahan angekommen und schon wieder ohne Plan, gehe ich in ein Shisha-Café. **Ali und Benjamin**, zwei durchgeknallte 18-jährige, sprechen mich an und laden mich ohne zu zögern ein, bei ihnen und ihrer Familie zu übernachten. Sie zeigen mir zwei Tage

lang die Stadt und erklären mir DorDor, das iranische Flirten von Auto zu Auto, um nicht von der Sittenpolizei erwischt zu werden.

Zum Abschied gibt es die typische, oftmals übertriebene Gastfreundschaft der Iraner zu bestaunen: Benjamins Mutter läuft durchs Haus und versucht mir Geschenke zu machen. Erst gibt sie mir eine große Flasche Cola, dann packt sie mir Essen ein, läuft wieder weg und holt Obst. Ich sage ihr, dass ich ihre Mühe anerkenne, aber dass ich echt kein Platz mehr in den Taschen habe. „Yes, yes", sie läuft wieder weg und kommt mit Datteln zurück. Ich verneine freundlich, trotzdem soll ich sie mitnehmen. Ich reiche die Datteln unauffällig an Benjamin weiter, der dem Geschehen amüsiert zuschaut. Kurz darauf steht sie mit einer Tüte Chips vor mir. Alles, was sie anschleppt gebe ich an Benjamin weiter, der es wieder zurück an seinen Platz bringt. Zum großen Finale verschwindet sie im Wohnzimmer, kehrt zurück und guckt mich mit großen Augen an, die mir sagen: „Bitte nimm dieses Geschenk an, es kommt von Herzen." Sie hat eine 60 cm große goldene Elefanten-Statue in der Hand. Benjamin und ich können uns das Lachen nicht mehr verkneifen. Jetzt hat auch sie verstanden, dass sie gerade abdreht.

Beim Abschlussfoto und der Verabschiedung beginnt Benjamins 73-jährige Großmutter plötzlich zu weinen. Es sind echte Tränen. Sie sagt, dass sie traurig ist, dass ich schon weiterfahre. Beim Verlassen der Stadt auf dem Standstreifen der dreispurigen Straße, eskortiert mich die Mutter mit ihrem Peugeot 206, indem sie neben mir herfährt und die komplette rechte Spur mit Warnblinker blockiert. Irgendwann lässt sie mich widerwillig alleine gewähren. Ich winke zum Abschied.

Da ich bisher im Iran ja nur Großstädte gesehen habe, will ich in den kommenden Tagen sämtliche Einladungen vom „Truck-Express" ablehnen. Es ist eine gute Entscheidung, ausnahmsweise etwas Fahrrad zu fahren und das ein oder andere Dorf anzuschauen, das in der Regel nicht von Touristen aufgesucht wird. Eine Nacht angelt mich der Besitzer einer Autowaschanlage von der Straße und setzt mich in den Massagesessel seiner VIP-Lounge, in der

nächsten Nacht schlafe ich beim **Roten Halbmond**, was in Deutschland das Rote Kreuz wäre und bei dem regelmäßig Radreisende übernachten.

In **Shiraz** angekommen, zeigt mir **Reza**, 25, die Stadt. Ihn hatte ich über Couchsurfing gefunden. Bei einem Friseurbesuch, zu dem er mich begleitet, werde ich vom jungen Chef freundlich mit einem „Heil Hitler“ begrüßt. Natürlich ist dies eher scherzhaft gemeint, aber dennoch haben hier einige scheinbar ein entspanntes Verhältnis mit der deutschen Geschichte. Nachvollziehbar, denn erstens ist der Krieg seit 70 Jahren vorbei, geographisch gesehen war und ist Deutschland weit entfernt und außerdem haben die Nazis viele Juden umgebracht. Die meisten Islamischen Staaten und Israel haben nach wie vor „nicht das beste Verhältnis“, insofern scheint es den ein oder anderen nicht allzu sehr zu stören, was damals geschah. Traurige Realität. Ich hebe also meinen Arm und entgegne mit einem verständnisvollen „Heil Chomeini“ – das wirkt. Ich ernte denselben verwirrten Blick, den auch er von mir bekommen hat. Dann klären wir uns, während er mir die Haare schneidet, gegenseitig über die Geschichte unserer Länder auf.

Nach einer Portion **Schafskopfsuppe** zum Frühstück stellt Reza mir Rehane vor, eine der bekanntesten Street Artists in Shiraz, die oft von der Stadt beauftragt wird, öffentliche Plätze zu verschönern. Vor kurzem hatte sie an einer Wand ein Gemälde erstellt, das u.a. einen Mann mit Sonnenbrille und Hut zeigte. Traditionell tragen Iraner jedoch keine Sonnenbrille und auch keinen Hut. Es deutet zu sehr auf die westliche Welt hin, war die Interpretation der Stadt und sie musste die Sonnenbrille und den Hut übermalen.

Langsam läuft mein Visum aus und auf den Stress einer zusätzliche Verlängerung habe ich keine Lust – also muss ich schnell nach Bandar Abbas am Persischen Golf. Wie das am schnellsten funktioniert, ist mir ja mittlerweile bewusst. Trucks von Shiraz direkt bis Bandar können Reza und ich jedoch nicht finden, also nehme ich einen Truck nach dem nächsten und fahre jeweils so weit mit, solange seine Route meiner gleicht.

Amin, der Fahrer eines Auberginenlasters, signalisiert mir letztendlich um 22 Uhr, dass es jetzt zu gefährlich sei, ich doch lieber bei seiner Familie schlafen soll und morgen weiterfahren kann. Für gefährlich halte ich dieses Land nicht, aber mittlerweile bin ich etwas müde, also willige ich ein. Leider spricht Amin kein Englisch, so kann er mir nicht erklären, dass sein Haus 40 km von der Hauptstraße entfernt liegt, in einem Dorf mitten in der Wüste.

Bei ihm angekommen essen wir mit seiner Familie zu Abend. So einen großen weißen Menschen haben sie hier noch nie gesehen. Anschließend führt mich Amin zu einem anderen Haus, wo ich übernachten soll. Kurz darauf erscheinen auch seine zwei Brüder, Ali und Arian, alle sind Mitte bis Ende 40. Sofort stehen Tee und Kekse für mich auf dem Teppich bereit. Die beiden sind Lehrer und sprechen Englisch. Arian hat ein interessantes Gerät

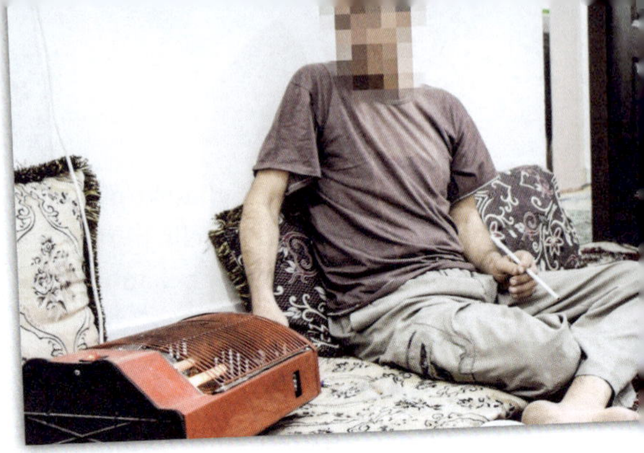

dabei, das wie ein **Grill** aussieht. Ich frage ihn, ob er ein Hähnchen grillen möchte. „No. This, for opium. You want?“ *Erstmal nicht, Danke.* Opium wird im Iran, vor allem im Süden, seit Jahrtausenden traditionell konsumiert, es kann also keinen authentischeren Ort geben, sich diesem Stoff anzunähern, aber irgendwie scheint mir diese Situation trotzdem nicht die beste. Auf der anderen Seite des Raumes sitzt Ali und hantiert mit Aluminiumfolie und anderen Dingen rum. Ich frage ihn, ob er das Grillhähnchen einpacken will. „No. This, for heroin. You want?“ *Danke.* Nachdem er das Zeug **inhaliert** hat, beginnt er bei seinen Geschichten zu stottern. Trotzdem verstehe ich, dass er fünf Jahre im Knast war wegen des Besitzes von Heroin. *Schon interessant, wo ich hier gelandet bin.* Ali bringt mich zur Dusche und zeigt mir wo Seife, Handtuch und warmes Wasser sind. Beim Verlassen des Bades dreht er sich nochmals um, guckt mich grinsend an und sagt: „After shower, I will kill you.“ Dann schließt er die Tür.

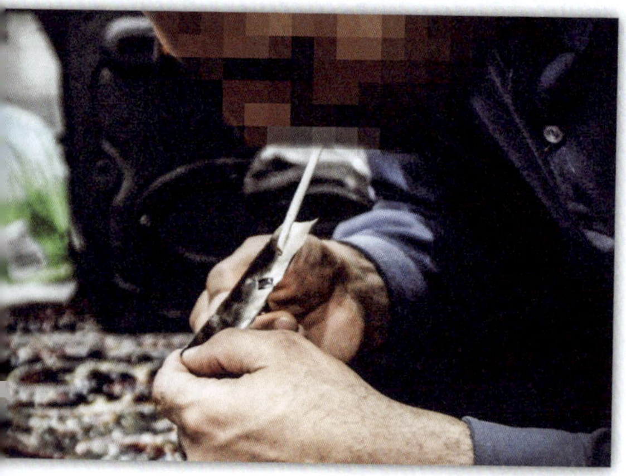

Ich halte kurz inne und fasse meine Situation zusammen: *Ich bin bei zwei Opium- bzw. Heroin-Abhängigen Iranern Mitte vierzig im letzten Dorf in der Wüste und einer hat mir gerade erzählt, dass er mich töten wird. Immerhin darf ich mich vorher duschen. So ein Quatsch! Warum sollte er sowas tun, wo ist seine Motivation? Andererseits kenne ich ihn nicht und in seinem Zustand ist er etwas schwer einzuschätzen. Wie war das noch bei Biedermann und die Brandstifter? Ist die Bude nicht am Schluss doch abgefackelt? Wie auch immer. Das Wasser reinigt meinen Körper. Gut.*

Als ich zu den Brüdern zurückkehre ist alles wie vorher. Jeder macht sein Ding, die Stimmung ist ruhig. Erst einige Minuten später dreht sich Ali zu mir um und fragt, ob ich keine Angst hatte, als er drohte mich zu töten. „Nö." Aber ich sei mitten in der Wüste. „*Und?*" Er beginnt zu grinsen, gibt mir die Hand und zollt mir Respekt, wie entspannt ich seinen Scherz wegstecke – eine interessante Art von Humor.

Am nächsten Morgen fährt mich Amin mit seinem Auberginenlaster zurück zur Hauptstraße. Er will noch einen Kaffee trinken, deswegen halten wir bei einem Kiosk. Ich nehme mir noch ein paar Süßigkeiten und will unbedingt seinen Kaffee bezahlen. Nach dem, was er alles für mich getan hat, habe ich mir echte Chancen ausgemalt, mit dieser kleinen Geste meine Dankbarkeit zeigen zu dürfen. Und wie so oft im Iran: keine Chance. Er sieht, wie ich das Geld schon in der Hand habe und drückt autoritär meinen Arm nach unten. „No!" *Okay, dann eben nicht.* Und natürlich darf ich auch nicht einmal meine Süßigkeiten bezahlen. Letztendlich ist dieses „Wer ist der freundlichste Mensch?" ein tägliches Spiel, das man aber immer wieder spielen muss, auch wenn man weiß, dass man fast immer verliert. Aber würde man es nicht zumindest versuchen, würde der andere wahrscheinlich denken, man sei ein Schmarotzer. Also spiele ich halt weiter.

Die ungeplante Übernachtung hat mich einen halben Tag gekostet und Bandar Abbas ist noch fast 300 km entfernt. Amin fragt für mich die Taxifahrer am Straßenrand, die etwa 30 € wollen. Das wäre zu einfach. Ich weiß, dass sich irgendwas Lustiges oder Kostenloses ergeben wird. Amin und die Taxifahrer können es nicht fassen, als ich tatsächlich mit dem Fahrrad weiterfahre.

30 km trockene Wüstenlandschaft später hält plötzlich die Polizei neben mir an. Nach der Beschreibung meiner Situation versuchen sie über ihren Lautsprecher die wenigen vorbeifahrenden Autos anzuhalten und mir eine Mitfahrgelegenheit zu ermöglichen. Erfolglos – hier gibt es einfach zu wenig Verkehr. Sie fahren weiter.

Wenige Kilometer später überholt mich plötzlich ein Pick-up, bremst ungestüm und hält am Straßenrand. Ich sehe das rote Nummernschild und denke: *Das kann eigentlich nur was Gutes heißen.* Eine vierköpfige Familie steigt aus, der Vater kommt zielstrebig auf mich zu. Es ist der Bürgermeister vom Bezirk Rastaq, der mich unbedingt zum Übernachten einladen will. Ich erzähle ihm, dass ich aber schnell nach Bandar Abbas muss und keine Zeit mehr habe. Also besteht er wenigstens darauf, dass sie mich ein Stück mitnehmen und zum Mittagessen einladen. Genaugenommen sind sie selbst zum Essen eingeladen, aber so einen Khareji (Ausländer) mitzubringen steigert das Ansehen – internationale Beziehungen.

Mit vollgestopften Mägen fahren wir anschließend zum nächstgelegenen Militärstützpunkt. Das rote Nummernschild ist unsere Eintrittskarte und das Eingangstor öffnet sich. Eigentlich wird unter Iran-Reisenden vor Militärstützpunkten immer gewarnt, da man keine Fotos von ihnen machen darf und bei Missachtung dieser Regel mit Sicherheit im Knast landet. Aber jetzt bin ich sogar innerhalb eines solchen Stützpunktes: Soldaten auf den Wachtürmen, Mannschaftswagen und Gebäude in Tarnfarbe. Der Bürger-

meister steigt aus und unterhält sich mit dem Oberoffizier. Der macht daraufhin eine laute Ansage, klatscht in die Hände und schon greifen drei Soldaten meine Taschen und tragen sie Richtung Straße. „Sie werden jemanden finden", sagt der Bürgermeister. Dann muss die Familie weiter.

Die **Soldaten** halten mit Warnkelle den Verkehr Richtung Süden an und fragen jeden, ob er nach Bandar Abbas muss. Nach ein paar Minuten ist es ein Fernbus, der mich mitnimmt. Jetzt muss ich ja doch bezahlen. Umgerechnet 2,50 € für fast 300 km - akzeptabel.

In Bandar Abbas angekommen nutze ich am 121ten Tag der Reise zum ersten Mal die kostenlose Radreisewebseite www.warmshowers.org, auf der man weltweit Hosts finden und natürlich auch selber Radreisende aus aller Welt hosten kann. Ich komme bei Ahmad unter und gemeinsam buchen wir die Fähre von Bandar Abbas quer über den Persischen Golf nach Dubai. Allerdings fährt sie erst in drei Tagen, d.h. wir machen einen Ausflug in die **Dascht-e Lut** Wüste.

Die Wartetage sind außergewöhnlich, da ich zum ersten Mal nicht hin- und hergerissen bin, denn seit Reisebeginn konkurrieren zwei Gedanken in meinem Kopf: **Wenn ich jetzt schon weiterfahre, verpasse ich vielleicht an diesem Ort noch etwas Wichtiges** und **Wenn ich hier jetzt zu lange bleibe, komme ich in meiner Reise nicht weiter – wer weiß, was noch auf mich wartet*.*

Am Hafen von Bandar Abbas treffe ich **zwei andere Radreisende**, ebenfalls mit dem Ziel Dubai. Dieses Mal werden alle Taschen einzeln gescannt,

auch die, in der sich die Drohne befindet. Wenn die Iranischen Polizisten die finden, habe ich ein echtes Problem. Mein Puls steigt – auf dem Bildschirm muss die Drohne klar erkennbar sein. Die Beamten schauen aber überhaupt nicht hin. Ihre Blicke verraten ihre Gedanken: *Schon wieder solch verrückte Radfahrer und auch noch drei davon!*

BONUS-INFO IRAN

<u>Alkohol</u> ist im ganzen Land verboten und deshalb nicht offiziell erhältlich. Aber wie bei jeder illegalen Droge kommt man schon irgendwie dran – man braucht einen Dealer. Dementsprechend hoch sind aber die Preise.

<u>Diskotheken</u> gibt es nicht. Entweder man geht etwas spazieren, in einen Coffee Shop, in ein Restaurant oder man hat reiche Freunde, die ein eigenes Haus besitzen und "illegale" Hauspartys schmeißen. Eine weitere beliebte Option ist DorDor.

<u>DorDor</u> heißt so viel wie „Im-Kreis-fahren" und bezeichnet eine Möglichkeit, Personen des anderen Geschlechts aus dem Auto raus kennenzulernen, Nummern zu tauschen und sich dann später zu treffen. In größeren Städten gibt es meist mehrere DorDor-Treffpunkte. Sie sind dort zu

finden, wo zwei U-Turns relativ dicht beieinanderliegen. Es sieht aus, wie ein Stau, aber in Wahrheit wird mit dem Auto im Kreis gefahren und von Fenster zu Fenster geflirtet. Dabei kann einem die Sittenpolizei nichts nachweisen, weshalb das Kreiseln vor allem vorm Wochenende, also Donnerstagabend, so beliebt ist. Je schicker das eigene Auto ist, umso besser stehen natürlich die Chancen, allerdings funktioniert es, wie bewiesen, auch mit dem Fahrrad.

Flirten in der Öffentlichkeit ist schwierig. Da außereheliche Beziehungen verboten sind, werden junge Pärchen, die z.B. im Park beim gemeinsamen „auf der Bank sitzen und reden" von der Sittenpolizei erwischt werden, nach ihrer Beziehung gefragt. Da sie keine verwandtschaftliche Beziehung nachweisen können, gibt es Ärger. Deswegen sieht man in der Öffentlichkeit eigentlich immer nur reine Mädels- oder Jungs-Gruppen oder eben Familien.

Khareji heißt Ausländer. Während in Deutschland dieser Begriff oft einen negativen Unterton trägt, hat Khareji im Iran den Unterton **Superstar**. *Iraner freuen sich über Besuch von außerhalb, vielleicht auch, weil es für sie sehr schwer ist Visa für andere Länder zu bekommen und selbst zu reisen. Auch beim DorDor erhöht der Khareji-Bonus die Chancen.*

Kopftücher müssen Frauen in der Öffentlichkeit tragen. Weil es das Gesetz vorschreibt, muss sich ein ganzes Land daran halten, ansonsten gibt es Ärger von der Sittenpolizei. Auch für Touristinnen gibt es keine Ausnahme.

Gastfreundschaft steht im Iran an oberster Stelle. Täglich gab es mehrere Einladungen zum Übernachten, zum Essen, zum Ein-Stück-Mitfahren. Bezahlen will immer der Gastgeber und ist dabei sehr hartnäckig, haut einem die Hand weg oder wird sogar sauer, wenn man selbst bezahlen will. Das sollte man nicht ausnutzen, vor allem nicht bei Dingen, mit denen der Gastgeber nichts zu tun hat, wie z.B. Bustickets, Friseurkosten, Medizin usw. Gastfreundschaft und Taarof liegen sehr dicht beieinander und sind oftmals schwer zu trennen.

Taarof ist eine besondere Form der Höflichkeit und bezeichnet z.B. die Situation, wenn jemand etwas anbietet (Übernachtung, Hilfe, Kostenübernahme), aber eigentlich hofft, dass das Angebot nicht angenommen wird. Die Iraner wollen einfach zeigen, dass sie hilfsbereite Menschen sind, was sie wirklich sind, und übertreiben es dabei teilweise, auch gegen ihren Willen. Das kann zu unangenehmen Situationen und Streit führen. Eine Faustregel unter Iran-Reisenden besagt, dass man erst drei Mal ablehnen soll, um zu überprüfen, ob das Angebot ernst gemeint ist. Mein Tipp ist eher, dass man den Menschen in die Augen schauen und das richtige Feeling dafür entwickeln sollte, ob etwas ernst gemeint oder Taarof ist.

Persisch wird von rechts nach links geschrieben. Viele Leute beherrschen jedoch auch Englisch. Chattet man also mit seinen Iranischen Freunden und mit Kharejis gleichzeitig, muss man immer wieder die Schreibrichtung ändern.

Systemkritik ist strengstens verboten, doch jede! und jeder!, die und den ich kennengelernt habe, war tiefst traurig und sauer darüber, was Chomeini aus dem Iran gemacht hat. Aber auch die aktuelle Regierung hält das System mit seinen vielen Einschränkungen weiterhin aufrecht.

Ruhollah Chomeini stürzte 1979 den letzten iranischen Schah und verwandelte den Iran in die Islamische Republik Iran. Seitdem gilt islamisches Recht im ganzen Land für jeden, egal ob Muslim, Christ, nicht gläubig oder andere Religionen. Und auch für Touristen. Auch wenn ihn der Großteil der Bevölkerung ablehnt, sieht man ihn täglich, auf ***Plakaten*** *in der Stadt, in öffentlichen Gebäuden und auf jedem Geldschein.*

Das Internet ist sehr streng zensiert. Facebook, YouTube, Twitter sind gesperrt, jegliche pornographischen und systemkritischen Seiten sowieso.

VPN-Software ist zwar auch illegal, funktioniert aber trotzdem. Damit kann man sich Zugriff zu allen Webseiten verschaffen.

Der Ruf des Iran ist unberechtigterweise schlecht. Geographisch gesehen liegt der Iran genau zwischen dem Irak und Afghanistan. Auch der Name "Iran" klingt nach einer Mischung dieser beiden Staaten, die in jüngerer Zeit von Terror und Krieg betroffen waren bzw. sind. Da liegt es natürlich nahe, dass der Iran voller Terroristen und radikaler Salafisten sein muss. Falsch! Tatsächlich ist er eines der sichersten Länder im Nahen Osten. Sicherlich trägt Irans Politik dazu bei, dass der Iran sich international abschottet, aber man sollte nicht von der Politik auf die Bevölkerung eines Landes schließen.

Hoffnung auf eine bessere und vor allem freie Zukunft habe ich für alle meine Gastgeber und Freunde im Iran. Es war bitter, mit Leuten in meinem Alter abzuhängen, die genauso ticken wie ich, wobei ich machen kann was ich will, während sie extrem in ihrer Freiheit eingeschränkt sind, nur weil sie zufällig in diesem Land und diesem System geboren wurden.

VAE / OMAN

Der Putschversuch

230 km fährt die Nachtfähre mit uns drei Radfahrern über den Persischen Golf und legt am frühen Morgen in Schardscha bei Dubai an. Nachdem der Einreisestempel der Vereinigten Arabischen Emiraten (VAE) im Pass ist, trennen sich unsere Wege schon wieder. Einer versucht ein Schiff nach Indien zu finden (was ihm nicht gelingen wird), der andere kennt jemanden in Dubai und auch ich habe einen Bekannten. Zu Dubai fällt mir nur eins ein: Don't believe the hype! Marketing, günstige Flüge und große, funkelnde Dinge führen dazu, dass viele davon träumen, diese Stadt zu besichtigen. Vor allem junge Reisende, mit denen ich mich unterhalten habe, waren von Dubai relativ gelangweilt. Warum? Es gibt wenig zu erleben, was man sich leisten kann. Preiswert in Dubai ist, sich teure Autos und ein paar **Hochhäuser** anzusehen und große Malls mit teuren Shops zu besuchen. Alle sonstigen „Erlebnisse" sind sehr teuer: Jetski, Skydiving, Skifahren, Wasserparks usw. Wer also sehr viel Geld hat und das auch zeigen möchte, ist hier genau richtig. Klar gibt es Leute, die von Dubai begeistert sind, aber ich behaupte für Radreisende, Backpacker, Individualreisende und Co. bietet diese Stadt eher wenig. Dennoch sind die meisten Emiratis sehr freundliche Leute und die Stadt ist außergewöhnlich sauber und sicher. Unbestreitbarer Vorteil: Dubai ist auch im Winter schön warm und es scheint immer die Sonne. Und die gnadenlos billigen Gastarbeiter aus Pakistan, Indien und Co. ermöglichen den Reichen ein entspanntes Leben.

In den Oman will ich unbedingt, aber wie es danach weitergehen soll, ist mir noch nicht ganz klar. Um weiter nach Osten zu kommen muss ich in den Flieger und dachte dabei an Indien, wofür ich ein Visum brauche. Bei der Indischen Botschaft in Dubai, sagt man mir, dass ich nur ein Visum beantragen kann, wenn ich auch von den VAE aus einreise. Meiner Meinung nach ist das Quatsch, aber der Beamte hat scheinbar heute keine Lust zu diskutieren. Was sich hier mal wieder zeigt: Alles hat seinen Grund. Die Abfuhr des Beamten ist schnell verdaut und erst durch die angeblich unmögliche Visa-Ausstellung komme ich auf die geniale Lösung: Nepal. Ich finde einen günstigen Flug vom Oman nach Nepal, zudem kann ich per Visa on arrival (Visa-Ausstellung bei Ankunft) nach Nepal einreisen. Des Weiteren gibt es dort eine indische Botschaft für das indische Visum und eine burmesische Botschaft für die Einreise nach Myanmar. Still danke ich dem unfreundlichen Mitarbeiter der indischen Botschaft.

An der Grenze zum Oman angekommen, schaut mich der Grenzbeamte bei der Visaausstellung an, sieht „Bicycle“ bei Transportmittel auf dem Einreiseformular, lächelt kurz, klatscht den Stempel in den Pass und verabschiedet mich mit einem sarkastischen „Have fun!“ Draußen muss ich noch die Hürde eines scharf kontrollierenden Soldaten überwinden. Ein Blick verrät mir: Hier paart sich Verantwortungsbewusstsein mit Langeweile. Er will meinen Ausweis sehen. Dann sagt er motivationslos „Open!“, überlegt zwei Sekunden und zeigt willkürlich auf die Fahrradtasche hinten rechts. Untertänig öffne ich sie und wir blicken gemeinsam auf ein Brot und zwei Tomaten. Ich nehme es zur Seite und präsentiere eine Gurke. Als ich sie zur Seite rollen will grinst er und sagt: „No, no. It’s okay, welcome to Oman!“

Tipp
Als Radreisender wird man an Grenzen nicht wirklich ernst genommen und in der Regel direkt durchgewunken. Solltest du eine Karriere als Drogenschmuggler planen, nimm das Fahrrad.

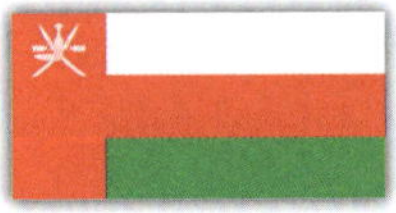

Das Sultanat Oman begegnet mir als außergewöhnlich sicheres Reiseland. Wenig Verkehr, superglatte zweispurige Straßen mit Seitenstreifen und freundliche Menschen. Selbst dem Auswärtigen Amt, das bezüglich der Sicherheitshinweise zu den Ländern dieser Welt gelegentlich übertreibt, fällt nichts ein, was es über den Oman schreiben könnte. Kein Krieg, kein Terrorismus – auch der Sensationsjournalismus findet hier keine Themen. Vermutlich lesen wir deswegen in unseren Medien so wenig über den Oman.

Mitten durch die Wüste fahre ich Richtung Osten, vorbei an **Kamelen**, einzelnen Siedlungen und sehr viel Sand. Die Sonne ballert von oben und selbst nachts sinkt die Temperatur nur knapp unter 30°C. **Zelten** kann ich einfach irgendwo in der Wüste. Die Geschäfte sind immer von ca. 12.00 bis

16.30 Uhr geschlossen, zudem gibt es einige Passagen von bis zu 80 km, in denen sich kein Dorf befindet. Zum ersten Mal muss ich ein bisschen vorausplanen. Hier gerate ich auch zum ersten Mal in eine allgemeine **Verkehrskontrolle**, in der ich meinen Pass vorzeigen muss. Als ich nach etwas zu trinken frage, schenken mir die Soldaten Wasser, Orangensaft, Maracujasaft und einen Snack. Wenn sich selbst das Militär so gut um einen kümmert, hat man hier wirklich nichts zu befürchten.

Typisch Oman
Ein Kioskbesitzer lässt mich ganz normal einkaufen, sieht dann das Fahrrad und fragt wo ich herkomme und wo ich hinwill. Daraufhin soll ich mir noch mehr Sachen aussuchen und mehr Wasser nehmen, die er mir spendiert.

An einem Nachmittag mache ich eine Pause an einem kleinen Elektronik-Geschäft. Die Besitzer sind sehr erfreut über den für sie außergewöhnlichen Gast und erzählen mir von einer Quelle in der Nähe, die sie mir noch schnell vor Sonnenuntergang zeigen wollen. Ein Mitarbeiter holt sein Auto, mein Fahrrad soll ich einfach vor dem Laden stehen lassen. Unabgeschlossen. „Kein Problem, du bist im Oman."

Und tatsächlich, es gibt Wasser im Oman! An der Quelle erzählen mir die Mitarbeiter, dass sich der Sultan aktuell in seinem Palast außerhalb der Stadt Nizwa befindet, um dort die letzten Tage vorm omanischen Nationalfeiertag zu verbringen. Nachdem mir nun sämtliche Angst vor jeglichen Menschen in diesem Land genommen wurde und sich das Gespräch etwas hochschaukelt, bin ich motiviert, dem Sultan einen Besuch abzustatten. Ich will den Palast sehen und wer weiß – vielleicht gewährt man mir ja Einlass.

Am nächsten Morgen auf der Weiterfahrt biege ich von der Hauptstraße ab und fahre Richtung Palast. Sultan Qabus ibn Said ist einer der mächtigsten Menschen dieser Welt, ich weiß auch nicht genau, was in mich gefahren ist. Schon auf dem Weg ist alles voller omanischer Flaggen, die im Wind wehen. In der Nähe des Palastes sehe ich die ersten Pick-ups mit Maschinengewehren bestückt. Als der Palast in Sichtweite ist, entdecke ich in den Schutzmauern in regelmäßigen Abständen positionierte Soldaten mit schweren Maschinengewehren. Mir geht ein bisschen die Pumpe, aber die 14 km Umweg will ich nicht umsonst gefahren sein.

Im Kreisel am Palast biege ich links ab statt der Straße zu folgen und radel nun frontal auf das Eingangstor zu. Schon beim Abbiegen signalisieren mir die Soldaten *Nein! Hier nicht lang!* Ich ignoriere ihre Rufe, bis ich am riesigen Tor angekommen bin. Die schwerbewaffneten Soldaten, sagen mir, dass ich hier falsch bin. *„Aber ich habe einen Brief für den Sultan."* Sie sind etwas verwirrt von meinem Anliegen und müssen erst ihre Kollegen fragen, was zu tun ist. Dann entschuldigen sie sich bei mir, dass es leider unmöglich sei ohne eine Einladung des Sultans hier rein zu kommen. Also fahre ich zurück,

realisiere, was für eine schwachsinnige Aktion das war, und schieße aus sicherer Entfernung noch ein Foto vom **Palast**. Aus dem nichts steht plötzlich einer der Jeeps neben mir und ich denke, *jetzt gibt's Ärger.* Statt Ärger wollen die zwei Insassen nur wissen, was ich denn an der Pforte wollte und feiern es, dass ich hier mit dem Fahrrad in der Wüste rumfahre. Dann fahren sie davon.

Ein paar Tage später erreiche ich Maskat, die Hauptstadt Omans. Über warmshowers.org hatte ich Steve gefunden, der jedoch tagsüber noch arbeiten muss und mir deshalb das Versteck seines Schlüssels verrät. So kann ich in Ruhe seine Wohnung begutachten – ohne, dass wir uns je gesehen haben. Sowas gibt's wohl auch nur über Warmshowers.

Es ist an der Zeit die Reise nach Nepal vorzubereiten. Steve hat mir beim Fahrradshop eine große Fahrradbox aus Pappe besorgt und ein zweiter Gast, ein Engländer, der soeben von Norwegen bis in den Oman geradelt ist, kann mir zum Glück beim Verpacken helfen. Das Fahrrad für den Flieger vorzubereiten ist nichts, was ich beim ersten Mal alleine machen will.

Das Fahrrad im Flugzeug

Fliegen mit Fahrrad ist meistens ein Abenteuer und auch wenn man es schon öfters machen musste, erlebt man immer wieder Überraschungen. Wichtig ist, im Voraus die exakten Gepäckbestimmungen der Airlines zu lesen, sonst kann es im Extremfall mehrere Hundert Euro teurer werden. Für den Transport im Flugzeug ist es nötig, das Fahrrad so wenig wie möglich, aber so viel wie nötig auseinander zu schrauben, damit es in die Fahrradbox passt. So eine besorgst du dir meist kostenlos beim nächsten Fahrradgeschäft. Oder du baust dir eine individuelle Eigenkreation aus Kartons und drei Rollen Klebeband. Merke dir beim Auseinanderschrauben genau, wo welche Schraube herkommt. In der Regel heißt das: Räder ab,

Luft aus den Reifen lassen, Lenker abschrauben und quer an den Rahmen tapen, Sattel raus und alles in die Box. Am besten Schlafsack und Kleidungsstücke benutzen um zu verhindern, dass es in der Box verrutscht. Am Ende gut zutapen. Du solltest davon ausgehen, dass Flughafenmitarbeiter nicht dieselbe emotionale Bindung zu diesem Paket haben und es lieblos auf Gepäckbänder schmeißen. Die zwei wichtigsten Verhaltensregeln am Flughafen lauten: Sei dreist und bleibe freundlich. Diese Kombination sparte mir während meiner Reise mehrere Hundert Euro, was für den Low-Budget-Traveler viel Geld ist. Der erste Teil der Regel besagt, dass du alles was schwer ist mit ins Handgepäck nimmst, denn Übergepäck willst du nicht zahlen. Statt einer Tasche nimmst du zwei. Verstecke sie unauffällig hinter deinem Körper oder lenke die Mitarbeiter am Check-In anderweitig ab, dann wird meist nicht weiter nachgefragt.

Es kann sein, dass du trotz der Schummelei nicht unter der Freigrenze für das Aufgabegepäck bleibst, deshalb wende nun den zweiten Teil der Regel an: Lächle, versprühe positive Energie, sei freundlich und egal was passiert, bleibe freundlich! Mit ein paar Scherzen, dem Hinweis was in der Box ist und wie weit du schon gefahren bist, und ein paar Komplimenten für was auch immer, wird vielleicht das ein oder andere Kilogramm Übergepäck unter den Tisch fallen gelassen. Und egal wie verzwickt die Lage sein mag und wie genervt du bist: Bleibe freundlich! Stellst du dich quer, wirst du niemals kriegen was du willst.

Mehr: Nimm immer eine leere Flasche durch den Security Check, die du danach mit Wasser auffüllst, um dir kein überteuertes Wasser kaufen zu müssen. Ist das Wasser aus der Leitung nicht trinkbar, hilft ein Mini-Wasser Filter. Da du durchs viele Radfahren immer hungrig bist, nimmst du natürlich auch noch dein eigenes Essen mit in den Flieger, das du dir schon im Voraus organisiert hast. Gehe als Letzter in den Flieger: Erstens kannst du die Leute beobachten, die beim Call „Wir beginnen jetzt mit dem Boarding" hektisch zum Schalter hechten, um dann festzustellen, dass sie nun in einer Schlange stehen und warten. Zweitens musst du weniger lange in diesem röhrenartigen fliegenden Etwas sitzen und kannst drittens sogar noch länger das WiFi des Flughafens nutzen. Vor allem hast du nun aber freie Platzwahl, da auf keinem der noch freien Plätze jemand sitzen wird. Falls es eine freie Dreier- oder Viererreihe gibt, krall sie dir und mach's dir bequem. Sollte der Flug komplett ausgebucht sein ist es immer noch egal, ob du als erster oder letzter reingehst, dein Sitzplatz ist reserviert.

Am Flughafen nehme ich so viele Kilos ins Handgepäck wie möglich, ohne dabei aufzufallen. Dennoch schaffe ich es nicht, unter den 30 kg Freigepäck zu bleiben. 34,9 kg zeigt die Waage. „4,9", bemerkt die Dame hinterm Schalter. Ich sage ihr, dass ich probieren werde etwas umzupacken, nehme etwas Abstand und krame rum. Ich ziehe den Fahrradhelm auf und frage, ob man so ins Flugzeug gelassen wird. Jetzt denkt sie, dass ich wohl etwas irre bin und will wissen, was in der **großen Kiste** ist. „Ein Fahrrad", sage ich und weise ganz unauffällig darauf hin, dass ich soeben von Deutschland nach Oman gefahren bin. Die Frau kann es nicht fassen und will mehr wissen. Nach etwas Small-Talk und ein paar Komplimenten an den Oman von meiner Seite, nimmt sie das Telefon und ruft ihren Vorgesetzten an. „Sondergenehmigung für eine Fahrradbox, 35 kg." Einige Sekunden verstreichen. Dann nickt sie. Sie guckt mich an und beginnt zu grinsen: „Bitte tun Sie ihren Helm zurück, es ist okay."

Das Flugzeug fliegt quer über die iranisch-pakistanische Grenze; Wüste und mehr Wüste. Dort unten in der Region Belutschistan in Pakistan darf man kein Radfahren, sondern wird per Militärtransport chauffiert, der das ein oder andere Mal schon angegriffen wurde und Menschen starben. So ein Militärtransport wäre bestimmt aufregend gewesen, aber so komme ich immerhin lebendig in Nepal an.

ASIEN

Nepal
Indien
Myanmar
Thailand
Malaysia
Indonesien
Timor-Leste

9760 km / 167 Tage

NEPAL

„Die Gardine bewegt sich!"

Während Kulturen und Landschaften für mich sonst eher fließend ineinander übergegangen sind, habe ich innerhalb von wenigen Stunden 2.750 km überbrückt und befinde mich urplötzlich in einer anderen Welt – im „echten" Asien. Ein Freund schrieb mir vor dem Flug: „Du willst die Kälte umfahren und fliegst in den Himalaya?" Aber alles halb so wild, schließlich liegt Kathmandu gerade mal auf etwa 1.300 m und auch im November liegen die Temperaturen tagsüber bei angenehmen 24°C während es nachts meist nicht kälter als 10°C wird.

Abends angekommen kann ich mich tatsächlich an jede Schraube erinnern und das Fahrrad erfolgreich zusammenbauen, während mich am Flughafen 15 Nepalesen durch eine Glasscheibe dabei beobachten. Einzige Änderung ist, dass der Spiegel nach rechts muss, da in Nepal Linksverkehr herrscht.

Ich fahre quer durch das kaum beleuchtete Kathmandu. Die Augen der Menschen sind mandelförmig, alle sind kleiner als ich, einige Straßenhunde bekämpfen sich und ein geschickt konfigurierter Duft von Abfall und Räucherstäbchen liegt in der Luft. Durch dunkle Gassen führt mich das Navi

an mein Ziel: Sujan, 22, Couchsurfing Neuling. Als kleines Begrüßungsgeschenk fällt der Strom aus. Das passiert hier öfter, jeden Tag mindestens einmal und wenn man sich die Strommasten und ihre **Verknotungen** anschaut, wundert man sich nicht. Seine Familie und Nachbarn sind da und eine Kerze erhellt den Raum – eine tolle Atmosphäre. Wir reden und lachen bei einer großen Flasche Mountain Dew. Das Erfrischungsgetränk, dass übersetzt "Bergtau" heißt, gibt es hier in jedem Kiosk zu kaufen, wahrscheinlich sogar öfter als Coca-Cola. Warum? In Nepal befinden sich viele hohe Berge – sensationelle Marketingstrategie! Um die Zeit in Kathmandu effektiv zu nutzen, kombiniere ich in den folgenden Tagen Sightseeing mit Visaanträgen für Indien und Myanmar.

Der Visaprozess

Tag 1: Botschaft Indien, Warteraum: Extrem viele Reisende aus aller Welt. Antrag einreichen und bezahlen, 50 U$. Normalerweise gibt es ein Visum für sechs Monate mit Mehrfacheinreise. Kommen Sie in sechs Tagen wieder!

Tag 2: Botschaft Myanmar: Ich bin der einzige Antragsteller. Antrag ausfüllen, 20 U$ für das Visum bezahlen. Reisepass dort lassen, kommen Sie in zwei Tagen wieder!

Tag 4: Botschaft Myanmar: Pass abholen, das Visum für Myanmar ist im Pass.

Tag 7: Botschaft Indien: Pass einreichen, dafür über zwei Stunden warten. Das Visum mit einmaliger Einreise gilt für vier Monate ab heute. Typ und Dauer sind etwas willkürlich, aber für mich mehr als ausreichend. Andere, die mit sechs Monaten und Mehrfacheinreise gerechnet hatten und dies nicht bekamen, bekommen Wutausbrüche. Unterhaltsam. Kommen Sie morgen wieder!

Tag 8: Botschaft Indien: Pass abholen. Indien Visum, check!

Kathmandu ist laut. Jeder hupt immer und überall, egal ob eine Situation gefährlich ist oder nicht. Mit dem Hupen sagt der Nepalese: „Ich bin auch da.“ Dass sie als Kollektiv einen grauenhaften Lärm erzeugen, ist ihnen wohl noch nicht aufgefallen. Davon abgesehen ist die Stadt sehr bunt, Hinduismus und Buddhismus vereinen sich, an jeder Ecke findet man einen **Tempel**.

आयुर्वेदिक
औषधी पसल

चोक भित्र
नास्ताको प्रबन्ध

Einer, der heraussticht, ist der Pashupatinath Tempel – ein bizarres Schauspiel: Auf der einen Seite des Flusses feiern die Gläubigen eine hinduistische Zeremonie, auf der anderen Seite werden **Leichen verbrannt**, dazwischen wuseln Hunde, Kühe und Affen herum und ein paar Kids nutzen die Anlage als Skatepark. Der Tempel scheint stabil gebaut zu sein, denn er hatte das schwere Erdbeben vor einem halben Jahr fast unbeschadet überstanden. Viele andere Tempel hatten weniger Glück und wurden zerstört. Rund 8.800 Todesopfer hatten die Beben im April und Mai 2015 gefordert.

Auch während meiner Anwesenheit wackeln eines Morgens die Wände für etwa fünf Sekunden. Ich denke mir nur: „*Cool, die Gardine bewegt sich!*" 5,3 M_W – das schwerste Beben seit der Katastrophe im Mai. Sujan erzählt mir später, dass die Leute bei seiner Arbeit hysterisch auf die Straße gerannt sind, noch immer traumatisiert von damals. Als sich nach einer Woche meine zwei Visa im Pass befinden, kann die Reise weitergehen.

Mal wieder bekomme ich die Bestätigung, dass das Fahrrad das richtige Reisemittel ist, denn aufgrund von Demonstrationen und damit verbundenen Grenzblockaden zu Indien, herrscht **„Kraftstoffknäppe“** und man muss um die zwei Stunden für ein paar Liter Benzin anstehen. Mit breitem Grinsen rolle ich an den vom Militär kontrollierten Warteschlangen vorbei und fahre weiter durch die Siwaliks, die Vorberge des Himalaya und ihre kleinen Dörfer. Die Bewohner freuen sich stets über den Exoten auf dem Fahrrad und grüßen mit einem freundlichen “Namaste”.

Wie in Armenien gelernt, verwandeln sich Höhenmeter oft in gute Aussichten, zusätzlich wird man mit unfassbaren Abfahrten belohnt. Als ich die Berge hinter mir gelassen habe, durch einen kleinen Dschungel gefahren bin und danach mit dem East-West-Highway das Flachland Nepals erreiche, ändert sich das Bild schlagartig. Ich habe den Anfang von Resident Evil 2 vor Augen – ein apokalyptisches Szenario. Müll türmt sich am Straßenrand, ein paar Rauchschwaden steigen nach oben und in einem Straßenrestaurant hauen sich zwei Typen auf die Schnauze. Die Menschen sehen anders aus, haben eine deutlich dunklere Hautfarbe, eher wie ich mir Inder vorgestellt hatte. Auch ihr Verhalten ist anders als das der Nepalesen in den Bergen: Bleibe ich stehen, werde ich von ihnen relativ schnell umzingelt, doch keiner sagt etwas. Ich werde einfach nur angestarrt. Ich frage mich, was bei denen im Kopf vorgeht. Wahrscheinlich so viel wie bei Zoobesuchern vorm Affenkäfig.

Da die Landschaft und Straßen jetzt komplett flach sind, gibt es hier sehr viele Radfahrer. Ausnahmslos sind es klappernde Eingang-Räder und ihre Besitzer staunen stets nicht schlecht, als sie meine 3 x 10 Gangschaltung erspähen.

Da man als großer weißer Mann in Nepal ein bisschen Superstar-Status hat, ist es auch hier in den völlig untouristischen Gegenden kein Problem eine Unterkunft zu finden. Ein bisschen Smalltalk und oftmals folgt direkt eine Einladung im Haus zu schlafen. Deswegen ist Radreisen genial: Durch die Hilfsbedürftigkeit, die man mit dem Fahrrad ausstrahlt und dem Treffen auf Augenhöhe, kommt man unglaublich nah an die Bevölkerung heran und kann das „echte" Leben der Bewohner hautnah **miterleben**. *Treffen auf Augenhöhe* bezieht sich auf den Status, da man mit einem Fahrrad auch in finanzschwachen Ländern nicht als „der reiche Europäer" dasteht. Ein physisches *Treffen auf Augenhöhe*

gab es mit 1,95 m in Nepal nicht, aber dafür viel „Aufsehen". Teilweise teilen Menschen ihr Bett mit mir brüderlich, manchmal gibt es ein freies Zimmer und einmal schläft sogar einer draußen auf dem Balkon, weil er mir unbedingt ein eigenes Zimmer zur Verfügung stellen will.

Zitat

„Nepalese people are like potatoes, they taste good in every curry."
(„Nepalesen sind wie Kartoffeln, die schmecken in jedem Curry.")
– Roshan Tapa aus Bhiman über das gute Verhältnis der Nepalesen gegenüber anderer Nationen

INDIEN

Das Verhör

An der Grenze von Nepal nach Indien gibt es viel Gewusel und Durcheinander. Da die Grenze für Nepalesen und Inder frei passierbar ist und es auch keine Kontrolle gibt, hätte ich mir das Visum theoretisch auch sparen können. Mit dem Stempel im Pass bin ich jedoch auf der sicheren Seite. Damit bin ich also in Indien.

Anfangs bin ich etwas nervös, denn im Internet habe ich Dinge gelesen wie „Indien ist dreckig, die Leute tun alles für Geld und klauen, der Verkehr ist die Hölle usw.“. Erstens ist das Internet recht groß und man kann nicht immer genau die Urheber solcher Aussagen ermitteln, zweitens macht jeder unterschiedliche Erfahrungen und drittens ist Indien eines der größten, bevölkerungsreichsten und vor allem vielfältigsten Länder der Erde, über welches man eigentlich keine Verallgemeinerungen machen kann. Deswegen möchte ich mir an die eigene Nase fassen, dass diese Informationen meine Großhirnrinde durchdringen konnten. Es fordert ein paar Stunden geistige Anstrengung, um die Vorurteile gegenüber dieser Nation abzulegen, aber als das halbwegs geschafft ist, kann ich entspannt losradeln.

Zuerst fahre ich durch den Norden des Staates West-Bengal. Beim Passieren der ersten großen Stadt muss ich leider doch einsehen, dass der Verkehr grausam ist. Die Straßen sind staubig, überall wird gehupt, egal ob es die Situation erfordert oder nicht. Die Geräuschkulisse macht den ohnehin hektischen Verkehr noch hektischer. Ich versuche meine Fahrweise dem Wirrwarr anzupassen und komme unbeschadet durch die Stadt.

Außerhalb der Stadt bin ich wieder in einer anderen Welt: Der Norden West-Bengals ist grün und voller Tee-Gärten. Am ersten Abend spricht mich am Straßenrand Binod Lama an, ein Lehrer, der gerade auf dem Heimweg von der Schule ist. Er lädt mich ein, in seinem Dorf zu übernachten, das 11 km von der Hauptstraße und nur 2 km von Bhutan entfernt liegt. Auf dem Weg dorthin gehen wir kurz in die Polizeistation, um einen kleinen „Report“ zu machen. Zu meiner Sicherheit, versteht sich.

Im „**Hope Tea Garden**“, seinem Heimatdorf, verteilt sich die frohe Botschaft über den internationalen Besuch schnell, denn hier kommt wohl so gut wie nie ein Tourist vorbei, vor allem nicht mit dem Fahrrad. Dieses Fahrrad hat einen Preis von 1.350 €, ohne Taschen, Elektronik, Schnickschnack und Co. Um sich das leisten zu können, müsste ein Arbeiter hier im Teegarten mehr als zwei Jahre lang sein komplettes Gehalt sparen. Der Tageslohn beträgt 122 Indische Rupien, was etwa 1,70 € entspricht. Jetzt verstehe ich auch, warum die Leute, die mich nach dem Wert des Fahrrads gefragt hatten, bei der Antwort immer so schockiert waren. Ab jetzt lasse ich die „1“ weg und erzähle immer, dass das Fahrrad etwa 350 € kostet, aber selbst das ist für die meisten eine Sensation.

Die Preise für Essen sind dementsprechend günstig. Eine Cola im Restaurant gibt es für 14 Cent und auch, wenn ich mir den Bauch im Restaurant mit leckeren Curry-Gerichten

vollschlage, bleibe ich meist unter einem Euro. Bei diesen Zahlen bekomme ich schon etwas mehr Verständnis dafür, warum viele Inder ihre Heimat verlassen und unter miesen Bedingungen z.B. in Dubai für zehn Euro am Tag schuften, also einem Vielfachen ihres Gehalts in Indien.
Binod Lama, der mit seiner Tätigkeit als Lehrer im Hope Tea Garden ein angesehener Mann ist, kann sein Ansehen durch seine „Beziehungen" nach Deutschland nochmals steigern. Beim Verlassen des Dorfes auf dem Weg zurück zur Hauptstraße gehen wir erneut zur Polizeistation, um einen „Report" zu machen. Wieder zu meiner Sicherheit, versteht sich. Also genauer gesagt, damit auch die Polizisten sehen, dass Binod Lama Beziehungen nach Deutschland hat.

In der Polizeistation ist der Polizeichef ebenfalls positiv überrascht, dass ein Europäer vor ihm steht, will sich jedoch nichts anmerken lassen, da er ja eigentlich der autoritäre Polizeichef sein muss – eine schwierige Kombination. Ich soll mich setzen. Während ich das tue holt er sein Handy raus, aktiviert die Kamerafunktion, hält es unauffällig vor sich und das „Verhör" kann beginnen: Name, Herkunft, Alter, was machen Sie hier, durch welche Länder sind Sie bereits gefahren, wie viele Kilometer waren das usw. Eine bizarre Situation, schließlich wissen wir beide was hier gerade passiert: ein Video für Familie und Freunde. Gleichzeitig müssen wir uns das Lachen verkneifen und ernst bleiben, da dies ein „Verhör" und er der Polizeichef ist, und noch weitere Mitarbeiter drumherum stehen. Den anschließenden Willkommens-Tee lehne ich dankend ab, ich will weiter.

Truck Express India

In Indien dürfen Trucks in den meisten Staaten nur 40 km/h fahren. Wenn die Strecke flach und breit ist, kann man sich nach kraftvoller Beschleunigung wunderbar im Windschatten dieser Trucks positionieren und dann bei „Windstille" entspannt mit 40 km/h oder mehr Radfahren. Dabei sollte man gleichzeitig beten, dass kein Schlagloch kommt, denn sehen kann man nur die Rückseite des Trucks.

Kurz nachdem ich im Bundesstaat Assam angekommen bin, zieht ein Unwetter auf und ich schütze mich in einer Bushaltestelle in der Nähe eines Dorfes. Es regnet und regnet. Ich bin etwas müde und entspanne mich.

Zwei Stunden später wache ich verwirrt in derselben Bushaltestelle auf, es ist dunkel geworden. Mir ist nicht klar, in welchem Bezirk ich mich hier befinde. Bei einem Kiosk in der Nähe will man mir erstaunlicherweise nicht bei der Schlafplatzsuche helfen. Hotels gibt es in der Region sowieso nicht. Irgendwie hat man hier kein Interesse an mir, eher will man mir vermitteln, dass es keine gute Idee ist, hier zu übernachten. Also fahre ich weiter durch die stockdustere und totenstille Nacht.

Einige Kilometer weiter sehe ich eine Silhouette einer männlichen Person auf der Straße stehen, einer männlichen Person mit Maschinengewehr. Ich komme näher und wie zu erwarten, ist es ein Polizist. *Bei der Polizei gibt es eigentlich immer ein Plätzchen*, denke ich mir und frage unauffällig, ob er eine Idee hat, wo ich schlafen kann. Relativ uninteressiert sagt er, dass er auch keine Idee habe. Also versuche ich es eine Spur deutlicher, indem ich frage, ob ich in der Polizeistation übernachten kann. Ohne eine Miene zu verziehen verneint er die Frage, während er mich mit seiner Taschenlampe blendet. Sein einziger Hinweis ist, dass in einigen Kilometern noch ein Polizeiposten komme. Enttäuscht, aber nicht hoffnungslos, fahre ich weiter durch die Dunkelheit.

Bevor ich den Polizeiposten erreichen kann, sehe ich ein Restaurant am Straßenrand und halte an. Auch hier ist die Stimmung etwas merkwürdig. Einige der Anwesenden sind total freundlich und wollen mir helfen, andere gucken mich skeptisch an. Ich soll mich erstmal setzen und etwas essen. Währenddessen flüstert mir ein vertrauenserweckender Besucher zu, dass die Leute hier verrückt seien und ich auf keinen Fall bleiben soll. Dabei scheint der Chef eigentlich ganz freundlich zu sein. Ich bin verwirrt. Dann kommt ein engagierter Mitarbeiter auf mich zu, der schon sein Handy am Ohr hat und sagt: „I call police." Eigentlich habe ich ja nur einen Platz zum Schlafen gesucht.

Zwei Minuten später kommt ein großer Pick-up ans Restaurant gefahren. Es ist die Polizei. Die Beifahrertür geht auf, ein Mann in Uniform steigt aus, es scheint der Polizeichef zu sein. Ich gehe raus, er sieht mich und ruft mit indischem Akzent: „My friend!!!" Ohne meine Geschichte erzählen zu müssen, sagt er, dass ich in der Polizeistation übernachten kann und dass er außerdem mein Essen bezahlen wird, das ich gerade im Restaurant verspeist habe. Ich soll einfach ein paar Kilometer zurückfahren, sie kommen gleich nach. Also fahre ich wieder zurück, grüße den Straßenpolizisten, der mich abgewiesen hatte mit einem falschen Grinsen und rolle direkt zur **Polizeistation**.

Dort sind die Beamten ganz aufgeregt, dass endlich mal was passiert während ihres Bereitschaftsdienstes, noch dazu was Positives. Alle sind fasziniert von meiner Ausrüstung, wie z.B. einer selbstaufblasbaren Luftmatratze oder einem Fahrrad mit Gangschaltung. Einer will mir auch was zeigen, holt sein Handy raus und drückt Play. Auf dem Display sehe ich, wie ein Mann enthauptet wird. Mir kommt das Essen wieder hoch. Ich sage „Okayyy…" und frage, was es damit auf sich hat. „Also das ist hier in der Nähe gewesen, in der nächsten Stadt, 20 km von hier." Ich bin müde, deswegen frage ich nicht weiter nach.

Erst mehr als ein Jahr später, beim Betrachten einer Konflikt-Weltkarte, finde ich zufällig die Erklärung: einen winzigen dunkelroten Punkt im ansonsten gelben Nordost-Indien. Im Kokrajhar-District schlagen sich die sogenannten

„Bodo“ und Bengalisch sprechenden Muslime in einem blutigen Konflikt seit Jahren die Köpfe ein. Beziehungsweise trennen sie diese auch ab. Manchmal ist es gut, wenn man nicht genau weiß, wo man ist und was man tut – dann kann man auch ganz entspannt ein zweistündiges Nickerchen am Straßenrand machen.

Am nächsten Tag komme ich an einem **katholischen Internat** vorbei und das Sekretariat erlaubt mir zu bleiben. Als ich am ersten Abend durch den vollen Speisesaal laufe und die ca. 70 Kids mich zum ersten Mal sehen, ist die Hölle los. Hier bin ich ein Superstar! Alle lassen ihre Teller stehen, umzingeln mich und löchern mich in bestem Englisch mit Fragen – die Fragen, die ich jeden Tag beantworten muss. Ich überlege, mir einen Papagei zu kaufen, der für mich antwortet. Der würde gleichzeitig von mir ablenken und hätte wunderbar auf der linken Seite der Lenkerstange Platz.

Ich bleibe auch den nächsten Tag da, denn am zweiten Abend feiern die Kids eine **Vorweihnachtsparty**, mit Gebet und anschließendem exzessivem Tanz zu trashiger Pop-Musik. Als der Sound aus den überdimensionalen Lautsprechern das ganze Internat mit "Gangnam Style" beschallt, erscheint plötzlich der Weihnachtsmann. Es ist eher ein Weihnachtsmännchen. Scheinbar wurde einer der Jungs für diese Aufgabe ausgelost. Amüsiert klauen die anderen Kinder ihm den Sack mit den Süßigkeiten, beginnen Pogo zu tanzen und die Süßigkeiten durch die Luft zu werfen. Die strenggläubige Lehrerin scheint in ihrem Bibelstudium von solchen Bräuchen nichts gelesen zu haben und beendet diese moderne Interpretation der Nikolausbescherung.

Wie in Nepals Flachland und West-Bengal werde ich auch in Assam oftmals angestarrt, ohne, dass die Starrenden etwas sagen. Ich bin oft hungrig, da ich an keinem Restaurant anhalten will, weil ich genau weiß, was passieren wird: Innerhalb von 20 Sekunden werden zehn indische Männer das Fahrrad umzingeln, es sich angucken und sobald sie damit durch sind mich angucken, aber nichts sagen und erst dann gehen, wenn ich gegessen habe und weiterfahre. Ich denke, dass wenn ich mit Schwung an ein Restaurant ranfahre und unmittelbar davor parke, mich niemand sieht, aber es gibt keine Hoffnung. Wie gesagt, 20 Sekunden. Auf dem Rad werde ich auch oftmals ausgefragt. Selbst wenn der Gegenüber kein Englisch kann, für ein „Where you from?“ reicht es immer. Häufig endet das Gespräch aber schon nach dieser Frage.

An einem Nachmittag sitze ich auf einer Parkbank, um auf meinen Couchsurfing Host zu warten und solange etwas Tagebuch zu schreiben. Wieder stehen innerhalb weniger Minuten 15 Männer in einem Halbkreis um mich herum und gucken mir stumm minutenlang beim Tagebuchschreiben zu. Tagebuchschreiben in unleserlicher Schrift. Tagebuchschreiben in unleserlicher Schrift auf Deutsch. Warum?!

Zwei Wochen lang werde ich täglich angestarrt. Und ausweichen kann ich kaum, denn es sind überall Menschen. Natürlich bin ich mit 1,95 m hier ein Riese und ein weißer Mann mit blauen Augen ist außergewöhnlich, trotzdem finde ich das Verhalten mindestens fragwürdig. Ich denke zum ersten Mal, es wäre besser zu zweit zu fahren, dann könnte man sich wenigstens über dieses Spektakel amüsieren. So muss ich die Blicke einfach hinnehmen. Ein Wett-Starren gegen die Jungs zu gewinnen: absolut unmöglich.

Sobald ich die Grenze zum nächsten Bundesstaat Nagaland überquere, kommt auf einmal Weihnachtsstimmung auf. In der Stadt Dimapur leuchtet, blinkt und funkelt es in jeder Straße, denn hier ist der Großteil der Bevölkerung christlich und mittlerweile ist es Dezember. Ab der Grenze kommen auch einige Berge und das Verhalten der Menschen ist plötzlich wieder deutlich respektvoller. Das Anstarren hört auf und auch das Fahrrad wird nur mit einem kurzen Blick gewürdigt, bevor die Leute weitergehen. Zusätzlich ist die Bevölkerungsdichte deutlich niedriger und ich kann mich ab und zu am Straßenrand entspannen.

Im für mich letzten indischen Bundesstaat, Manipur, sehe ich alle zwei Kilometer Soldaten. Überall, selbst im Gebüsch. Bei der ein oder anderen **Kontrolle** unterhalten wir uns gut und sie haben öfter Tee für mich, aber wie sie zur Zivilbevölkerung stehen, kann ich nicht genau sagen. Auf-

grund der vielen verschiedenen Stämme und Religionen, welche ein Konfliktpotenzial darstellen, und aufgrund des **Drogenschmuggels** vom angrenzenden Myanmar, schenkt die Indische Regierung Manipur wohl besondere Aufmerksamkeit in Form von extremer militärischer Präsenz.

Zwischen Indien und Myanmar konnte ich bei einer gemeinsamen Grenzlänge von 1.468 km auf Google Maps vier Grenzübergänge finden. Der einzige, über den es vereinzelte Informationen im Internet gibt und der auch einfach zu erreichen scheint, ist zwischen der Stadt Moreh in Indien und Tamu in Myanmar. Laut Auswärtigem Amt ist dieser „nur für Handel geöffnet, nicht für Touristen." Bei der Suche in den tiefsten Tiefen des Internets habe ich jedoch andere Informationen gefunden. Schon über zwei Wochen vorher hatte ich mit einem burmesischen Reiseveranstalter Kontakt gehabt, der mir für schlappe 100 U$ die notwendige Sondergenehmigung zur Einreise über diesen Grenzübergang beantragen wollte. Dazu musste ich einen tagesgenauen Reiseplan für Myanmar angeben, indem ich willkürlich burmesische Städte zwischen Indien und Thailand aufzählte und ein Datum zuordnete. Nur an einem vorher festgelegten Tag ist die Einreise möglich, sonst verfällt die Ausnahmegenehmigung.

MYANMAR

Knockout zwischen goldenen Pagoden

Auf indischer Seite lasse ich mir den Ausreisestempel in den Pass drücken. Das ist der „Point of no return", wieder zurück nach Indien geht jetzt nicht mehr. Auf der Grenzbrücke wechselt die Regelung von Linksverkehr auf Rechtsverkehr und schon bin ich auf der burmesischen Seite. Ein Beamter zeigt direkt auf ein Schild „Alle Ausländer brauchen eine Sondergenehmigung". Scheinbar haben es einige Leute immer mal ohne die Genehmigung versucht und steckten dann im Niemandsland fest. Wir rufen meinen „Agenten" an, ein kleiner, im Geiste schlichter, Betelnuss-kauender Burmese, der gelangweilt mit der Sondergenehmigung zur Grenze kommt. Dafür hatte ich 100 U$ bezahlt. Spektakulär.

Da es jedoch nur zwei Agenturen gibt, die diesen Service überhaupt anbieten, bleibt mir keine andere Wahl, als ihnen die Kohle in den Rachen zu werfen. Die Genehmigung frisst ein Loch in die Reisekasse – verkraftbar, wenn man beachtet, dass ich mich ab jetzt für maximal 28 Tage, bis auf einige Sperrgebiete, frei in Myanmar bewegen darf. Alle Reisenden, die mit motorisierten Gefährten reisen wollen, brauchen einen Guide und müssen komplett organisierte Touren buchen, inklusive Hotels, was verdammt teuer ist. Es ist in ganz Myanmar verboten, außerhalb von offiziellen Hotels oder Gasthäusern zu übernachten. Was im Falle eines Gesetzesverstoßes passiert, kann mir niemand sagen, selbst Polizisten nicht.

Die ersten Stunden sind der Wahnsinn. Ich bin stolz, die Einreise trotz der sparsamen Infos im Netz geschafft zu haben.

Top Wetter, wenig Verkehr, gute Straßenverhältnisse, viel Landwirtschaft und ein Überfluss an golden glänzenden Tempeln und **Pagoden**. Die Menschen grüßen aus allen Richtungen und freuen sich, wenn sie den weißen Mann auf dem Rad sehen. Ein „Mingalaba" verbunden mit einem wunderbar freundlichen Lächeln ist alles was ich mir wünsche, wenn ich vorbeifahre. Kein „Where you from", kein Gaffen, keine komischen Fragen.

Am zweiten Abend, in der Kleinstadt Kale, treffe ich einen Englischlehrer in meinem Alter namens Bobo, mit dem ich einige „**Myanmar**" (Bier) oral verklappe und der mich über die beige Paste aufklärt, die im ganzen Land Kinder und Frauen im Gesicht tragen. Sie nennt sich Thanaka, wird aus dem Holz des „Limonia acidissima" durch Verreiben mit Wasser auf einem Stein hergestellt, hat einen angenehmen Duft und wird traditionell als Sonnencreme benutzt, z.B. bei langen Arbeitstagen auf dem Feld. Mittlerweile wird die Creme aber

eher als „traditionelles Make-up“ getragen; vor allem junge Frauen geben sich dabei große Mühe und entwerfen extravagante Designs.

Auch wenn ich wahrscheinlich deutlich zu alt dafür bin, schmiere ich mir am nächsten Morgen das Zeug ins Gesicht, um den Einheimischen zu suggerieren, ich sei einer von ihnen. Auch **auf dem Markt**, wo kein einziger Tourist anzutreffen ist, falle ich kaum auf, schließlich habe ich mich ja mit Thanaka getarnt. Erst durch meine laienhafte Technik beim Nudeln-mit-Soße-Mischen und dadurch, dass sich auf diesen Mini-Stühlen meine Knie neben meinen Ohren befinden, werde ich auffällig. Als ich enttarnt bin, darf ich aufgrund des Ausländerbonus auch direkt gratis essen. Diese Marktfrau wegen ihrer Gastfreundschaft um ihre umgerechnet 14 Cent für zwei Portionen Nudeln zu „beklauen“ ist mir dann allerdings doch etwas zu peinlich, also gebe ich ihr die 200 Kyat, die sie widerwillig annimmt.

Als ich gegen Mittag meine Sachen gepackt habe und mich von Bobo verabschiede, sind er und seine Homies schon wieder am Bechern. Ich nehme eine Straße, die auf meiner kleinen kostenlosen Karte von der Botschaft in Kathmandu nicht eingezeichnet ist. Ich finde sie über Google Maps: 80 km Sand und sehr grobe Steine. Erwähnte ich schon, dass mein Fahrrad keine Federung hat? In dieser extrem **ursprünglichen Region** gibt es viele Felder und nur vereinzelt Häuser, meist ist es komplett still.

Statt Hotels finde ich hier ein einzelnes Restaurant in einem für Myanmar verhältnismäßig großen Haus. Ich bin der einzige Gast und der Besitzer signalisiert mir, dass ich oben auf dem Dachboden schlafen kann.

Draußen ist es dunkel und ein paar wenige, von Spinnweben umschlungene Lampen erhellen das Restaurant. Viele

kleine Metallschüsseln mit verschiedenem Gemüse, Fleisch, Soßen und Reis stehen vor mir – ein typisch burmesisches Essen. Während ich mir den Bauch vollschlage, höre ich wie draußen ein Roller hält. Ich esse weiter.
„Dennis!!!“
Es ist Bobo, er schleift zusammen mit einem seiner betrunkenen Freunde einen weiteren, noch betrunkeneren Freund ins Restaurant. Die beiden platzieren ihn auf einem freien Stuhl. Dann erzählen sie mir, dass sie spontan entschlossen haben einen Bekannten in Monywa zu besuchen. Wie ich haben sie 50 km auf der katastrophalen Straße bereits hinter sich gebracht. Also fehlen noch 150 km durch die Dunkelheit. Bobo erzählt mir, dass sie eine kurze Pause brauchen.

Zusammen trinken wir jeder ein Bier á 640 ml und einen Whisky. Dann soll die Fahrt zu dritt auf dem Roller weitergehen. Der Betrunkenste wird in die Mitte geklemmt und der Roller verschwindet in der Ferne. Dann ist es wieder still. Ich gehe schlafen.

Ich höre unverständliche, monotone Wörter. Sie wiederholen sich. Es beginnt von neuem. Immer und immer wieder. 20 Minuten lang. Immer wieder dieselben Worte. Es ist sechs Uhr morgens und ich entscheide mich gegen den Halbschlaf und dafür, der Sache auf den Grund zu gehen. Meine müden Augen suchen und finden. Die Frau des Besitzers sitzt am anderen Ende des Dachbodens vor einem kleinen buddhistischen Altar auf dem Boden und betet. Fünf weitere Minuten lang dieselben monotonen Worte. Als sie fertig ist, entfernt sie sich vom Altar, sieht mich, lächelt und begrüßt mich mit einem freundlichen „Mingalaba“.

Im ansonsten buddhistischen Myanmar suche und finde ich in der Stadt Myingyan eine **Kirche**, schließlich steht Weihnachten vor der Tür. Ich bin zwar nicht religiös, aber solch ein Spektakel will ich mir keinesfalls entgehen lassen. Schon am Abend des 23ten zieht die Kirchengemeinde durch

das Stadtviertel, **singt Lieder** und bittet um Spenden für die Kirche.

Am 24ten kaufe ich Weihnachtsgeschenke, putze zum ersten Mal das Fahrrad, wechsle nach über 9.000 km zum ersten Mal die Fahrradkette, gehe zum Friseur und lasse mir für umgerechnet 58 Cent einen burmesischen Haarschnitt mit einem Hauch von **Christiano Ronaldo** verpassen, der auf den Plakaten an der Decke des Friseursalons bzw. der Friseurhütte zu sehen ist. Wie immer darf ich hier offiziell nicht übernachten, aber der Pastor will mich nicht einfach wegschicken, schon gar nicht an Weihnachten.

Im nächtlichen **Gottesdienst** wird um die Wette gesungen zu sehr poppigen Beats, die vom Keyboard durch die zwei Meter hohen Lautsprechertürme dröhnen, und der Pastor schwingt den Weihrauchkessel im Takt, sodass die Sichtweite eingeschränkt ist. Während die Gemeinde „Stille Nacht, Heilige Nacht“ in einer burmesischen Version singt, wird der am Kreuz hängende Jesus von bunt blinkenden Lichterketten beleuchtet. Ein schriller und dennoch spannender Gottesdienst, von dem

ich kein Wort verstehe, da er komplett in burmesisch gehalten wird. Ich kann mir ja denken, um was es geht.

Weihnachten ist in meiner Familie das wichtigste Fest des Jahres und wird ausgiebig gefeiert. Zum ersten Mal in meinem Leben bin ich nicht dabei. Nachdenklich macht es mich schon, vielleicht auch ein bisschen traurig. Aber die Traurigkeit kann ich übertrumpfen, wenn ich mir vor Augen halte, dass ich momentan das Leben lebe, das vor einem halben Jahr nur in meinen Träumen existierte. Und dass ich beim Heiligen Abend nicht dabei bin, stimmt so auch nicht. Myingyan ist eine einfache Stadt, in der viele Straßen nicht asphaltiert sind und es keine Ampeln gibt, aber für eine 4G Internetverbindung reicht es trotzdem. So sitze ich nachts um 1 Uhr alleine im Pfarrhaus und partizipiere übers Telefon an der Bescherung in Deutschland. Herzlich willkommen in der Zukunft.

Ich fahre weiter nach **Bagan**, eine alte Stadt, in der unzählige bis zu 1.000 Jahre alte Pagoden und Tempel auf 36 km² verteilt stehen. Mit dem Erreichen der Anlage verschwindet die außergewöhnliche Herzlichkeit der Burmesen, denn hier sind Besucher aus fernen Ländern das tägliche Brot. Der Massentourismus ist in Bagan längst angekommen. Das Areal ist zum Glück groß genug, dass man immer eine Pagode fern der Touristenbusse finden und in Ruhe erforschen kann. Das Fahrrad ist das perfekte Fortbewegungsmittel, um das Gebiet zu erkunden. Theoretisch.

Aber dummerweise geht es mir schlecht. Extremst außergewöhnlich brutal schlecht. Ich kann mich kaum auf den Beinen halten, will aber noch das Areal erkunden und Drohnenaufnahmen, Fotos und Videos machen. Schon am frühen Mittag schlafe ich entkräftet vor einem der Tempel ein und werde wenig später von einem jungen Pärchen gefunden und aufgeweckt. Auf ihrem T-Shirt steht “Brasil”. Sie bemerken meine Desorientierung und kippen mir daraufhin kaltes Wasser in den Nacken, um mich wachzurütteln. *Brasilien?! Da will ich doch auch noch hin!* Ich behaupte jetzt wach zu sein, bedanke mich und die zwei lassen mich weiterfahren.

In Trance finde ich an einem Kiosk Schmerztabletten und verschlinge direkt zwei der Besserung-verheißenden, rosafarbenen Pillen. Ohne essen zu können, kämpfe ich mich durch den Tag und werde gegen Abend Zeuge

eines absurden Schauspiels: Stau. Ja, es gibt tatsächlich Stau hier in diesem riesigen Gebiet. Sämtliche große Touristenbusse fahren pünktlich zum Sonnenuntergang die großen Pagoden an, damit sich die Kunden zusammen mit 300 anderen Reisenden auf engstem Raum den sagenhaften Sonnenuntergang anschauen können. **Gruppenromantik.**

Camping muss hier, im Heiligtum des Landes, wohl ein Schwerverbrechen sein, doch in dem Zustand will ich auf keinen Fall Geld für ein überteuertes Hotel ausgeben, damit ich dann halbtot im Bett liegen darf. Halbtot kann ich auch in meinem Zelt liegen und zwar ganz umsonst.

Nachdem sich mein Gesundheitszustand bis zum Morgen nicht verbessert hat, ist es an der Zeit Maßnahmen zu ergreifen. Nun kann ich mich endlich der viel gestellten Frage widmen: „Und was machst'e, wenn de ma' krank bist?" Ich werfe einen Blick auf Google Maps und begebe mich zum nächsten Krankenhaus, denn dort gibt es Ärzte.

Als gut ausgebildete Fachkraft spricht die Ärztin sogar etwas Englisch und kann mich untersuchen. Außer den von mir beschriebenen Symptomen kann sie jedoch nichts Weiteres feststellen. Nach dem Motto „viel hilft viel" verschreibt sie mir fünf verschiedene Packungen Tabletten, Kostenpunkt etwa zwei Euro. Der Drogencocktail ermöglicht mir, mich auf das Rad zu setzen und auf absoluter Sparflamme etwas zu fahren.

Zwei Tage lang kann ich nicht mehr als ein kleines Frühstück essen. In den darauffolgenden zwei Tagen kann ich zwar essen, doch so wie es reinkommt, kommt es innerhalb kürzester Zeit auch wieder raus. Nicht allzu verwunderlich verschlechtert sich meine Laune. Der Massentourismus in Bagan hatte mir die Mystik des Landes geraubt und die Freundlichkeit der Menschen am alten Highway ist auch nicht mehr so enorm, wie noch am Anfang. Oder mir kommt es einfach nur so vor. Die Regel mit dem „Nur-in-offiziellen-Hotels-schlafen" erschwert mir die Schlafplatzsuche, eine Dusche ist nicht in Aussicht und teilweise schlafe ich nicht länger als vier Stunden auf meiner Luftmatratze, die zu allem Übel Luft verliert. Mit Tunnelblick fahre ich dennoch 100 km pro Tag, ich will einfach nur raus aus diesem Land.

Am fünften Tag der Flaute beginne ich Selbstgespräche mit fiktiven Charakteren zu führen. Passend dazu fahre ich über eine breite, aber leere Autobahn mitten durchs Reisfeld in die Hauptstadt **Naypyidaw**. Eine siebenspurige Betonstraße für mich alleine, auf der anderen Seite weitere sieben Spuren in die andere Richtung. Halluziniere ich? Nach zwei bis drei Backpfeifen, die ich mir selbst verpasse, realisiere ich, dass ich doch wach bin. Vollkommen absurd auf der einen Seite, auf der anderen Seite denke ich mir, die Planer von New York oder Dubai müssen wohl auch für verrückt gehalten worden sein. Mal schauen, wie das hier in ein paar Jahrzehnten aussieht.

Nach der sechstägigen Radikaldiät und dem Aussehen eines **Zombies** wird erst nach einer Woche eine schäbige Duschkabine zu einer der wohltuendsten Schmutzbeseitungsaktionen der Reise. Pünktlich zum Ende des Jahres geht es mir besser, ich kann wieder essen und bin bereit in der Silvesternacht steil zu gehen. Meine Freude wird jedoch getrübt, als ich feststelle, dass Silvester in Myanmar nicht sonderlich exzessiv gefeiert wird. Eher bleibt man bis Mitternacht wach, gratuliert seinen Mitmenschen und geht dann schlafen. Generell ist Myanmar alles andere als eine Party-Nation. Aber es würde auch irgendwie nicht zu diesem Land passen. Bald bin ich aber in Thailand, da könnte es schon sehr viel anders aussehen.

2016. In der Grenzstadt muss ich tatsächlich noch einmal in ein Hotel ausweichen und habe damit nur noch 3.000 Kyat (2,10 €) für den letzten Abend übrig, da ich erst wieder auf der anderen Seite der Grenze Geld abheben will. Das reicht für ein Abendessen. Und auch zwei kleine Bierchen. Und zwei weitere Abendessen.

Zurück in die Zukunft

Angefangen im Jahr 2015, war ich 1394 im Iran, danach wieder zurück nach 2015, besuchte Nepal im Jahre 2072, erneut zurück ins Jahr 2015 und jetzt der Übergang zu 2016. Das TX 400, der Delorean unter den Fahrrädern. (Es handelt sich um verschiedene Kalendersysteme).

THAILAND

Date mit einem Ladyboy

Zum ersten Mal sind alle fünf Stellen der Tachoanzeige ausgefüllt: Ich habe die 10.000 km Marke geknackt und erreiche Thailand mit Glücksgefühlen. Auf der Grenzbrücke muss ich erneut die Fahrseite wechseln, es geht wieder auf die linke Seite und zum ersten Mal seit sechs Ländern muss ich einfach nur zur Grenze fahren, nichts bezahlen, kein Visum beantragen, keine Special Permits, keine Ausreisegebühren oder sonstige finanzielle Backpfeifen über mich ergehen lassen. Ich fülle einen Zettel aus, bekomme einen Stempel: Willkommen in Thailand.

Moderne Autos, Fahrradläden, saubere Restaurants, Elektroläden mit der neusten Technik – eigentlich sollte ich sowas ja kennen, aber in den letzten Monaten habe ich mich an ein anderes Bild gewöhnt. Durch den Windzug der Autos fahre ich mit Durchschnittsgeschwindigkeiten von 26 km/h Richtung Süden. Nach 10.400 km habe ich den zweiten Platten der Reise, direkt bei einer **Motorradwerkstatt**. Innerhalb von wenigen Minuten flickt mir der Chef des Ladens den Reifen für 20 Baht (ca. 0,50 €). Wieder im Sattel fährt

ein Roller neben mir. Die Mitfahrerin zieht während der Fahrt eine Dose Energydrink hervor, öffnet sie gekonnt, zieht einen steril verpackten Strohhalm aus ihrer Tasche, schält ihn sanft aus der Plastikfolie, steckt ihn in die Dose und reicht sie mir mit einem herzlichen Lächeln. Mit Rückenwind, Boxengasse und Service Crew ist Radfahren ziemlich einfach und ich durchbreche die 200 km Grenze für eine Tagesetappe.

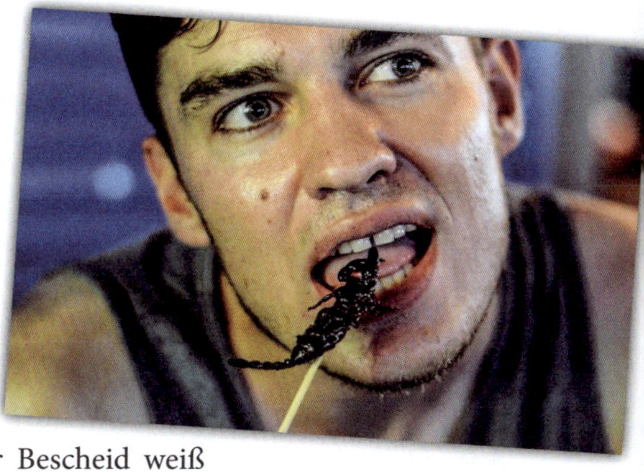

Bangkok. Endlich wieder ein Ort, wo was abgeht. Das lange Warten auf Party, Musik und Freude hat ein Ende. Hier im Drehkreuz Südostasiens kommt wirklich jeder Reisende entlang. Ein auffällig präsentes und unter Reisenden großes Thema ist die außergewöhnlich hohe Anzahl an Ladyboys in Bangkok, auch „Kathoey" genannt. Jeder redet darüber, aber Bescheid weiß irgendwie keiner. Als investigativer Tagebuchschreiber sehe ich es als meine Aufgabe, mehr über die Kathoey herauszufinden. Ich vereinbare ein kleines Interview in einem Kunstmuseum mit einem befreundeten Ladyboy von meinem Couchsurfing-Host.

Sie, 23, nennt sich **„Cafe"**, wurde als Junge geboren, wäre gerne ein Mädchen und steht auf Jungs. Warum? Das weiß sie auch nicht. Aber seine Interessen und Vorlieben zu erklären, hat generell nicht immer was mit Logik zu tun. Cafe wurde nach eigener Aussage im falschen Körper geboren. Was sie stört ist, dass im Zusammenhang mit dem Sextourismus in Thailand und vielen sich prostituierenden Ladyboys, das Bild der käuflichen Liebe auch auf die anderen Ladyboys projiziert wird. Denn schließlich führe sie ein ganz "normales" Leben: Sie hat männliche, weibliche und Ladyboy Freunde und ihre Familie akzeptiert sie, wie sie ist. Sie ist Backgroundtänzerin für einen in Thailand sehr bekannten Popsänger und arbeitet parallel als Modedesignerin. Sie sagt, die große Toleranz und damit der offene Umgang mit Ladyboys in Thailand sei auf die Karmalehre zurückzuführen, die besagt, dass die Kathoey ihre Andersartigkeit durch Hand-

lungen im früheren Leben erhalten haben. Insofern kann man sie für ihr Verhalten nicht kritisieren, da es ihre Bestimmung ist, so zu leben. In der thailändischen Gesellschaft gab es deshalb bis ins 20. Jahrhundert eine dreipolige Geschlechtereinteilung. Nächstes Jahr will Cafe operativ eine Geschlechtsangleichung durchführen lassen. Das kostet in Bangkok 200.000 Baht. Also ca. 5.000 € für einen Lebenstraum – warum auch nicht.

Nach ein paar Tagen in Bangkok fahre ich im 30ten Gang Richtung Paradies. Erst einige Hundert Kilometer Richtung Süden und dann mit der Nachtfähre im 60-Betten-Schlafsaal auf die Insel **Ko Tao**. Es ist schon eine Frechheit: Ich muss 6 ½ Monate Rad fahren, um in den Genuss solcher Schönheit zu kommen, andere setzen sich in den Flieger und brauchen wenige Stunden.

Es ist Hochsaison und auf allen Inseln ist einiges los. Ausnahmsweise lasse ich mich in Hostels nieder, die beste Möglichkeit einfach und schnell partywütige und freiheitsuchende Traveler aus aller Welt kennenzulernen und die

wunderschönen Inseln samt ihrer Strände gemeinsam zu erkunden. Nächtelang schwingen wir das Tanzbein, was meine Seele nach den letzten Monaten erquickt und gleichzeitig meine Leber schädigt. Das sind jedoch nur Präventivmaßnahmen, um mich vor Entführung und illegalem Organhandel durch die Organ-Mafia zu schützen.

Thema Gruselgeschichten: **Full Moon Party!** Das Auswärtige Amt schreibt auf ihrer Homepage: „Auf den monatlich stattfindenden „Mondscheinpartys" (Full Moon Party) auf der nördlich von Koh Samui gelegenen Insel (Koh) Pha Ngan ist es bereits mehrfach zu tödlichen Zwischenfällen gekommen. Wiederholt sind Frauen und Mädchen von unter Drogen oder Alkohol stehenden Teilnehmern vergewaltigt worden." So schrecklich die Meldung ist, so neugierig macht mich der Fakt, dass diese Zusammenkunft wohl die einzige Party weltweit ist, vor der sogar das Auswärtige Amt warnt. Ich muss zu dieser Party.

Strand, Techno, Vollmond, 30.000 Feiersüchtige, Schwarzlicht, Neonbemalung. **Alles leuchtet** schön bunt, das kann man nicht von der Hand weisen. Aber ansonsten ist der Hype um die Party meiner Meinung nach nicht gerechtfertigt. Es ist halt eine riesige, anonyme Technoparty am Strand. Ich hatte auf den kleineren Partys deutlich mehr Spaß. Ob die Party gefährlich ist, hat man in erster Linie selbst in der Hand – meist in Form eines Eimers, gefüllt mit Eiswürfeln, Soft-

drinks und Schnaps. Wie und wann ich an diesem Abend in mein Hostel gekommen bin, kann ich auch nicht mehr genau sagen. Wahrscheinlich hat mir jemand was in den Drink gemacht. Und wahrscheinlich war dieser „jemand" ich selbst und das „was" war der gute alte Hong Thong Whiskey.

Am nächsten Tag bin ich zwar fit, aber eine durchschnittliche Partynacht gehört der Vergangenheit an und das Wetter ist jetzt auch grau und regnerisch. Ich nehme eine Fähre zurück zum Festland, komme um 16.30 Uhr an und will so schnell es geht nach Ko Phi Phi, eine Insel auf der anderen Seite Thailands. Wenn ich jetzt einen Schlafplatz suche, brauche ich wohl noch zwei Tage, um die Westküste zu erreichen. Das dauert mir zu lang.

Also strampel ich, wahrscheinlich noch immer vom Hong Thong Whisky beflügelt, nachts 230 km über eine unbeleuchtete Autobahn von der Ost- an die Westküste. Morgens nehme ich direkt die erste Fähre von der Stadt Krabi und so habe ich es innerhalb von 20 Stunden vom Dreckswetter auf Ko Phangan zum strahlenden Sonnenschein auf **Ko Phi Phi** geschafft.

Dort guckt man mich mit dem Fahrrad etwas komisch an, schließlich gibt es auf der kleinen Insel im Prinzip keine Straßen, aber Blicke hinzunehmen

habe ich ja schon in Indien gelernt. Es folgen weitere vier wilde Tage Party, **Schnorcheltouren** und Sonnenschein, danach weitere drei Tage pure Entspannung auf Ko Lanta. Manche behaupten „Thailand ist auch nicht mehr dasselbe wie früher“ und ohne zu wissen wie es früher war, finde ich es noch immer ziemlich cool. Meiner Meinung nach kann man mit Thailand als Reiseziel nicht falsch liegen. Man muss als Familie mit Kleinkindern ja nicht gerade die Full Moon Party besuchen. Das Land ist groß, es gibt genügend untouristische Orte. Würde mich das langsam auslaufende Visum nicht Richtung Grenze drängen, wäre ich wahrscheinlich, wie so viele andere Reisende, hängengeblieben – ohne Fahrrad, aber mit Leberschaden.

Sobald ich die Touristenregion verlasse, halbieren sich die Preise schlagartig, während sich die Größe der Portionen sowie die Schärfe des Essens verdoppeln. Wie so oft sind die Einheimischen plötzlich auch wieder freundlicher, als noch auf den Inseln oder in Bangkok.

MALAYSIA

I AM CYCLIST

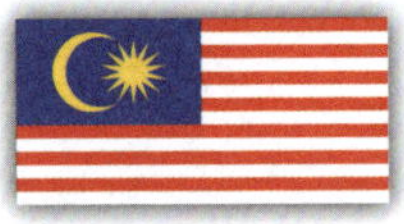

Betrübt erreiche ich die Grenze. In Thailand hatte ich so viel Spaß gehabt, so viel gefeiert und erlebt und so viele tolle und interessante Leute aus aller Welt kennengelernt. Und jetzt soll das alles vorbei sein? Ich stehe da, eine kristallklare Träne entspringt meinem Auge, kullert langsam über meine Wange bevor sie in die endlose Tiefe stürzt. Der tiefe Schmerz des Abschieds prasselt wie faustgroße Hagelkörner auf mich nieder. Die Träne fällt und fällt, Sekunden, Minuten, Stunden, gar Tage scheinen zu verfliegen und in diesem dunkelsten aller dunklen Momente, als die Träne stumm aufschlägt, realisiere ich: Ich bin in Malaysia. Auch nicht so schlecht. Jedoch rechne ich Malaysia wenige Chancen aus, mit Thailand mitzuhalten. Einer einzelnen Rakete nach einem großen Feuerwerk sieht auch niemand hinterher.

Das Wetter ist gut, das Essen günstig, wie in Nepal und Indien wird wieder mit den Händen gegessen, die Leute sind freundlich und es gibt wieder einige private Einladungen zum Übernachten. Der Islam, zu dem sich hier die Mehrheit der Bevölkerung bekennt, zeigt erneut seine Gastfreundschaft. Dennoch fehlen mir die Highlights. Bzw. sind sie mittlerweile zur Gewohnheit geworden. Wäre es das erste Land der Reise, wäre ich unfassbar beeindruckt und könnte wohl kaum glauben, was ich erlebe. So resümiere ich nur: „**ganz nett**".

Die Route nach Kuala Lumpur führt vorbei an **abgeholzten Regenwald** über einen etwa 300 m hohen Hügel auf dem ein Restaurant steht. Eine Frau mit zwei Kindern, die ein paar Tische weiter sitzt, spricht mich kurz an und schenkt mir ihre Anerkennung. Sie hatte mich aus ihrem Auto den Berg hochstrampeln sehen und findet es toll, dass ich ihr Land mit dem Fahrrad bereise.

Als sie einige Minuten vor mir das Restaurant verlassen, kommt sie erneut kurz vorbei und sagt, dass sie mein Essen bezahlt habe, die Frau an der Kasse wisse Bescheid. Ich drehe mich um, die Frau an der Kasse guckt mich an, grinst und nickt. In Deutschland wäre sowas eine Sensation gewesen. In Osteuropa, vor allem aber in der islamischen Welt und Asien, sind mir ähnliche Dinge schon öfter passiert. Die Hilfsbedürftigkeit, die ich auf meinem Fahrrad ausstrahle, wird immer und immer wieder zu meinem Vorteil und versüßt mir unglaublich viele Tage. Die einzige Kleinigkeit, die ich der Frau im Gegenzug geben kann, ist eines meiner Fotos, die ich auf der Reise immer mal wieder drucken lasse und mit Datum, Unterschrift und einer kleinen Notiz versehe. Es kostet wenig und ist eine schöne Erinnerung, die auch in 20 Jahren noch am Kühlschrank hängen kann.

Im Gegensatz zur unspektakulären Fahrt Richtung Hauptstadt, vergebe ich ein Tagebuch-Sternchen an Kuala Lumpur, KL abgekürzt. Andere Reisende erzählten mir, dass sie KL todlangweilig fanden, ich aber habe mit meinem Host **Zahir**, Moderator einer Reise-Show,

eine gute Zeit. Wie man einen Ort bewertet, hängt eben zum Großteil von den Menschen ab, mit denen man unterwegs ist.

Tatsächlich ist KL deutlich ruhiger als viele andere Metropolen in Südostasien, aber Zahir kennt die spannenden Ecken. Hier finde ich auch Fahrradteile, Ersatz für gestorbene Ladegeräte und sogar neue Drohnenbatterien. In der indonesischen Botschaft hoffe ich auf ein 60-Tage-Visum, schließlich ist Indonesien verdammt riesig. Ohne Begründung wird mir das 60-Tage-Visum aber nicht gewährt, also muss ich mich mit 30 Tagen zufrieden geben.

Nachts fahre ich 50 km bis an die Küste, um die Fähre nach Dumai auf Sumatra, Indonesien, zu nehmen. Am Hafen treffe ich am frühen Morgen zufällig ein Warmshowers-Mitglied, der ein gelbes T-Shirt mit der Aufschrift „**I AM CYCLIST**" trägt. Er schießt ein schnelles Foto von mir, eine kleine Geste eigentlich, die meine Weiterreise noch beeinflussen soll. Der Schneeballeffekt funktioniert auch hier in Südostasien – wo es weit und breit keinen Schnee zu sehen gibt.

INDONESIEN

„You are Dennis!"

Das Verladen des Gepäcks auf die Fähre spiegelt gut den Unterschied der beiden Länder wieder. Während Hafenmitarbeiter auf malaysischer Seite die Taschen erst durchleuchten und danach per Kleintransporter zum Steg bringen, um sie dann ordentlich aufs Schiff zu laden, lässt man auf **indonesischer Seite** die Gepäckstücke über zwei Bohlen auf den Steg rutschen, während die Passagiere wie Ameisen an einem saftigen Gummibärchen mit Schieben und Drängen versuchen ihr Hab und Gut zu erreichen. Auch ich tue dies, jedoch eher im Stil eines nach einer Guave greifenden Zwergfaultiers – ich habe die Nacht nicht geschlafen. Die Grenzbeamten klopfen zu zweit am Rahmen des Fahrrads, entweder um nach Drogen zu suchen oder um sich von der Qualität des 25 CrMo 4 Stahls zu überzeugen. Ich bezahle mein Visum und bin damit offiziell in Indonesien.

Sumatra

Sobald ich den Hafen verlasse ist die Polizei auf einem Roller neben mir und bringt mich aufs Revier, um mir ein gutes Kilo Mangostanen (tropische Früchte) zu schenken und mich zum Übernachten einzuladen. Nach drei Minuten auf Sumatra ist mir also klar, dass Übernachten in Indonesien ein einfaches Spiel wird. Es ist jedoch zu früh, um den Tag zu beenden, also fahre ich weiter.

Im Stadtzentrum von Dumai angekommen, kommt plötzlich ein Radfahrer auf mich zu und meint: „You are Dennis!" *Das stimmt. Aber woher weiß er das?* Vollkommen verwirrt dauert es mehrere Sekunden bis sich die Zahnräder im Kopf zu drehen beginnen und ich mich an das Foto am Hafen in Malaysia erinnern kann. Der Typ mit dem gelben T-Shirt hatte es an einen Bekannten geschickt, der jedoch arbeiten musste. Also hatte es der Bekannte wiederum an den Typ auf dem Fahrrad weitergeleitet, der mich eigentlich schon am Hafen abfangen wollte. Da er aber zu spät war, musste er sich auf

sein Glück verlassen und fand mich tatsächlich in dieser 300.000 Einwohner Stadt. Sein Name ist **Ifal** und er hat einen Food Truck in dem er Abend für Abend Burger flippt und sie zusammen mit seiner Kollegin zu feinster Reggae Musik serviert. Er hilft mir, mich zu organisieren, eine SIM-Karte zu kaufen, Wäsche zu waschen und ein paar Worte Indonesisch zu lernen, um vorbereitet zu sein für Land Nummer 18.

Die Straße Richtung Süden auf der Ostseite Sumatras ist grässlich. Viele Trucks, kein Seitenstreifen, dauerhaft 30 m hoch, 30 m runter. Zu sehen gibt es unzählige Palmölplantagen, die durch Brandrodung oder Abholzung des Regenwaldes angelegt werden konnten. An keinem anderen Ort meiner Reise war die Zerstörung der ursprünglichen Natur so präsent wie hier. Sumatra war einst komplett mit Regenwald bedeckt und beheimatete eine unglaubliche Vielfalt an Pflanzen- und Tierarten, darunter viele endemische. Vor allem seit den 1950er Jahren wird der Regenwald immer weiter zurückgedrängt, so schafften es 2004 gerade mal drei geschützte Nationalparks als „Tropische Regenwälder von Sumatra" in die Liste des Weltnaturerbes der

UNESCO. Jedoch wurden sie bereits sieben Jahre später in der Roten Liste des gefährdeten Welterbes aufgeführt. Durch Korruption, Geldgier und weitere Ausbreitung der Landwirtschaft sieht die Zukunft der sechstgrößten Insel der Welt leider nicht allzu blumig aus.

Will ich jetzt weitere 1.300 km zwischen Palmölplantagen bis nach Java fahren? Nicht wirklich. Ifal aus Dumai hat mir den Kontakt von **Tasman** in Pekanbaru gegeben. Der 60-jährige hat schon einige Teile dieser Welt mit seinem Fahrrad bereist und kennt sich auch auf Sumatra bestens aus. Er zeigt mir zwei Möglichkeiten auf: entweder weiter vorbei an 1.200 km Palmölplantagen – oder 350 km und einige Höhenmeter extra und an der wunderschönen Westküste Richtung Süden. Diese Entscheidung ist einfach. Danke Tasman.

Schon auf dem Weg nach West-Sumatra werde ich im Dschungel mit einem bildhübschen **Wasserfall** belohnt. Touristen verirren sich hier wohl eher selten hin, deshalb muss ich in den zwei Stunden in denen ich da bin an die 100 Selfies geben. Indonesier lieben Selfies und eins ist nie genug.

Noch am selben Abend spricht mich in einem Dorf eine Englischlehrerin an und nimmt mich mit zur Hochzeitsparty ihres Cousins. Auch hier hat man wohl noch nie einen Touristen gesehen, so habe ich das Gefühl, dass ich interessanter als das Brautpaar bin und auch der ange-

stellte Fotograf schießt lieber Selfies mit mir, anstatt die Party zu dokumentieren. Übernachten darf ich natürlich bei der Familie des Brautpaars.

Am nächsten Morgen verzögert sich die Abfahrt. Ich darf bzw. muss sämtliche traditionelle Speisen probieren, die extra für den zweiten Tag der Hochzeit zubereitet wurden. Und natürlich muss auch noch jeder zwei bis zehn **Fotos** mit mir machen, nicht dass man mich vergisst. Am späten Vormittag lässt man mich weiterfahren und ich kämpfe mich durch die hügelige, aber wunderbar grüne Landschaft von Dorf zu Dorf.

An einem Kiosk gibt mir eine Frau eine Frucht, die ich noch nie zuvor gesehen, geschweige denn probiert habe. Als ich an dem süßen Obst nasche fällt mir ein Monument auf, das in seiner Hässlichkeit kaum zu übertreffen ist. Es ist eine fast zwei Meter große Kugel, die obere Hälfte ist rot und die untere Hälfte weiß. Der Zahn der Zeit hat an diesem "Ding" schon tüchtig genagt und die Farbe ist am Abblättern. Es sieht aus wie ein uralter, überdimensionaler Schwimmer, der zum Angeln verwendet wird. Ich denke mir, man müsste ein Foto machen für die hässlichste große Skulptur aller Zeiten in einem unbedeutenden Dorf. Irgendwie verwerfe ich den Gedanken wieder, denn wer will diese Kategorie schon ehren? Letztendlich fahre ich ohne Foto, aber mit einem Kopfschütteln weiter.

Auf dem weiteren Weg Richtung Westen gönne ich mir, wie jeden Tag, ein Paddle Pop Eis am Stiel. Beim Genuss der Süßspeise sehe ich, wie von der anderen Straßenseite der **Besitzer** eines Outdoor-Shops auf mich zukommt. Als er vor mir steht schaut er mich an und sagt: „You are Dennis!“ *Hatten wir das nicht schon?* Der Herr hatte ein Foto auf Facebook gesehen, das Tasman hochgeladen hatte. Sumatras Fahrradszene scheint gut vernetzt zu sein. Wie so oft gibt es eine Einladung zum Übernachten, aber ich will an die Westküste, also fahre ich weiter.

Ich erinnere mich, dass durch Sumatra der Äquator verläuft und frage mich, ob er nicht bald kommen muss. Ein Blick auf Google Maps verrät mir, dass ich ihn schon verpasst habe – verdammt. Plötzlich höre ich ein lautes „Klick“ in meinem Kopf. Mir wird bewusst, was es mit der riesigen rotweißen Kugel auf sich hatte.

Als ich an der Westküste Sumatras angekommen bin, komme ich via Warmshowers bei Afif unter, bei dem auch Cyril aus Frankreich zu Gast ist. Er ist ebenfalls Radreisender und ist in den letzten Monaten von Peking bis hierher gefahren. Die ersten 5.000 km war er mit einem 100 U$ Schrottfahrrad unterwegs, mittlerweile hat er sich ein ernstzunehmendes Reiserad zugelegt. Er will Richtung Süden fahren, den ganzen weiten Weg bis Jakarta auf Java – verrückter Typ! Zufälligerweise will ich dort auch hin.

Meine „I'm a poor lonesome cowboy"-Gesänge verstummen, wir ziehen gemeinsam los. Und Tasman hatte Recht gehabt: fabelhafte Landschaften, **malerische Flüsse** und kein Tourismus an einsamen, traumhaften Stränden. Da etwa 50 % aller Indonesienreisenden nach Bali gehen, eine von über 17.000 indonesischen Inseln, muss man sich vorerst keine Sorgen machen, dass man nicht irgendwo seinen persönlichen menschenleeren Strand findet.

Cyril und ich sehen täglich das Murmeltier grüßen: Tagsüber düsen wir bei 35°C, prallem Sonnenschein und extrem hoher Luftfeuchtigkeit über gute Straßen die Küste entlang, gönnen uns Nasi Goreng, Mie Goreng oder Bakso Ayam und zwischen 17.30 und 18.00 Uhr müssen wir uns schnell eine Unterkunft suchen, bevor der Monsunregen beginnt, mit aller Kraft auf uns niederzuprasseln. Wie beschrieben, stellt ein Weißbrot in den vielen kleinen Dörfern ein besonderes Highlight dar und wenn es gleich zwei dieser Sorte sind, ist allerhand los. Die Einheimischen machen dutzende Selfies mit uns und beim Vorbeifahren schallt es aus allen Ecken „Hey Mister!". Oft dürfen wir bei Moscheen zelten, aber wir kriegen auch private Einladungen.

Cyril ist der Glückliche, der in dieser Idylle seinen Geburtstag feiern darf: Morgens am lokalen Markt probieren wir regionale Speisen, mittags entspannen wir in einem pittoresken Flusslauf, nachmittags an einem in seiner Schönheit kaum zu übertreffenden, einsamen Strand. Als am Abend der Monsun einsetzt, spielen wir mit einer **Horde Kids** Fangen im Reisfeld und springen von Bäumen in einen Fluss. Die Kids singen Cyril ein Geburtstagslied

auf Indonesisch und im Anschluss finden wir im winzigen Dorfladen sogar Muffins und tatsächlich auch Geburtstagskerzen. Es ist mit Sicherheit der beste **31ste Geburtstag** seines Lebens.

So schnell sich Cyrils und mein Weg gekreuzt hatten, trennen sie sich wieder. Ich habe meine Powerbank und einen wichtigen Ladeadapter einen Tag zuvor vergessen und will mit dem Bus zurückfahren; Cyril muss zu unserem ohnehin hohen Tempo noch eine Schippe drauflegen, da er in Jakarta noch sein Visum verlängern muss.

So gilt es für mich, den Rest alleine zu bewältigen, wobei ich jeden der 30 Gänge des Fahrrads benutze. Die Finger an den Schalthebeln glühen, es geht immer wieder "Up and Down", wie bei den Vengaboys zu ihren besten Zeiten. Einige **Steigungen** sind so extrem, dass die Zick-Zack-Technik die einzige Möglichkeit ist, hoch zu kommen. 15.000 Höhenmeter in 1.900 km auf Sumatra, das ist schweißtreibend. Vor allem, wenn bei 35°C und extremer Luftfeuchtigkeit am Berg der Ventilator, also der Fahrtwind, ausfällt. Meine Schweißdrüsen arbeiten auf Hochtouren – Sumatra hat einen Wasserfall mehr.

Um die Westküste Richtung Java zu verlassen, muss ich quer durch den Barisan Selatan Nationalpark, in dem u.a. der Sumatra-Elefant, das Sumatra-Nashorn und der Sumatra-Tiger zu Hause sind. Einen Zaun gibt es nicht, die Straße geht unter ohrenbetäubendem Lärm der Millionen von Zikaden mitten durch den Dschungel. Aber hier ein größeres Tier zu Gesicht zu bekommen ist eher unwahrscheinlich. Ein Beispiel: Die Zahl der Tiger schätzt man auf nur noch 35. Auf 3.568 km² macht das 102 km² pro Tiger.

Geräumig, aber dennoch eine eher traurige Bilanz.

Im **Dschungel** begegnen mir zwei Typen auf einem Motorrad, die sich mit mir unterhalten und dann erstaunlicherweise etwas dreist nach Geld fragen. Sowas ist mir bis jetzt in Indonesien noch nicht passiert, aber ich mache mir darüber keine größeren Gedanken.
Als der Dschungel durchquert ist, scheinen die Leute noch immer sehr freundlich zu sein, teilweise befinden sich aber auch einige freche Gestalten unter ihnen. Das neutrale „Hey Mister!“ wandelt sich oftmals zu einem „Tourist“ oder auch „Bule“, was man als eher negativ, angeblich sogar rassistisch interpretieren könnte. Ohne zu wissen wo ich bin, denke ich mir nichts dabei und steuere gegen Abend wie so oft eine Moschee an. Das hat bisher immer gut geklappt und die Leute waren stets extrem hilfsbereit und freundlich. Der Imam scheint nichts dagegen zu haben, dass ich hier mein Zelt aufschlage, aber großartig interessiert ist er auch nicht.

Etwa sechs bis acht Kinder kommen rüber, die meisten von ihnen sind außergewöhnlich arrogant, machen zwar auch ihre Selfies mit mir, aber fragen immer wieder nach Geld, meiner Sonnenbrille, meinem Handy usw. Mein Bauchgefühl sagt, dass es hier kein guter Platz zum Zelten ist und dieses Bauchgefühl hat mich schon einige Male vor Ärger bewahrt. Die heutigen 1.300 Höhenmeter in extrem humidem Klima und die steilsten Anstiege der Insel haben mich jedoch müde gemacht, sodass ich mich in meinem Zelt verstecke, in der Hoffnung, dass die Quälgeister gelangweilt verschwinden. Mein Fahrrad steht noch immer unabgeschlossen neben meinem Zelt. Den Stimmen zu entnehmen werden es jedoch eher mehr als weniger Bengel. Die Fahrt hat dermaßen die Kraft aus meinem Körper gesaugt, dass ich ungewollt einschlafe. Den Wecker, den ich mir sicherheitshalber auf fünf Minuten gestellt habe, überhöre ich, so erschöpft bin ich. Ich bin innerhalb von Minuten in den Tiefschlaf gefallen.

„Sir Sir!", sagt eine erwachsene Stimme. *Was für Assis,* denke ich mir. „Sir Sir!" Beide meine Messer sind griffbereit. Ich schaue auf die Uhr, 40 Minuten habe ich gerade geschlafen und mittlerweile ist es zehn Uhr nachts. Jetzt versuchen die Männer ins Zelt zu gucken. „Excuse me, Sir!" Kurz bevor ich die Typen zurechtweisen will, fährt der Herr in seinen Ausführungen fort: „Sir Sir! No sleeping. Dangerous!" Augenblicklich ändert sich meine Stimmung, scheinbar will mir der Typ echt helfen. Mein Bauchgefühl hatte sich erneut als sichere Schutzmaßnahme erwiesen und im korrekten Moment ausgelöst, jedoch hatte sich die Müdigkeit ins System gehackt und den Mechanismus flachgelegt. Also bedarf es dieses Mal eines Schutzengels, der wohl durch diesen Herrn repräsentiert wird. „Sleeping polisi." Er scheint es ernst zu meinen und ich krieche aus dem Zelt.

Ich soll ihm folgen, wir werden zur Polizeistation fahren, nur drei Kilometer. Ich schaue mich um und werde von unzähligen Kindern und Erwachsenen angeschaut. Keiner sagt einen Ton und ich nehme mir die Zeit in diesem bizarren Moment jede einzelne Person zu zählen. 23 Leute, 46 Augen, die mich anstarren. Ich packe meine Sachen und baue mein Zelt ab. Keiner bewegt sich, keiner hilft, keiner entfernt sich, niemand redet. Dann ziehen der Mann und ich ab.

Die Faustregel, jegliche Kilometerangaben von Indonesiern mit zwei zu multiplizieren, trifft wie immer exakt zu und wir erreichen nach sechs Kilometern den Polizeiposten. Dort gibt es zur Ankunft direkt einen Kopi (Kaffee) von den freundlichen Polizeibeamten, ich kann duschen und bekomme sogar einen kleinen Raum in der winzigen Station, in dem ich schlafen kann.

Es gab keine Warnungen vor dieser Region, erst im Nachhinein finde ich vereinzelte Informationen. Die Provinz Lampung, in der ich mich befinde, ist eine der ärmsten in Indonesien und vor allem gibt es aufgrund der Transmigrasi, einem Umsiedlungsprogramm zur Regulierung der Überbevölkerung auf Java, viele ethnische Spannungen, die sich in verschiedenen Formen, auch offener Gewalt entladen. Tasman schreibt mir später, dass einem anderen Radreisenden in dieser Provinz das Fahrrad gestohlen wurde.

Ich habe kein Foto und keinen Kontakt von dem Herrn, der mich aus dem Zelt geholt hat, aber ihm haben wir es zu verdanken, dass die Geschichte an dieser Stelle inklusive meines Fahrrads weitergeht.

Auf dem Weg nach Bandar Lampung, Hauptstadt der Provinz und letzte große Stadt im Süden Sumatras, versuche ich über meine bisherigen Gastgeber auch hier einen Host zu finden, jedoch ohne Erfolg.

Ich verspeise wie so oft Nasi und Ayam (Hühnchen und Reis) und gerade als ich aus dem Restaurant komme macht ein Typ mit seinem Roller einen wilden U-Turn, fährt direkt auf mich zu und sagt völlig aufgebracht: „You are Dennis!“ *Woher wissen die das alle!?* Er, **Rio**, hatte das Bild von Afif und mir auf Facebook gesehen. Die Radfahrszene auf dieser Insel mit 50 Millionen Einwohnern scheint wirklich extrem gut vernetzt zu sein. Er gibt mir die Adresse von einem anderem Warmshowers Mitglied, bei dem ich übernachten kann und wo am Abend die ganze **Warmshowers Crew von Lampung** zusammenkommt.

Java

Umgerechnet 1,53 € für einen Passagier mit Fahrrad kostet die zweistündige **Überfahrt** per Fähre von Sumatra nach Java. Am ersten Abend, gedanklich noch immer in einem kleinen Dorf auf Sumatra, überlege ich, was bisher gut geklappt hat. Ich schaue auf mein Handy und fahre zum nächsten Polizeiposten, in der Hoffnung, dass ich dort irgendwo sicher zelten

kann. Mittlerweile befinde ich mich jedoch auf Java in der Stadt Cilegon, die mehr Einwohner als Bochum hat, und rolle geradewegs auf den Hof der riesigen Polizeistation. Bevor ich wieder abhauen kann werde ich schon von den ersten **Polizisten** angesprochen und kurz darauf sitze ich mit Hühnchen und Reis in der Hand mit einigen anderen am Tisch neben dem Schlagbaum.

Nachdem ich von einem Bediensteten zum nächsten gebracht wurde, lande ich letztendlich im Büro eines Polizeikommissars, der mich einlädt in der Ecke seines Büros zu übernachten, während er Nachtschicht hat. Man stelle sich vor, ein radreisender Indonesier würde im Polizeipräsidium in Bochum nach einem Schlafplatz fragen. Ob dasselbe dabei rauskommen würde?

Java ist aufgrund des fruchtbaren Vulkanbodens die Insel mit der höchsten Bevölkerungsdichte und damit auch mit dem meisten Verkehrsaufkommen. Etwa 100 Kilometer sind es von Cilegon bis nach Jakarta, der Hauptstadt Indonesiens. 100 grauenhafte Kilometer: hässlich, überfüllt, kaum Platz zum Ausweichen, gefährlich, Dieselwolken im Gesicht. Man hatte mir erzählt, dass die 1.000 km lange Insel deshalb nicht unbedingt der beste Platz zum Pedalieren sei und da ich aufgrund der visabedingten „Zeitknäppe" sowieso einen Teil Indonesiens auslassen muss, war die Wahl mit Java bereits gefallen.

Ich komme bei **Hendro** in Jakarta an. Er ist Besitzer von sieben Fahrrädern und ein Freund von Tasman, also Teil des internationalen Fahrradnetzwerks, das mich seit dem Typ mit dem gelben T-Shirt am Hafen in Malaysia beobachtet. Wir gehen die Optionen durch, wie ich Java überspringen kann, aber aufgrund der nicht mehr vorhandenen Zeit bleibt mir leider nur noch eine Option, der Flug. Mit der Fahrradbox in Übergröße, 16 kg Übergepäck und Buchung zwei Tage vor Abflug, zahle ich für diesen Flug mit Lion Air von Jakarta nach Bali (1.000 km), schlanke 53 €. Erst auf Bali wird man mir erzählen, dass die Fluggesellschaft als eine der unsichersten der Welt eingestuft wurde. Ich bin während des Fluges tiefenentspannt.

Bali

Diese Tiefenentspannung ist auch bitter nötig, um den Prozess der Visaverlängerung über mich ergehen zu lassen. Um es kurz zu halten: Ich werde unzählige Male von einem Angestellten der Imigrasi (Einwanderungsbehörde) zum nächsten geschickt, pendle zwischen der Information, Schalter 2 und Schalter 8 hin und her, jeder erzählt mir was Anderes, ich fülle vier Mal das Formular 23 aus, laufe vier Mal zum Copyshop, der Computer verschluckt meine SD Karte und ich muss ein Formular komplett in Englisch und Indonesisch mit meinem eigenen Laptop abtippen und ausfüllen, da sie nur eine Kopie dahaben. Etwas wehrlos habe ich Asterix und Obelix vor Augen, wie sie durchs Irrenhaus laufen und versuchen den Passierschein A 38 zu besorgen (Asterix erobert Rom – das Haus, das Verrückte macht). Zum Bezahlen sowie zum Pass abholen, muss ich weitere zwei Male 20 km zur Imigrasi fahren. D.h. ca. 120 km, 24 € und eine Geduldsprobe von sieben Tagen für neue 30 Tage Aufenthaltsrecht.

Währenddessen kümmere ich mich noch um die Einreisebestimmungen für Timor, die Einreisebestimmungen für Australien, die Einreisebedingungen für die USA, kaufe bereits ein Flugticket von Sydney nach Seattle, versuche die GoPro Kamera zu reparieren (erfolglos, kaufe mir eine neue), versuche die Drohne zu reparieren (erfolglos, belasse es bei dem Defekt), wechsle Geld für Timor, versuche einige kleinere Probleme am Fahrrad zu beheben, update bei träger Internetverbindung meine Homepage, probiere

noch das **indonesische Bier** und schon ist meine Woche auf Bali vergangen. Manche Dinge müssen eben erledigt werden. Nachdem ich den Stempel der Imigrasi im Pass habe, mache ich mich auf den Weg Richtung Osten.

Samstagmorgen, die Sonne steht hoch, wolkenloser Himmel, perfekte Sicht, man kann mich nicht übersehen, zweispurige Fahrbahn in eine Richtung. Ich fahre gemütlich, schaue auf den von hinten kommenden Verkehr und es tut sich eine große Lücke auf, also kann ich langsam von links nach rechts ziehen, um Richtung Lombock abzubiegen, denn die nächsten Roller sind noch mindestens 100 m entfernt. Fünf bis sechs Sekunden vergehen, ich bin dabei eine fröhliche Melodie zu pfeifen, schließlich geht die Reise jetzt endlich weiter. Dann knallt es.

Ich muss dabei zusehen, wie das Fahrrad auf einmal leicht nach rechts zeigt und dabei nach links kippt, während sich mein Körper noch nach vorne bewegt. *Was habe ich falsch gemacht?* Und schon knall ich auf die Straße, während mich einige meiner Taschen überholen. Ungebremst ist ein wahrer Tunichtgut auf seinem Roller frontal, bzw. „heck"-tal, beinahe rektal, mit 50 - 60 km/h in mich reingerast.

Ich bleibe kurz liegen, warte auf Schmerzen und suche nach gebrochenen Knochen. Ich finde keine und stehe auf. Mein Helm war wie immer hinten auf der großen Tasche positioniert, aber Kappe und Sonnenbrille befinden sich noch immer auf meinem Kopf. Dementsprechend cool muss ich gerade auf die Straße geklatscht sein. Ich sehe wie zwei oder drei Personen zu mir eilen, meine Taschen und das Fahrrad an den Straßenrand tragen und so schnell wie sie gekommen waren auch wieder verschwinden.

Ich habe Prellungen und Schürfwunden, das Schutzblech hat einen komplizierten zweifachen Splitterbruch erlitten. Der Ständer hat sich den Fuß gebrochen, das Rücklicht hat einen Kabelbruch und der Gepäckträger ist etwas schräg drauf. Dem Rollerfahrer, der ebenfalls auf die Straße geklatscht war, geht es scheinbar gut. Ich habe keine Ahnung was jetzt zu tun ist, er spricht kein Englisch. Also mache ich ein Foto von seiner Plakette, was ihm nicht gefällt. Er schimpft auf indonesisch während ich hinter dem Roller knie. Als ich aufstehe stellt er fest, dass er 1 ½ Köpfe kleiner ist als ich. Sein Geschimpfe verstummt. Als ich verwirrt auf meinem Handy rumtippe, ohne zu wissen, was ich eigentlich jetzt machen will, steigt der Typ auf seinen Roller und zischt ab.

Die Polizei zu rufen bringt nichts, das soll man in Indonesien nur dann machen, wenn man es nicht mehr kann. Also nur, wenn man schwerverletzt ist. Oder eben tot. In meinem Fall hätte ich nach Geld fragen oder als Alternative die Rupiahs aus dem Typen rausprügeln können. Man hat mir erzählt, dass das meistens die einzigen Möglichkeiten sind. Aber der Typ ist weg und damit auch meine zwei Euro Trinkgeld, die ich für die kostenlose Reparatur in einem kleinen Billig-Fahrradshop hinterlasse. Kabelbinder und Gummibänder: unkonventionell, aber es funktioniert. Eine Woche Organisation und ein Unfall - das war mein Bali-Erlebnis. Toll! Sowas erlebt nicht jeder.

Sumbawa

Mit einer Fähre nach der nächsten, die allesamt extrem preiswert sind, fahre ich Richtung Osten. Inselhopping mit Fahrrad ist wohl eine der spannendsten und kostengünstigsten, aber auch anstrengendsten Möglichkeiten Indonesien zu entdecken.

Im Gegensatz zu den vollen Straßen Lomboks gibt es auf Sumbawa zum ersten Mal seit West-Sumatra wieder Ruhe. Ein paar Kühe vertilgen genussvoll das Grün, gute Straßen, viele Felder, wenige Berge, aber auch wenige Sehenswürdigkeiten. Doch auch wenn es nicht viel zu sehen gibt, gibt es immer was zu erleben. So lädt mich ein Lehrer namens Taqi ein, bei seiner Familie zu übernachten und am nächsten Morgen mit in die Schule zu kommen, um seine Englisch-Klasse zu besuchen.

Dort stellt er mich kurz vor und verlässt dann einfach den Raum, wahrscheinlich um mit seinen Kollegen Kaffee zu trinken. Auf mich allein gestellt, wollen die **Schüler** mich mit Fragen durchlöchern und Selfies schießen, doch ich mache ihnen schnell klar, dass ich nicht um die halbe Welt gefahren bin, nur um ihr Instagram-Konto aufzuwerten. Ich verpasse jedem eine fünf für Ungehorsam, verteile Hausaufgaben für den Rest der Woche und um zu unterstreichen, was für ein harter Hund ich bin, gebe ich mir selbst Hitzefrei. Dummerweise ist Taqi ein Fahrrad-Fan und so muss ich an meinem Ruhetag trotzdem in die Pedale treten, entspannte 40 km.

Am nächsten Abend spekuliere ich auf einen Schlafplatz bei einer Moschee, werde aber nach längerem Warten abgewiesen. Doch wie so oft hat alles wieder seinen Grund.

Nach nächtlicher Fahrt finde ich im nächsten Dorf namens Palampang erneut eine kleine Polizeistation. Während ich mit den Beamten spreche, schaut mich eine junge, hochschwangere Frau mit großen Augen an. Noch immer im Gespräch kommt ein anderer Polizist zu mir und sagt, dass es kein Problem ist in der Station zu übernachten, jedoch müsse ich ihm einen Gefallen tun. Die Frau hat mit ihm gesprochen und sie wünscht sich, dass ich ihren Bauch berühre. Sie erhofft sich, dass ihr Baby dadurch „so groß und so schön" wird wie ich.

Etwas verlegen schreite ich zur Tat, lege beide Hände auf und schließe meine Augen. Aberglaube und Geisterglaube haben einen großen Stellenwert bei vielen alten, aber auch jungen Indonesiern. Was aus meinen Bemühungen wird, werde ich wohl nie erfahren.

Am nächsten Abend im nächsten Dorf werde ich von einem Kioskbesitzer namens Apris eingeladen, bei ihm und seiner Familie zu übernachten. Ein Teenager aus der Nachbarschaft hilft uns beim Dolmetschen. Einige Tage später schreibt er mir auf Facebook, dass die Familie sich außerordentlich bei mir bedanken will. Apris hat die Wahl zum Ortsvorsteher gewonnen und ist der festen Überzeugung, dass ich ihm Glück gebracht habe. Wenn das so einfach ist, wird es mit der Schwangeren und ihrem Baby auch funktioniert haben.

Komodo

Vor etwa 15 Jahren habe ich zum ersten Mal eine Dokumentation über den Komodowaran gesehen. Ich war damals so fasziniert von dieser Kreatur, dass es zu einem meiner größten Träume wurde, diese Echse eines Tages live und direkt vor meinen Augen zu haben. Es fiel mir damals jedoch auf, dass ihr Habitat, die Insel Komodo, verdammt weit weg ist und man zwei bis drei Flüge braucht, um dort von Deutschland aus hinzukommen. Oder man fährt mit dem Fahrrad hin.

Von Sumbawa bin ich per Fähre zur Insel Flores gefahren und von dort geht es mit neun Passagieren und drei Crewmitgliedern in einem kleinen Fischkutter Richtung Nationalpark Komodo.

Schon auf dem Hinweg überwältigt mich die Vielfalt der Fauna, vor allem unterhalb des Meeresspiegels. Beim Tauchen sehen wir Korallen, **kleine Fische**, große Fische und auch ganz große Fische. Mit einem guten Dutzend vier Meter großer Mantarochen zu schwimmen ist ein besonderes Erlebnis für mich. Ich frage mich oft, wo die Natur ihre Kreativität hernimmt. Mit den Mantarochen hat sie eine besonders interessante Idee gehabt.

Abends bestaunen wir einige große Flughunde, bevor wir auf dem Boot schlafen. Dies wird uns als Abenteuer verkauft, jedoch gehört schon etwas mehr dazu, um das Übernachten auf einem Boot ein Abenteuer zu nennen, aber dazu gleich mehr.
Am nächsten Morgen ist der große Moment gekommen: Komodo Island. Bei der Ranger Station müssen wir einige Gebühren entrichten wie National Park Fee, Ranger Fee, Trekking Fee, Photo Fee, Activity Fee usw. *Hätte man das nicht auch zusammenfassen können?* Die Park-Ranger erzählen uns, dass es keine Garantie gibt, einen Komodowaran zu sichten, an manchen Tagen habe man einfach Pech. Die faulen Touris unserer Gruppe schmälern meine Chancen, sie wollen nur den kürzesten der drei möglichen Trails laufen. *Dafür bin ich mehr als 15.000 km hierher gefahren?*

Wir machen uns auf den Weg und halten Augen und Ohren offen. Schon kurze Zeit später erspähen die Ersten voller Aufregung einen weißen Klumpen am Boden. Der geschickt gesetzte Scheißhaufen der Echse ist der Nährboden unserer Hoffnung.

Wieder ein paar Minuten später raschelt es im Gebüsch. Erste Schweißperlen durchdringen die Epidermis meiner Stirn. Ich bleibe stehen, drehe mich langsam zur Seite und wir blicken uns an: ein drei Meter langer, ausgewachsener Komodowaran und ich. Ich stehe in seiner Laufbahn. Und er in

meiner. Auge um Auge, Zahn um Zahn. Er läuft, geradewegs auf mich zu und **züngelt**, denn er riecht seine Beute. Mein Instinkt ist geweckt, ich bin bereit ihn mit einem gekonnten Kehlbiss zu reißen. Schon in der Vorwärtsbewegung hält man mich zurück – die Spezies wird als gefährdet eingestuft. Erst als der Ranger mit seinem Bambusstock dazwischen geht entspannen wir uns beide.

An der Ranger Station am Ende des Trails liegen eine Handvoll dieser mächtigen Tiere im Schatten und faulenzen. Dasselbe Bild sehen wir auf der Nachbarinsel Rinca. Angeblich werden sie nicht gefüttert, darauf weisen die Ranger mehrmals hin. *Also wenn ich nicht gefüttert werden würde, würde ich mich wahrscheinlich auch brav bei der Rangerstation aufhalten, da die Ranger mich ja nicht füttern, richtig?* Damit habe ich den einzigen Eintrag auf meiner nicht vorhandenen Bucket-List abgehakt. 15 Jahre hat es gedauert. Aber das Warten hat sich **gelohnt**.

Flores

Mit dem Fahrrad geht es für mich weiter Richtung Osten. Flores bietet einige Sehenswürdigkeiten, dummerweise gibt es auf der Insel aber keine Ebenen. Entweder es geht brutal bergauf oder brutal bergab, anstrengend für Arschbacken und Bremsbacken. Es gibt sogar eine Passage, auf der ich es fast 30 km nur rollen lassen kann. Auf der anderen Seite des Tals geht es aber schon wieder brutal bergauf, doch meine Beine sind leer. Unten befindet sich die Stadt Aimere, von der einmal wöchentlich eine Fähre nach Timor fährt. Falls sie fährt, das ist nämlich nicht sicher. Und ob die Informationen zum Betriebstag stimmen, die ich rausgefunden hatte, ist auch zu bezweifeln. Der Hafen liegt direkt an der Hauptstraße und ich frage einen Mann, wann die Fähre fährt. Er sagt Samstag. Ich gucke auf mein Handy, heute ist Freitag! „Tomorrow?“ „Yes.“ Ich bin ein Glückskind!

Am nächsten Morgen bringen die Passagiere alles auf die große Autofähre. Reis, Bananen, Benzin, Hühner, Särge und sogar ein Pferd ist an Bord. Am Steg sitzen zwei Herren an einem Tisch, die Versicherungen verkaufen. 10.000 Rupiah, also nicht einmal einen Euro soll der Schnipsel Papier kosten. Gerade in Indonesien, wo bei Verkehrsunfällen Anarchie herrscht und die Behörden Irrenhäusern gleichen, amüsiert mich dieses Angebot. Ich frage was die Versicherung denn versichern will. Die zwei offiziell gekleideten Herren meinen: „Dein Leben. Es ist eine Lebensversicherung.“ Ich will wissen, was meine Vorteile sind, wenn der Kahn sinkt und ich tot bin. „Dann hast du eine Versicherung.“ „Ah, cool“, sage ich nachdenklich. Ich bedanke mich mit einem freundlichen „No, thank you“ und begebe mich aufs Schiff. Die Fahrt wird 20 Stunden dauern und führt 340 km quer über die Sawusee.

Tagsüber ist es ruhig. Nach einem fabelhaften Sonnenuntergang fängt die Fähre nachts an zu schwanken. Ich liege auf dem vollen Autodeck neben einem LKW auf meiner Luftmatratze. Oben in der ersten und zweiten Etage ist es grauenhaft überfüllt und die Luft dementsprechend katastrophal. Im schummrigen Licht befinden sich in allen Ecken des Autodecks schlafende Passagiere und wie ein kleines Baby in seiner Wiege schlafe auch ich, während mich die Wellen sanft hin und her schaukeln.

Ich träume, wie ich mit einem Komodowaran bei eiskaltem Bintang Beer unter Palmen am Strand liege und gerade als wir anstoßen wollen, kriecht das Bier aus der Flasche, wird zu einer riesigen kalten Flutwelle und stürzt auf mich. Pitschnass wache ich auf. *Was ist passiert?*

Eine Welle ist über den Bug gesprungen und auf mich gestürzt. In Windeseile flüchte ich samt Matratze unter den Laster, der die kommenden Wellen für mich auffängt. Nach ein paar Minuten wird auch dieser immer mehr hin und her geschaukelt, die 30 cm über meinem Kopf befindliche Achse beginnt zu knarren und zu meiner rechten kann ich das Pferd beobachten, wie es eine Welle nach der anderen schutzlos auf den Kopf bekommt.

Das Wasser beginnt seitlich unter den Truck zu laufen und ich muss erneut flüchten.

Weiter hinten finde ich einen wunderbaren Platz zwischen einigen Rollern und einem Truck, der auf seinem Schmutzfänger in der Farbkombination rot, gelb, schwarz ein großes „**HITLER**" stehen hat. Diese ist die Nacht, in der ich lerne, an jedem beliebigen Ort schlafen zu können.

Nazi Goreng

In Indonesien scheint man kein Problem mit Hitler zu haben. Für einige Jugendliche scheint er sogar sowas wie eine Kultfigur, ein Revolutionär zu sein. In einem Dorf begegnete ich sogar einem Mann, der mit Vornamen Hitler hieß. Man kann es diesen paar Indonesiern nicht wirklich übel nehmen, schließlich lernen sie im Geschichtsunterricht nicht, was in Nazideutschland alles passiert ist. So wie wir in Deutschland im Geschichtsunterricht auch wenig bis nichts über ferne Länder lernen. Wir haben Bands, die sich lustig verkleiden, sich "Dschingis Kahn" nennen und trashige Lieder singen; die Indonesier schreiben "Hitler" auf LKWs. Nicht ganz vergleichbar, aber beides seltsam.

Rote

Heil angekommen in Kupang auf der Insel Timor überlege ich um 4 Uhr morgens, was ich nun mit der gewonnenen Zeit machen könnte. Ich gucke auf meine Offline-Maps, recherchiere etwas im Internet und checke den Fähren-Fahrplan am Hafen. Spontan beschließe ich eine kleine Ehrenrunde auf Rote Island zu drehen, einer Nachbarinsel von Timor und dem südlichsten Punkt Indonesiens. Flexibilität ist eines der größten Reichtümer, welches man auf einer Reise besitzen kann.

Die Tour auf Rote ist etwas absurd bzw. ist das Absurde der Typ auf dem Fahrrad. Ich fahre im Süden der Insel durch winzige Dörfer, über schlechte oder nicht vorhandene Straßen, durch Flüsse und über Wiesen. Autos gibt es hier keine, nur vereinzelt Roller, die sich über die unebenen Wege kämpfen. Viele der Kids haben noch nie einen Weißen gesehen und sind teilweise verwirrt und eingeschüchtert. Teilweise sind sie aber auch neugierig und amüsiert und rennen schnell zu ihren Müttern, um ihnen die sensationellen Nachrichten eines außergewöhnlichen Besuchers mitzuteilen.

Die **Strände** sind nahezu perfekt, mit weißem Sand, Kokospalmen und türkisblauem Wasser, so wie man es nur aus Pralinen-Werbungen gewohnt ist. Allerdings kann ein perfekter, menschenleerer Strand ganz schön einsam machen, wenn es keinen gibt, mit dem man diese Perfektion teilen kann. Ich glaube nicht, dass Robinson Crusoe ein glücklicher Mann war. Tatsächlich ist es Rote Island, wo ich zum ersten Mal ein schwer beschreibbares Gefühl der Betrübtheit an sehr schönen Stränden empfinde und mich schnell von ihnen entfernen muss. In der Psychologie kann ich keinen Fachbegriff für das beschriebene Krankheitsbild finden und nenne es deswegen das Rote-Syndrom. Letztendlich findet es seine Eingliederung in den allgemeinen Sprachgebrauch unter der Begrifflichkeit „Jammern auf hohem Niveau."

TIMOR-LESTE

Geräucherte Python mit Kartoffelsalat

Zurück auf Timor fahre ich in wenigen Tagen bis zur Mitte der Insel und erreiche die Grenze zu einem Land, von dem die wenigsten wissen, dass es überhaupt existiert, geschweige denn, wo es liegt. 1,3 Millionen Einwohner, 15.000 km², einst kolonialisiert durch Portugal. Seine Währung ist der US Dollar, 60 % der Bevölkerung ist unter 16 Jahre alt, eine Familie hat im Durchschnitt sieben Kinder: Timor-Leste.

Als ich noch vor den Vorbereitungen der Reise zum ersten Mal auf einer Weltkarte rumkritzelte und am äußersten Ende Asiens dieses winzige Land entdeckte, dachte ich, dass es theoretisch schon möglich sein müsste, per Fahrrad dorthin fahren zu können. Aber dennoch war es unvorstellbar, es wirklich eines Tages zu schaffen. Dieser unvorstellbare Tag ist heute, ich kann es kaum fassen.

Ich werfe in der Hauptstadt Dili bei einer australischen Familie Ballast ab und begebe mich auf die Ehrenrunde für Asien. Über die ruhige Straße der Nordküste fahre ich Richtung Osten und damit mehr oder weniger ans Ende der eurasischen Kontinentalplatte. Wie in Indonesien werde ich oft eingeladen, bei Leuten im Haus zu übernachten.

Wie schafft man es eigentlich von Leuten zum Übernachten eingeladen zu werden?

Etwas oberflächlich gesprochen, gibt es in Städten neben vielen netten Menschen auch immer ein paar schräge Vögel, weshalb Städter gegenüber Fremden eher etwas vorsichtig sind. In Dörfern hingegen passiert i.d.R. nichts, die Bewohner kennen sich gegenseitig und sind etwas weniger

misstrauisch. Vor allem gibt es in Dörfern aber immer viel Platz zum Zelten, deswegen ist es dort um ein vielfaches einfacher einen sicheren Platz zum Schlafen zu finden oder auch eine Einladung zu erhalten, egal auf welchem Kontinent man sich befindet.

In manchen Ländern, wie z.B. Iran, muss man oftmals gar nichts machen und eine Einladung kommt von alleine. In anderen Ländern ist es schwieriger, da die Leute deutlich misstrauischer sind, wie z.B. Deutschland, Frankreich, USA oder Australien. Ausnahmen bestätigen die Regel und man darf sich gerne überraschen lassen.

In den meisten Ländern freuen die Leute sich, einem helfen zu können, haben aber ein kleines natürliches Misstrauen gegenüber dem Fremden, was man ihnen jedoch schnell nehmen kann. Die wichtigste Regel ist, dass man stets mit einem freundlichen ***Lächeln*** *auf die Leute zugeht. Jemand der freundlich lächelt führt nichts Böses im Schilde.*

Entweder man kommt beiläufig ins Gespräch, weil man z.B. an einem Kiosk einen Snack kaufen will, oder man stellt sich eben direkt vor, erzählt dass man Radreisender aus Land XY ist und fragt die Person, ob sie eine Idee hat, wo man schlafen oder campen könnte. Wenn man sich daraufhin einige Minuten freundlich unterhalten hat, verliert der Gegenüber meist relativ schnell die Scheu und oftmals folgt z.B. eine Einladung zum Essen, die dann i.d.R. zu einer Einladung zum Zelten im Garten oder Übernachten im Haus erweitert wird. Ich denke, es gibt kaum einen besseren Weg wirklich nah an die Einwohner eines Landes ranzukommen und das zu erleben, was an touristischen Orten nicht stattfindet.

Woher weiß man, ob man den Leuten vertrauen kann?

Goldene Regel: Auf das Bauchgefühl hören!

Wenn die Alarmglocke ausschlägt, man merkt, dass irgendwas nicht stimmt und man einfach nur ein mulmiges Gefühl hat, ist es besser keine Risiken einzugehen und an einer anderen Stelle nach einem Schlafplatz zu suchen. Unzählige Male hat mich diese Regel vor Ärger bewahrt.

Wenn man selbst auf die Leute zugeht, muss man schon großes Pech haben auf einen verrückten, gefährlichen, gewaltbereiten Hühnerschrecker zu treffen, denn mindestens 99 % gehören nicht zu diesem Typ Mensch. Wenn Leute auf einen selbst zugehen, sollte man etwas kritischer analysieren, ob es sich um Hilfsbereitschaft handelt oder ob derjenige etwas im Schilde führt. Wenn Frauen mit mir gesprochen haben, hatte ich sowieso nie Bedenken; bei Männern war ich immer auf der sicheren Seite, wenn ich herausfinden konnte, dass sie Familie und Kinder haben.

Naiv sollte man nicht sein, überkritisch aber auch nicht. Auf einer langen Reise wird man immer mal wieder zwielichtigen Gestalten begegnen, aber je öfter dies passiert, desto besser weiß man anschließend, solche Leute zu analysieren und einzuschätzen. Es gibt kein immer funktionierendes Rezept.

In den **Dörfern** rennen Hühner am Straßenrand entlang, ab und zu kreuzt eine Kuh den Weg, manchmal muss ich mich mit einem entgegenkommenden Rollerfahrer abstimmen, damit wir beide die Ideallinie zwischen den Schlaglöchern nehmen können. Restaurants gibt es im Norden so gut wie keine. Ab und zu treffe ich auf Kinder, die frisch zubereitete Snacks ihrer Eltern oder gegrillte Fische in großen Plastikboxen umhertragen. Sie freuen sich stets wie die Schneekönige, wenn ich ihr Kunde sein darf. Zudem gibt es in jedem Dorf mindestens einen Kiosk, der wenig gehaltvolle Snacks, Süßigkeiten und Getränke bereithält.

Ebenfalls am Straßenrand verkauft wird das traditionelle selbstgebraute Timor-Bier. Es ist so schlecht, man muss es probiert haben. Eine trübe, beige Brühe, die den ganzen Tag bei 35°C in der prallen Sonne steht und einen ekelhaften Schwefelgeschmack hat, der einem minutenlang nicht mehr aus dem Mund geht. Die Einheimischen mögen es, ich küre es zum ekelhaftesten Getränk meiner Reise.

Am Ostzipfel Timors besuche ich die kleine Insel **Jaco** und fahre dann im Süden der Insel zurück Richtung Westen. In der Nähe des größten Sees des Landes, ohne kilometerweit einen Menschen getroffen zu haben, mache ich eine gewöhnliche Trinkpause und genieße wie so oft die Ruhe der Natur. Beim Ansetzen der Wasserflasche wird diese plötzlich durch ein gruseliges Geräusch unterbrochen. Es klingt wie das Ausatmen eines Monsters. Achtsam folge ich dem mysteriösen Klang, welcher mich zu einem idyllischen Fluss führt.

Mein Puls schnellt nach oben, als mein Geäug die Quelle der Schallwellen erspäht: Ein ca. fünf Meter langes **Leistenkrokodil** gleitet geschmeidig vom Ufer in den Fluss. Einige Meter weiter sehe ich noch ein zweites Ungetüm. Mit einem exakt kalkulierten Abstand inklusive Sicherheitsbeiwert λ beobachte die beiden. Hauptsächlich bewegen sie sich nicht und das ist wohl der Trick, auf den ich reinfallen soll. Ich lasse mich nicht verführen und benutze neben meinem Verstand vor allem den Zoom meiner Kamera. Als dann auch noch ein drittes Krokodil aufkreuzt sehe ich die Übermacht meiner Feinde ein und mache mich aus dem Staub.

Schni Schna Schnappi

*Der Mythos besagt, dass Timor aus einem Krokodil entstanden ist. Tatsächlich sieht die Insel auf der **Karte** aus wie die vordere Hälfte eines Krokodils. Deswegen werden die Tiere gefürchtet und gleichzeitig verehrt. Jährlich kommt es zu mehreren Todesopfern, da sich in Flüssen, die zum Waschen, Baden und Trinkwasser holen genutzt werden, ab und zu auch Krokodile aufhalten, die aus dem Meer kommend flussaufwärts schwimmen. Im Falle eines tödlichen Angriffs suchen die Anwohner meist nach spirituellen Erklärungen. Seitdem die indonesischen Besatzer aus Osttimor abgezogen sind, wurde das Krokodil nicht mehr gejagt und vermehrt sich aufgrund fehlender natürlicher Feinde immer weiter.*

Ganze 150 m weiter führt eine fragwürdige **Konstruktion** über den Fluss, bestehend aus zwei verrosteten Doppel-T-Trägern, die jeweils mittig mit verrosteten Schrauben verbunden sind und wiederum auf einer wackeligen Holzkonstruktion lagern. Ohne in meinem Bauingenieurs-Studium im Modul Statik jemals was verstanden zu haben, kann ich ausschließen, dass dies der Deutschen Industrienorm 1072 zur Lastannahme für Straßen- und Wegbrücken entspricht. Ingenieurmäßiges Denken ist gefragt und ich erinnere mich, dass ich gar nicht in Deutschland bin, sondern in Osttimor. Hier müssen andere Normen angewendet worden sein. Damit ist klar, dass die herrschende Belastung die ertragbare Belastung nicht überschreiten wird. Im Ergebnis muss ich also doch nicht als Krokodilfutter enden.

In der nächsten Stadt, **Lospalos**, in der ich stolz erzähle die Krokodile gesehen zu haben, verrät man mir, dass die drei Kollegen dort seit Jahren leben und vor wenigen Wochen einen Einheimischen und zwei Touristen vernascht haben. Die waren scheinbar auf den „ich-beweg-mich-nicht"-Trick reingefallen und sind extra nah rangegangen, um mit ihren Smartphones Fotos zu schießen. Jetzt weiß ich: Selfies mit wilden Tieren ist keine gute Idee.

Ich fahre weiter, die **Straßen** sind unvorstellbar schlecht. Teilweise laufen Kids neben mir her während ich bergab fahre, da die „Straße" nicht mehr als

5 bis 6 km/h zulässt. Meine Navigations-App zeigt eine Hauptstraße an, die in der Nähe der Küste entlangführt. *Küste ist gut*, denke ich und wähle diese Route. Glücklicherweise bin ich mit dem Fahrrad unterwegs, denn mit keinem anderen Fahrzeug, außer vielleicht einem Panzer, käme man hier durch.

Es ist ein dünner Pfad mitten durch den Urwald. Weicher, teilweise schlammiger Humus als Fahrbahn; wenig Licht, das durch die dichten und hohen Bäume einfällt; feuchte Luft und die Symphonie eines Zikadenorchesters, unterlegt vom Klang ein paar sich boxender Affen. Immer wieder liegen große Bäume quer auf dem Weg. Gibt es eine Lichtung, ist es meist ein **Fluss**, den ich durchqueren muss. Teilweise kann ich danach den Weg nicht mehr finden.

Es ist ein Abenteuer und inmitten dieses sonst unbewohnten Dschungels treffe ich an einer Hütte plötzlich ein paar **Kids**, die fette Beute gemacht haben. Die Kleinen haben mit ihren Steinschleudern in einer sechsstündigen Jagd drei Graue Kuskuse von den Bäumen geschossen, die zur Familie der Kletterbeutler gehören. Der Größte der Bande hat in dreistündiger Jagd mit seinem Speer eine drei Meter lange Netzpython erlegt. Die Mutter kommt aus der Hütte und drückt mir ein dickes Stück frisch geräucherte Python in die Hand. Ich lasse mich nicht zweimal bitten und nasche von dem extravaganten Stück Fleisch. Sehr zäh, eine wilde Note und der typische Räuchergeschmack – insgesamt ein gelungenes Gesamtkunstwerk. *Dazu die gute Hunt's Hickory BBQ Sauce, ein deftiger Kartoffelsalat, frisches Knoblauch-Baguette und ein kühles, frisch gezapftes Pils*. In Gedanken vergesse ich fast wo ich bin. Ich bedanke mich für den Snack und fahre weiter.

Glücklicherweise kommt einige Kilometer weiter noch eine zweite, letzte Hütte, denn die Sonne ist untergegangen und ich will keineswegs im Dunkeln durch den Urwald fahren. Ich frage die Bewohner, ob ich dort bleiben darf und sie bieten mir ein traditionelles, auf Pfählen gebautes **Haus** als Unterkunft an, das sie wohl als Speicher benutzen. Dann bekomme ich sogar ein Abendessen: Reis mit undefinierbarem Fleisch. Einer meiner Gastgeber will mir durch Imitation der Laute erklären, um welches Tier es sich handelt, aber familiär kommen mir diese Geräusche nicht vor. Wahrscheinlich ist es ein Grauer Kuskus, wie auch die Kinder welche erbeutet hatten. Ebenfalls etwas zäh, aber wohltuend nach einem langen Tag auf dem Fahrrad.

Als ich den Dschungel am nächsten Tag verlasse, ist der Weg wieder katastrophal holprig. Ich wechsle in den Mountain-Bike-Modus in der Hoffnung, dass das Fahrrad die Strapazen überlebt. Selbst auf einem voll gefederten Mountainbike wären diese „Straßen“ auf Dauer kein Spaß; auf dem ungefederten, vollbeladenen Reiserad ähnelt es einer Folter.

Die Kinder rufen stets „Malai“, was mit dem „Hey Mister“ oder „Bule“ in Indonesien vergleichbar ist. Restaurants gibt es nun überhaupt keine mehr, aber fast jeder Kiosk bietet **„Pop Mie“** an und hält stets eine Thermoskanne mit heißem Wasser bereit. Die Instant Nudeln werden nie langweilig und teilweise esse ich drei Tage lang nichts anderes.

Mit Pop Mie-Antrieb erklimme ich auch den letzten Berg, der letzte Berg für die nächsten Monate: **Tatamailau**, der höchste Punkt der Insel. Per Fahrrad strampel ich auf fast 2.000 m bis ins letzte Dorf und zu Fuß sprinte ich mutterseelenallein durch die Dunkelheit bis zum Gipfel auf 2.986 m – 24 m höher als der höchste Berg Deutschlands.

Ich war nie ein Fan von Sonnenaufgängen, da man zu früh aufstehen muss, um müde festzustellen, dass die Sonne aufgeht. Dieser Sonnenaufgang hier oben ist jedoch dermaßen phänomenal, dass ich mir einrede, dass es weltweit keinen besseren gibt und ich deshalb nie wieder für einen aufstehen

muss. Die **Dämmerungsstrahlen** sind so deutlich zu sehen, wie man es sonst nur von Partyflyern gewohnt ist. Gleichzeitig ist es bitterkalt, selbst mit mehreren Schichten Kleidung zittere ich. Während es hier oben um die 5°C sind, sind es an der Küste zeitgleich wahrscheinlich schon wieder 25°C.

Zuletzt konnte ich solche Temperaturen in Kathmandu am Fuße des Himalaya wahrnehmen, dem Beginn des Kapitels Asien. Der Kreis hat sich also geschlossen. Entspannte vier Stunden verbringe ich oben und gucke links, rechts und geradeaus, hauptsächlich aber zurück. Nepal, Indien, Myanmar, Thailand, Malaysia, Indonesien, Timor-Leste – das waren gut fünfeinhalb Monate. Gute fünfeinhalb Monate.

Aberglaube

Hauskatzen in Timor sind äußerst selten und man kann sie meist nur in Dili finden. Zusätzlich glaubt man, dass es Unglück bringt, wenn sie mit einem Fahrzeug transportiert werden. Höchstwahrscheinlich würde der Bus, das Auto, das Motorrad usw. dann verunglücken. Sieht man also doch eine Hauskatze am anderen Ende der Insel, ist davon auszugehen, dass der Besitzer sie zu Fuß dorthin gebracht hat.

Leider gibt es von Timor nach Australien keine Fähre, aber immerhin gibt es überhaupt eine Verbindung. Der internationale **Flughafen** von Dili ist der einfachste und kleinste Flughafen, den ich bisher gesehen habe. Es herrscht eine familiäre Atmosphäre, verständlich bei durchschnittlich drei Flügen pro Tag. Von einem anderen Radreisenden habe ich die Information bekommen, dass die Flughafenmitarbeiter das Fahr-

rad sogar ohne Box akzeptieren, solange man die Reifen deflationiert und den Lenker um 90° dreht.

Schon bevor der Schalter öffnet unterhält sich ein Mitarbeiter freundlich mit mir, hebt spontan das Fahrrad und meine Gepäckstücke an und meint, dass mein Gepäck wohl die 20 kg Freigepäckgrenze überschreiten wird. Er schätzt das Fahrrad auf 20 kg und mit dem Wissen, dass es um die 17 kg sind, behauptete ich, dass es um die 10 kg sein müssten in der Hoffnung, dass sie es nicht wiegen. Den Donut, den ich ihm anbiete, lehnt er dankend ab, schließlich ist er im Dienst.

Die Gepäckwaage ist eine uralte mechanische Personenwaage mit der Skala auf einer hüfthohen Säule, wie ich sie zuletzt in den Neunzigern beim Kinderarzt gesehen habe. Die Gepäckstücke der hauptsächlich australischen Passagiere werden nach und nach auf die Waage gestellt, während der Mitarbeiter die Skala abliest und das Gewicht auf einen Zettel schreibt.

Als ich an der Reihe bin, will er es genau wissen. Nicht um mir einen reinzudrücken, nur um zu zeigen, dass er mit seiner Schätzung Recht hatte. Er schnappt sich das Fahrrad und will es irgendwie auf die Waage bugsieren. Ich merke unauffällig an, dass es nicht funktioniert, aber dass es etwa 10 kg wiegen müsste. Das scheint den Herren zu motivieren und er findet die Lösung, indem er es hochkant auf das Hinterrad stellt und festhält. Die Waage zeigt sogar 18 kg. Grinsend guckt er mich an: „Ich hab's dir gesagt!" Es kommen noch 10 kg durch ein weiteres Gepäckstück dazu. Er scheint einen Lauf zu haben und wiegt jetzt sogar das Handgepäck, was weitere 10 kg zu schwer ist. Wieder grinst er mich an: „Was habe ich gesagt?" Für das Handgepäck muss ich nicht extra zahlen, schließlich sei der Flug nicht mal zur Hälfte voll. Die 8 kg zu viel beim Aufgabegepäck ergeben jedoch 40 U$ und er fragt mich, ob ich jetzt bezahlen oder noch was rausnehmen will. *Mit 40 U$ könnte man hier noch eine Woche länger reisen.* Ich stelle mich an die Seite und muss überlegen, während er und sein Kollege die letzten Passagiere abarbeiten. Als sie fertig sind schaut er sich kurz um, gibt mir meinen Pass und sagt: „Schon okay." Dieses Mal nimmt er den Donut an, den ich ihm anbiete, schließlich hat er jetzt erstmal wieder Pause. Mit 40 Dollar mehr bin ich bereit fürs nächste Abenteuer: Australien.

AUSTRALIEN

Australien

5229 km / 79 Tage

AUSTRALIEN

Die orangene Hölle

Nach abenteuerlichen Geschichten, lebendigen Straßen mit „Malai"-schreienden Kindern und jeder Menge Spaß lande ich nach 1:10 h im 700 km entfernten Darwin in Australien, dem dritten Kontinent der Reise. Emotionslos wird mein Pass vom Grenzbeamten gescannt. Beim Gepäckscanner werde ich rausgebeten und komme zu einem Flughafenmitarbeiter mit weißen Handschuhen, der das Fahrrad inspiziert:
„Haben sie es saubergemacht?"
„Ja, über eine Stunde."
„Sie wissen, dass es komplett sauber sein muss, wenn Sie nach Australien einreisen wollen?"
„Ja. Deswegen habe ich es über eine Stunde saubergemacht."
„Okay, Sie können gehen."

Darwin ist ein Schock. Ein absoluter Schock.

Fangen wir mit den guten Sachen an: Die Straßenqualität ist sehr gut, im Vergleich zu Timor sogar überragend. Es gibt Geschäfte, in denen man alles Mögliche kaufen kann. Es gibt mancherorts WiFi. Das war's auch eigentlich schon.

Wo sind die Kinder hin? Wo die Menschen auf den Straßen? Autos sind leblose Maschinen, anonym und ohne Zugang. Rücksichtslos schnellen sie eng an mir vorbei. Was sollen diese Zäune? Was sollen diese unzähligen Verbotsschilder? Überall Verbotsschilder. Keep out! No turn left! No entrance! No camping! Warum grüßt hier niemand? Warum grinst hier niemand? Ist der Flieger schon auf dem Rückweg?

Eigentlich sollte ich sowas ja kennen, aber scheinbar hat sich meine Wahrnehmung in den letzten Monaten etwas verändert. Das ist auch immer die Frage, die mich Leute fragen: „Hat dich die Tour verändert?“ Verdammt ja, es ist soweit!

Lange halte ich es hier nicht aus und nachdem ich meinen organisatorischen Kram erledigt habe, will ich so schnell wie möglich raus aus der Stadt. Aber wohin will ich eigentlich? Die nächste Großstadt ist 2.000 km Luftlinie von hier entfernt. Wahrscheinlich weiter Richtung Osten. Warum ich jedoch von Darwin ca. 2.600 km bis an die Ostküste fahren will, kann ich nicht sagen. Nicht vor der Entscheidung, während der Fahrt nicht und im Nachhinein auch nicht mehr. Wegen der Herausforderung? Wegen der Landschaft? Ich glaube, es ist eher der Stolz, der das Bild, das ich bisher auf die Weltkarte gemalt habe, flüssig bis Sydney weiterfließen lassen will. Nach 16.600 km nehme ich es auf die leichte Schulter und vergesse, dass 2.600 km auf dem Fahrrad noch immer 2.600 km auf dem Fahrrad sind. Also begebe ich mich etwas blauäugig auf den Stuart Highway Richtung Süd-Osten.

Die Regenzeit ist mit dem ersten Pedaltritt zu Ende, die Landschaft ist also noch relativ grün, zudem gibt es viel Sonnenschein bei durchschnittlich 33°C im Schatten. Die hier verkehrenden 53 m langen **Road-Trains** erzeugen einen guten Sog, in dem ich auch mit 300 m Abstand noch Rückenwind

habe, bzw. wenn einer aus der Gegenrichtung kommt, ich komplett ausgebremst werde. Kängurus gibt es auch einige zu sehen, sogar direkt auf der Straße. Jedoch befinden sich diese im Aggregatzustand „Roadkill". Und das stinkt! Ich kann mich nicht erinnern, jemals einen übleren Geruch wahrgenommen zu haben. Die wenigen Leute mit denen ich mich unterhalten kann, halten mich für ernsthaft verrückt und empfehlen mir das Fahrrad zu verkaufen und mir ein günstiges Auto zu besorgen.

Nach 500 km, in denen es keine Abwechslung gab, biege ich Richtung Osten ab auf den Savannah Way. Hier treffe ich am Tag nicht mehr als zehn Autos. Er führt komplett durch die Halbwüste, d.h. es gibt weder richtig orangenes Outback, wie man es vom Cover eines jeden Australien-Reiseführers kennt, noch ist die Landschaft saftig grün. Es ist eher ein beige-grünes, grau-braunes Etwas mit einem Hauch von Orange-Ocker: Halbwüste eben. Trockene Graslandschaft, **Termitenhügel**, leichter Gegenwind, Baked Beans aus der Dose und Toast. Jeden Tag. Jeden verdammten Tag. An dieser Stelle ein spektakulärer Auszug aus meinem Reisetagebuch: „Tag 336: Nix passiert. 125 km."

Das Schlimmste an der Sache ist, dass das Ladegerät, mit dem ich mein Handy über den Nabendynamo des Fahrrads aufladen kann, seit dem ersten Tag in Australien nicht mehr funktioniert, also gerade jetzt, wo ich es zum ersten Mal ernsthaft brauche. Zudem hat sich die Powerbank, die für acht Handyladungen ausreicht, auf unerklärliche Art und Weise entladen. Das heißt, ich kann tagelang keine Musik hören in dieser abwechslungsarmen Landschaft.

In den kleinen Siedlungen, an denen ich vorbeikomme, gibt es zwar kleine Supermärkte, die haben aber wenig Auswahl und sind dafür extrem teuer. Von einsamen Roadhouses, die irgendwo im Nichts stehen, brauche ich erst gar nicht anfangen: 6 AU$ (4 €) für schäbiges Toastbrot und 3 AU$ (2 €) für

220 g Baked Beans, der Traum eines jeden Low-Budget Travelers und doppelt schockierend nach den Preisen in Asien.

Die Straße wandelt sich von Asphalt zu einer orangenen Schotterpiste, teilweise mit extremem Wellblech und/oder Tiefsand. Meist sind es um die 100 km von einem Dorf oder Roadhouse bis zum nächsten, die längste Strecke beträgt sogar 400 km. Dazwischen ist nichts. Es steht also an erster Stelle immer genug Wasser dabei zu haben, auch wenn ich es aus einem der wenigen **Flüsse** entnehmen muss, bei denen Schilder vor Leistenkrokodilen warnen. Mit einem kleinen, aber effektiven Filter kann ich das Flusswasser in trinkbares Wasser umwandeln.

Morgens aufstehen, essen, schwerfällig das Zelt abbauen, strampeln, essen, gegen den Wind ankämpfen, essen und schlafen. Tag für Tag dasselbe Spiel. Abends im Zelt habe ich eigentlich stets nur meine Rückkehr nach Deutschland im Kopf: Familie und Freunde vereint im Hof vorm Haus meiner Eltern, von dem ich vor gut zehn Monaten losgefahren bin. Dabei ist ja noch nicht einmal die Hälfte der Reise vollbracht. Jedoch ist mir bewusst, dass es keinen Ausweg gibt und Pausen keinen Fortschritt bedeuten. Also fahre ich weiter und immer weiter.

Ich denke an früher: morgens früh aufstehen und zur Arbeit gehen, auf die man null Bock hat. Wollte ich dieser Sache nicht entfliehen? Dummerweise gibt es nicht mal ein Wochenende an dem man seine Verbitterung mit Schnaps runterspülen könnte. Also weiter. Meine Laune ist nicht die beste und es fällt mir schwer, die Dinge positiv zu sehen.

Immerhin, zelten kann ich überall, hier ist ja nichts und niemand, der sich beschweren könnte. Außer natürlich in den Dörfern, die sind gut ausgestattet mit „No-Camping"-Schildern. In den zwei Aborigine-Communities, an

denen ich vorbeikomme, kann ich einem **Rugby-Spiel** zuschauen und am Basketballcourt mit den Jungs ein paar Würfe nehmen. Sie sind freundlich zu mir und fragen neugierig, was ich hier mache mit meinem Fahrrad. Beim nächsten Roadhouse werde ich vom Besitzer europäischer Abstammung freundlich gewarnt: „Zelte da nicht in der Nähe, das ist ein Aborigine-Dorf." Was das Verhältnis der Zugezogenen mit den Originalen betrifft, ist Australien auf einem guten Weg. Aber der Weg ist so endlos lang, wie die Straßen des Savannah Ways.

Aufgrund der fehlenden Abwechslung wird für mich jede kleine Aufmunterung zur größten Sensation. Hier schenkt man mir eine Banane, dort Reste von gestern, woanders ein kühles Glas Fruchtsaft, ein Anderer will mir ein paar Gramm Marihuana mit auf den Weg geben. Ich treffe ein Aussie-Pärchen, die mir Gewürzketchup von Hela und Apfel-Rotkohl von Leuchtenberg überreichen, um mir ein Stückchen Heimat in der Wüste zu schenken – wo auch immer sie den Stoff herhaben. Also sitze ich eines Abends im Outback, esse meinen Apfel-Rotkohl und es liegt ein leichter Hauch von Weihnachten in der Luft.

Die meisten der wenigen Reisenden, die auf dem Savannah Way unterwegs sind, haben Mitleid mit mir und versuchen mir in irgendeiner Form zu helfen. Interessanterweise halten nur Autos aus entgegenkommender Richtung an; wahrscheinlich ist die Angst, mich mitnehmen zu müssen, für die anderen zu groß.

Im langweiligsten Streckenteil überhaupt, an einem tristen Tag, treffe ich dann **Ferris Gump**, einen verrückten Aussie mit langen roten Haaren und einem gelben Sprintanzug, der dabei ist, die komplette Strecke

in entgegengesetzter Richtung mit seinem Vorratswagen zu joggen. Ich muss mich mehrfach entschuldigen, dass ich ihn mit meiner Beschreibung der Strecke nicht motivieren kann, aber er ist trotzdem gut drauf. Noch.

Der Wind wird tagsüber immer stärker, aber mit Sonnenuntergang ist er plötzlich völlig verschwunden. Also fahre ich auch in der Dunkelheit noch weiter, um voran zu kommen – angetrieben durch Baked Beans und Toast.

Die Kängurus kann ich jetzt mehr und mehr beim Springen beobachten und die **Sonnenuntergänge** sind theoretisch auch der Wahnsinn, doch die Gesamtsituation hält mich vom Zelebrieren ab. Nach und nach verfolgen mich immer mehr Buschfliegen, die mir von morgens bis abends pausenlos im Gesicht rumschwirren. Dazu kann ich mein Bike nicht mehr überall abstellen, da der Ständer nach dem Crash auf Bali nun endgültig in die Knie gegangen ist und ich immer nach einem Gegenstand zum Anlehnen suchen muss, was in der kargen Landschaft nicht einfach ist. Eines Tages reißt zudem ein Fahrradmantel seitlich auf und ich bemühe zum ersten Mal den Ersatzmantel. Am 333sten Tag der Tour, nach 17,5 Stunden Radfahren in zwei Tagen, viel zu wenigen Kalorien und ohne die nötigen Zuckergetränke, die ich mir von Deutschland bis Timor immer gegönnt habe, schwanke ich am Morgen völlig unterzuckert ums Zelt, kann mich aber noch in die nächste Gemeinde retten, wo ich in ein Kilo Rohzucker investiere. Zwei Tage später erreiche ich abends ein Dorf, wo man mir nicht helfen kann oder will und nur auf den 30 AU$ teuren Zeltplatz verweist. Ich beschließe, wie so oft außerhalb des Ortes zu zelten, und fahre weiter. Während der Fahrt durch die Dunkelheit beginnt es plötzlich stark zu regnen und ich werde pitschnass. Ich hasse mein Leben so sehr, wie ich es noch nie zuvor gehasst habe.

Den Frust kann ich innerhalb eines Tages abschütteln: Ich fahre bergauf, habe damit nach 21 Tagen die Halbwüste verlassen und sehe in der fruchtbaren und plötzlich total **grünen Landschaft** einen Wasserfall! Im nächsten Dorf gehe ich spontan in eine Autowerkstatt und frage, ob sie für mich was schweißen können. Ein älterer Mann namens **Neoil** nimmt sich 20 Minuten, hilft mir beim Abschrauben des Fahrradständers und setzt eine gezielte Schweißnaht. Das Bike steht wieder. Er fragt die Chefin, was sie haben will: nichts. „Unser Business sind Autos, keine Fahrradständer", sagt sie mit einem sympathischen Lächeln. Ich will ihm unbedingt 10 AU$ Trinkgeld dalassen, aber er verneint vehement. Das typische Spiel, aber nach so mancher Erfahrung im Outback hätte ich nicht gedacht, dass ich jemanden finde, der es mitspielt.

Drei wunderschöne **Wasserfälle** später kommt es zu meinem absoluten Highlight in Australien: ein Woolworth Supermarkt! Den gab es zwar auch schon in Darwin, aber damals war ich noch keine drei Wochen durch die Hölle geradelt und hatte mich noch nicht drei Wochen lang von Toastbrot und Bohnen ernährt.

Es ist der schönste Supermarkteinkauf meines Lebens! Ich laufe jede Reihe ab, als ich damit fertig bin, wiederhole ich die Prozedur weitere zwei Male. Alles ist bezahlbar und ich

kaufe so viel wie aufs Fahrrad passt. Draußen auf dem **Parkplatz** will ich einfach nur so viele diverse Lebensmittel in mich reinstopfen bis mir richtig schlecht ist, was ich erfolgreich schaffe. Kurz vorm Brechreiz beende ich das Spektakel, lege mich auf eine Bank und bin der glücklichste Mensch der Welt: Ich habe Bauchschmerzen!

Nachdem ich nun endlich die Ostküste Australiens erreicht habe, will ich meinem Körper weiterhin Gutes tun und kaufe mir in der Partyhauptstadt Cairns feierlich eine Flasche Schnaps. Dann niste ich mich ganz klassisch in einem der vielen Backpacker-Party-Hostels ein. Alkohol ist in Australien verdammt teuer und viele der jungen Work & Traveler, die hier übernachten haben trotz ihrer teils hohen Einkommen wenig Gemeinschaftssinn. Jeder ist darauf bedacht, niemandem auch nur einen Tropfen seiner Getränke abzugeben. Natürlich finde ich auch ein paar korrekte Leute, aber es ist schon sehr auffällig, dass die Stimmung generell komplett anders ist, als zum Beispiel bei den Reisenden in Thailand, wo ich zum letzten Mal ein klassisches Backpacker Hostel besucht hatte. Work & Travel ist eben was anderes als Travel & Travel.

Nach drei gehirnzellenzerstörenden Nächten in diversen Discos fahre ich weiter. Wenn der Druck aus dem Feier-Ventil mal abgelassen wurde, radelt es sich schon viel entspannter. Etappe 2 von Cairns nach Sydney bedeutet erneut 2.600 km.

Südlich von Cairns gibt es einige Naturspektakel zu bestaunen, z.B. die **Josephine Falls**, mit natürlichen Pools, Schaukeln bestehend aus Lianen und einer natürlichen Rutsche, wobei ich mir den Meisterschaftsgürtel als Rutschkönig sichere.

Der palmenreiche **Mission Beach** wiederum ist so bretthart, dass man auch mit einem 45-Kilo-Touringbike nicht einsackt, sodass ich einige hundert Meter über den Sand Richtung Süden fahren kann.

Sonderlich viel Zeit zum Verweilen habe ich nicht, die Strecke bis Sydney noch zu weit, die Zeit knapp, der Flug ins Land der unbegrenzten Möglichkeiten schon längst gebucht. Mit jedem Tag Richtung Süden entferne ich mich um fast einen Breitengrad vom Äquator, dazu komme ich dem Australischen Winter einen Tag näher, d.h. pro Tag sinkt die Temperatur um ein Grad und die Tage werden immer kürzer. Der Himmel ist oft grau, es regnet, die Landschaft verändert sich nicht und der Verkehr nimmt deutlich zu, teilweise wird er gefährlich. Zudem gibt es manchmal tagelang keine Dusche.

Das mit Abstand Anstrengendste ist jedoch der Wind. Pazifikböen von bis zu 55 km/h in die Schnauze von morgens bis abends für zwei Wochen – es ist eine **Qual**. Es gibt keine Beschreibung, welche die psychische Tyrannei der Luftbewegung in präzisen Worten widerspiegeln könnte. Ich halte mir dauerhaft vor Augen, dass ich eigentlich schon viel weiter sein müsste, es aber wegen des Windes nicht bin. Vor allem gibt es hier keine Berge, die den Wind abschwächen könnten. So fahre ich tagsüber mit bis zu 40 % mehr Kraft, brauche dementsprechend deutlich mehr

Pausen und büße gleichzeitig 40 % meiner Geschwindigkeit ein. Die schönsten Momente sind dann, wenn ich den nächsten großen Supermarkt erreicht habe und mich vollstopfen kann. Mit dem Sonnenuntergang lässt der Wind ein bisschen nach, so sind die Überstunden noch die entspanntesten.

An einem Truckstop komme ich am Abend mit **Pat** ins Gespräch. Ich erzähle ihm, was gerade bei mir so abgeht und er hat Mitleid mit mir. Er sei schon jahrzehntelang Fernfahrer, aber solche Böen habe er schon lange nicht mehr erlebt. Er ist es, der mich am nächsten Morgen mit seinem Truck 330 km mitnimmt. In nur drei Stunden erspart er mir drei Tage Tortur und schlagartig bin ich wieder oben auf, denn die Stellschrauben des Zeitplans wurden damit angenehm gelockert.

Ich erreiche die Sunshine Coast! Es regnet. LOL.

Welche ist die optimale Reisegeschwindigkeit?

Ich habe von einer jungen Frau gehört, die in 1 ½ Jahren alle Länder dieser Welt besuchte, weil sie einen neuen Weltrekord aufstellen wollte. 255 Flüge, 200.000 U$ und durchschnittlich nicht mal drei Tage pro Land, davon noch viel Zeit in Taxis, Flugzeugen und bei der Immigrationsbehörde. Jemand hätte ihr sagen sollen, dass es bei einer Reise nicht darum geht, der Schnellste zu sein. Irgendwelche Nummern zu jagen ist nicht der Sinn; Nummern entstehen einfach, wenn man eine gewisse Zeit unterwegs ist.

Um die Frage zu beantworten: Die optimale Reisegeschwindigkeit ist die, auf die du Lust hast. Das ist von Mensch zu Mensch vollkommen unterschiedlich und wird in verschiedenen Ländern, Regionen und Lebensphasen stark variieren; mal willst du schneller reisen, mal willst du einfach an einem Ort bleiben, weil es dir so gut gefällt. Eine Reise ist kein Wettbewerb, aber wenn du machst, wonach du dich fühlst, hast du gewonnen.

In Brisbane feiere ich nach 21.000 km das einjährige Tourjubiläum mit jeder Menge Koks, Champagner und leicht bekleideten Frauen! Ein Klassiker in der Radreiseszene.

Genauer gesagt kaufe ich mir eine Flasche Billig-Sekt, weil alles andere viel zu teuer ist. Ich schaue ein Jahr zurück und kann es kaum fassen, was für ein Grünschnabel ich war. Wenn man mich damals für bescheuert gehalten hat, weil ich ohne Erfahrung direkt eine so riesige Reise machen wollte, dann war es wahrscheinlich gerechtfertigt. Ich habe wieder den Bengel vom ersten Abend vor Augen: "Da ham se ja noch einiges vor sich." Er hatte Recht. Aber das "einiges" hat großen Spaß gemacht. Abgesehen vom Outback und dem massiven Gegenwind – also dem Hier und Jetzt.

Neben all der Unzufriedenheit an der East Coast gibt es eine Sache, die herausragend ist und ihre Erwähnung verdient: meine großartigen Warmshowers-Gastgeber. Erst jetzt im australischen Winter verstehe ich, warum man die Webseite "Warme Duschen" genannt hat. Von Gastgeber zu Gastgeber hangel ich mich Richtung Sydney und sie sorgen mit ihrer außergewöhnlichen Herzlichkeit und ihren Kochkünsten dafür, dass ich halbwegs meinen Frieden mit Australien schließen kann.

Im Hostel in Bulgarien hatte ich mit einem Typ aus Sydney rumgescherzt, wie verrückt es wäre von dort bis nach Sydney zu fahren. Er ist derjenige, der mich am berühmten **Opera House** nach 5.218 strapaziösen Kilometern auf australischem Boden in Empfang nimmt.

Meine Freude über die Ankunft hält sich in Grenzen. 70 Tage war ich seit Darwin unterwegs und die wenigsten davon waren schön. Eher bin ich erleichtert, dass es endlich vorbei ist. Aber stolz bin ich natürlich schon irgendwie, schließlich bin ich in Sydney! D.h. ich bin mit dem Fahrrad mehr oder weniger bis ans andere Ende der Welt gefahren, was für viele schon mit dem Flugzeug zu anstrengend ist. 12 ½ Monate und 21.800 km – Zeit und Entfernung werden am Ende exakt die Hälfte der Reise darstellen.

Bevor ich mich auf den Weg in die USA machen kann, brauche ich erstmal eine Einreiseerlaubnis und die ist eine bittere Pille: Da ich im Iran war, darf ich nicht mehr visafrei in die USA einreisen. Das fiel mir zum ersten Mal in meiner Organisationsphase auf Bali auf. Also muss ich ein Visum beantragen. Die Botschaft der USA in Timor stellte aber keine Visa aus. Die einzige Botschaft, die auf meiner Route liegt, ist das Konsulat in Sydney, ganz am Ende des Weges. Hier muss ich also mein „Interview" geben, nachdem ich schon Wochen zuvor in stundenlanger Arbeit einen Online-Antrag ausgefüllt und einen Interview-Termin gewählt hatte. Im Konsulat kümmert man sich dann um die Sicherheit der Nation: Nach unzähligen Security-Guards, mehreren Sicherheits-Checkpoints, einem Personenscanner und nach dem Leeren aller Taschen darf ich endlich zu meinem Interview. Ein Herr hinter einer Panzerglasscheibe, wie man es vom Bankschalter kennt, stellt die obligatorischen Fragen:

"Haben Sie Beziehungen zur Regierung oder zum Militär im Iran?"

"Nein."

"Haben sie ein Unternehmen im Iran?"

"Nein."

"Planen Sie unternehmerisch tätig zu werden im Iran?"

"Nein."

"Waren Sie im Irak, Afghanistan, Syrien, Sudan oder Jemen?"
"Nein."
"Okay, ich werde das Visum ausstellen, drei bis fünf Arbeitstage, einen schönen Tag noch."
"Danke..."
Ohne anzumerken, dass er in seiner Aufzählung Somalia vergessen hat, ziehe ich ab und freue mich, dass mich dieses unsinnige Interview neben allerhand Zeit und Nerven 160 U$ gekostet hat. Müsste ich für jedes Land der Reise solchen Aufwand betreiben, wäre ich ein Jahr länger unterwegs und nur die Berechtigungen zum Überschreiten der Grenzen würden mich etwa 7.000 € kosten. Das ist zum Glück nicht der Fall. Dennoch schnappt sich die USA die Krone für den mit Abstand teuersten und umständlichsten Visa-Prozess der Reise, gefolgt von Myanmar, Iran, Indien und Indonesien.

Wie immer im Sparmodus, will ich mir das Taxi von meinem Kumpel zum Flughafen sparen. Am Nachmittag geht der Flug und etwas leichtsinnig fahre ich vormittags noch zum Opera House um Videomaterial für meinen Film zu erstellen. Ich bin spät dran, trotzdem fahre ich mit all meinen Sachen und der ca. 160 cm x 100 cm großen Fahrradbox unterm Arm, die ich bei einem Fahrradshop organisiert hatte, bei der Arbeit meines Kumpels vorbei, um mich zu verabschieden.

Danach geht es zehn Kilometer einhändig quer durchs belebte Sydney. Neben der Fahrradbox, die mich einschränkt, muss ich noch auf dem Handy nach dem Weg schauen. Außerdem muss ich noch bei einem Baumarkt vorbei, um mir Klebeband sowie einen Schraubenschlüssel zu kaufen, damit ich die Pedale öffnen kann, sonst passt das Fahrrad nicht in die Box.

Verschwitzt komme ich am Flughafen an, mir bleiben etwa 40 Minuten bis der Schalter zumacht. Ein sauberes Auseinanderschrauben des Fahrrads und Umpacken des Gepäcks kann schon mal um die drei Stunden in Anspruch nehmen. Den Flug zu verpassen würde zwar ganz gut zu meiner

Pechsträhne in Australien passen, aber mir ist klar, dass das unter keinen Umständen passieren darf. Also muss ich jetzt mein Können in äußerster Schnelligkeit unter Beweis stellen.

Außerhalb des Flughafengebäudes, bei einem Puls von 130, trotzdem voll konzentriert, löse ich eine Schraube nach der nächsten. Die Fahrradbox scheint etwas kleiner als meine bisherigen, also muss ich das Fahrrad umso mehr auseinanderlegen. Mit jeder vergehenden Minute steigt der Puls. Meine Hände sind nach 20 Minuten schwarz von Öl und Dreck. Die Pedale sind angerostet und lassen sich mit dem kleinen Hebel des Schraubenschlüssels nicht lösen, aber mit Pedalen passt das Fahrrad unmöglich in die Box. Kurz vor der Verzweiflung und mit aller Kraft öffnet sich das Pedal ruckartig und ich schlitze mir die Hand am Kettenblatt auf. Ich drücke das Fahrrad in den Karton, schmeiße sämtliche Kleinteile hinterher, tape ihn zu und werfe ihn mit den anderen Gepäckstücken auf einen Gepäckwagen.

Mit blutverschmierten und öligen Händen und T-Shirt renne ich samt der riesigen Pappbox durch das Flughafengebäude. Die Sicherheitsbeamten legen bereits ihre Hände an den Schlagstock als sie mich vorbeidüsen sehen. Kein Passagier ist mehr am Check-In und auch die Bediensteten scheinen schon aufzuräumen, aber der Schalter ist noch offen. *„Wie viele Minuten habe ich noch?“* „Vier“, sagt die Dame von der Airline nach einem kritischen Blick auf die Uhr. Ich packe noch ein paar Sachen um, verwerte die letzten Reste des Klebebands und werfe nach und nach alle Gepäckstücke auf die Waage. Obwohl ich Zusatzgepäck gebucht hatte, sind es drei Kilo zu viel. Die Frau guckt erneut auf die Uhr und sagt mit einem Schulterzucken „Whatever“, gibt mir meinen Reisepass und wünscht mir einen guten Flug. Ich darf mitfliegen! Auf geht’s in die Vereinigten Staaten von Amerika!

NORDAMERIKA

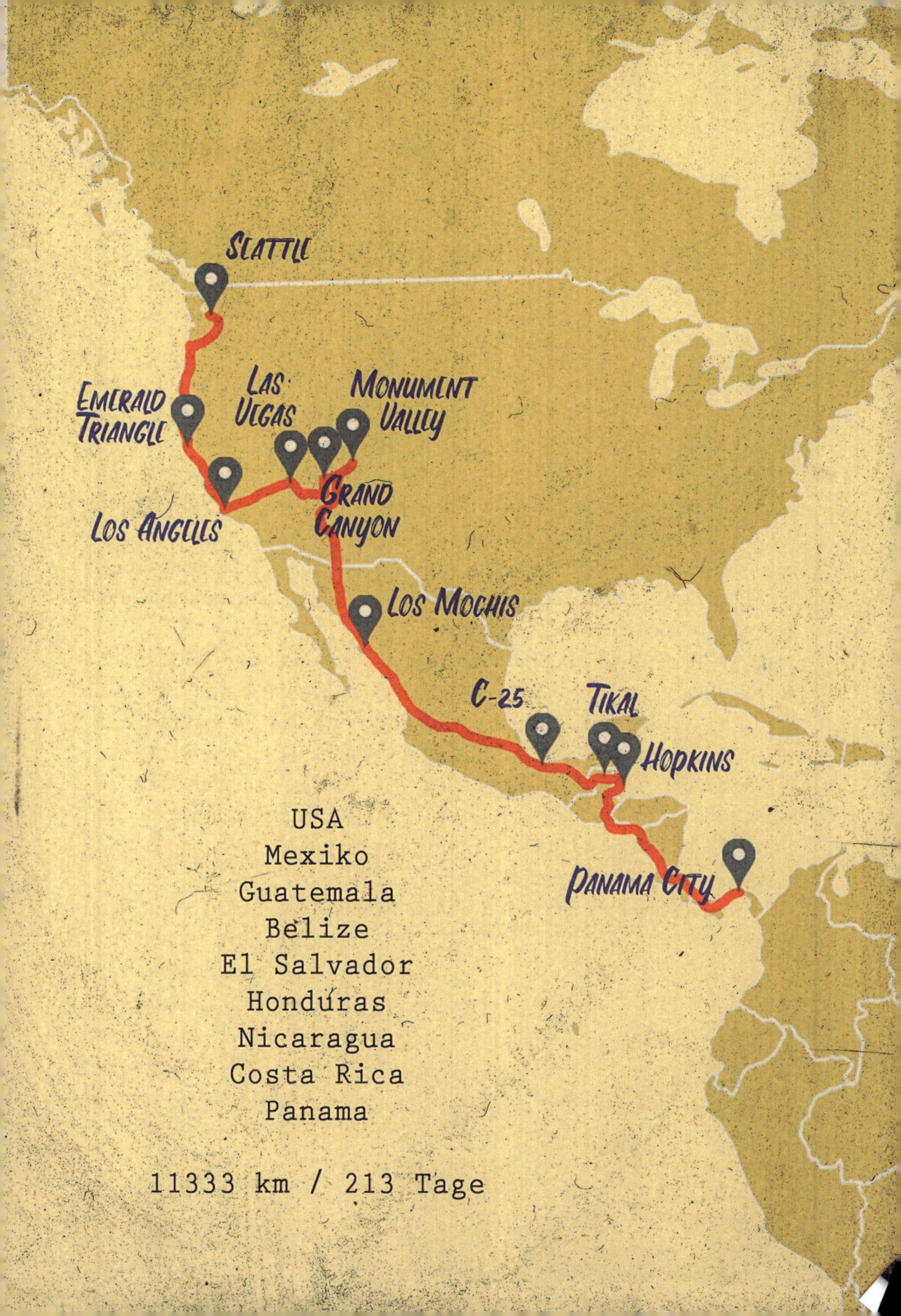
Seattle
Emerald Triangle
Las Vegas
Monument Valley
Los Angeles
Grand Canyon
Los Mochis
C-25
Tikal
Hopkins
Panama City
USA
Mexiko
Guatemala
Belize
El Salvador
Honduras
Nicaragua
Costa Rica
Panama
11333 km / 213 Tage

USA

Work & Travel auf der Hanfplantage

Um von Sydney nach Seattle zu fliegen gibt es drei Möglichkeiten: mit Zwischenstopp in Los Angeles, San Francisco oder Hawaii. Die Wahl ist also einfach: Hawaii. Eine Woche auf der Insel **Oahu**.

Am 18. Juli nachmittags hebt der Flieger ab, am 18. Juli morgens komme ich in Hawaii an – ich erwähnte ja schon, dass das TX 400 eine Zeitmaschine ist. Bei der Immigration am Flughafen werde ich wie erwartet zum sogenannten „Second Interview" gebeten, darf eine ganze Weile warten, meine Iran-Geschichte erneut erzählen, nochmal warten und dann bin ich endlich und ganz offiziell in die USA eingereist.

Australien habe ich hinter mir gelassen, es ist also Zeit, eine Glückssträhne zu beginnen. Ohne zu wissen, wo ich jetzt eigentlich hin könnte, bekomme ich in letzter Sekunde über Warmshowers eine Nachricht von Shane. Er wohnt auf der anderen Seite der Insel und will mich beherbergen.

Nach einer riesigen amerikanischen Begrüßungspizza und hawaiianischem Bier erzählt er, dass sich Oahu eigentlich nicht gut zum Radfahren eignet. Nach über 5.000 km in 2 ½ Monaten in Australien stimme ich ihm, ohne es zu hinterfragen, einfach zu.

Es sind Schulferien auf Hawaii, Shanes Frau und zwei seiner Kinder sind

zu Heimatbesuch auf dem Festland und nur er und sein 14-jähriger Sohn Tad halten die Stellung, wobei Shane arbeiten muss und Tad hauptsächlich vor dem Fernseher sitzt und South Park guckt. Also bietet er

mir an, die Woche bei ihnen zu relaxen, gibt mir die Schlüssel vom Auto seiner Frau und sagt, dass der Wagen vollgetankt sei. Außerdem weist er darauf hin, dass sie **Surfboards**, Schnorchelausrüstung, Kajaks, **Kletterausrüstung, ein Segelboot** usw. besäßen und dass ich mit Tad die Insel erkunden soll. Jackpot! Das Fahrrad fasse ich eine Woche nicht an.

Nach dem zweiten Teil der Pazifiküberquerung werde ich in Seattle von meinem ehemaligen Mitbewohner aus Berlin, Robert, 30, in Empfang genommen. Schon als ich auf Bali war, hatten wir telefoniert und beschlossen, mit unseren Fahrrädern die West-Coast der USA zu erkunden. Es ist Anfang August und wir befinden uns auf der Nordhalbkugel, d.h. die Tage sind plötzlich wieder super lang. Nachdem wir unsere Vorbereitungen in Seattle abgeschlossen, die Space-Needle und den Original Starbucks besichtigt haben, kann es losgehen – raus in die **Natur!**

Gleich in der ersten Nacht haben wir Probleme, einen Unterschlupf zu finden. Wir fragen etliche Leute in einem Dorf, doch es ist nirgends erlaubt zu zelten. Keiner will uns seine Wiese anbieten und wir werden mehrmals vor der Polizei gewarnt. Mit meinen Erfahrungen aus Indien und Indonesien gehen wir also direkt zur Polizeistation und bitten dort um Hilfe. Die Tür ist offen, also gehe ich rein und suche nach einem Polizisten. In einem Raum brennt Licht, also klopfe ich an die Tür. Der Polizist, den ich gesucht habe, kommt zur Tür und strahlt mir aggressiv mit seiner Taschenlampe, eher

seinem Scheinwerfer, ins Gesicht.
"Was machen Sie hier drinnen?!"
"Die Tür war offen, ich habe eine Frage."
"Die sollte aber nicht offen sein!"
"Das kann ich nicht wissen."
"Gehen Sie vor die Tür, wir reden draußen!"
Wie zu erwarten, werden wir nicht zum Übernachten eingeladen, aber wir sollen zu einem Nationalpark ein paar Meilen weiter fahren.

Dort angekommen treffen wir den Park-Ranger. Er erklärt uns, dass Campen nicht erlaubt sei, weist uns aber darauf hin, dass, wenn er draußen ist, bis zum Morgen keiner kontrollieren wird und wir deshalb eigentlich hier campen können, solange wir alles sauber hinterlassen. Jedoch sollen wir solange er seinen Rundgang macht außerhalb des Parks verharren. Also warten Robert und ich in der Abzweigung außerhalb der Schranke.

Es ist dunkel und ruhig. Auf der nahegelegenen Straße kommt nicht ein Auto vorbei. Wir machen es uns am Waldrand bequem, essen zu Abend und öffnen eine Dose Bier. Exakt 7,3 Sekunden nachdem der Ranger rausgefahren ist, fährt ein Auto in die Abzweigung und leuchtet uns mit seinen Scheinwerfern an. Wir können es nicht glauben, es ist der Sheriff! Jedoch nicht der, der uns hierhergeschickt hatte.

Wie man es aus so manchem Hollywood-Streifen kennt, läuft er durchs Scheinwerferlicht auf uns zu und sucht einen Grund, um uns eine reinzudrücken. „Was macht ihr hier, der Park ist nachts geschlossen!? Ihr habt da Bier! Das ist „public drinking“, das ist hier illegal! Wie viel habt ihr heute schon getrunken? Dafür müsstet ihr eigentlich blechen, packt jetzt zusammen und verschwindet.“

Während wir widerwillig zusammenpacken, bekommt er einen Anruf, der scheinbar wichtiger ist, als uns beim Einpacken zuzusehen. Also warnt er uns, dass, wenn wir nicht in 30 Minuten verschwunden seien, er uns verhaften würde. Dann verschwindet er im Dunkeln. Wir schleichen uns in den Park, bauen gut versteckt unsere Zelte auf und bedanken uns innerlich für diesen netten Willkommensgruß.

In den nächsten Tagen, in denen wir die Nadelwälder und Berge Washington States erkunden, fragen wir niemanden mehr bei der Schlafplatzsuche, sondern wildcampen einfach so. Es ist nicht immer einfach, da sich an fast jeder geeigneten Stelle ein „Private Property" Schild befindet und die meisten Amis keinen Spaß verstehen, wenn es um ihr Territorium geht.

Dennoch haben wir ab und zu Glück, so lädt uns eines Abends Rex dazu ein, unser Nachtlager bei ihm aufzuschlagen. Er ist ein "echter Amerikaner", so wie man sich ihn klischeehaft vorstellt. Stolz auf die USA und stolz auf seine Waffensammlung, animiert er uns, ein wenig in seinem Garten **rumzuballern**. Robert ist Semi-Pazifist, ich Kriegsdienstverweigerer – trotzdem haben wir außerordentlichen Spaß, von seinem Balkon mit dem Sniper-Gewehr auf Dosen zu schießen. Nach ein paar Bier mit ihm und seiner Frau erzählt er uns, falls Unbekannte auf sein Grundstück eindringen, wird er seine Gewehre schnappen, um die Halunken abzuknallen. Gut, dass wir gefragt hatten.

Nach so viel Spaß am Schießen überlegen Robert und ich kurz, ob wir uns im Supermarkt nicht eine Knarre für 14,99 U$ kaufen sollen, betrachten die Investition der 14,99 in Gerstensaft letztendlich aber als vernünftiger.

Nach einem Wochenende in einer **Punk-Kommune** im Bier-Mekka Portland, wo wir jede der über 100 Brauereien sieben Mal gegen den Uhr-

zeigersinn umrunden, begeben wir uns Richtung Pazifik. Zwar ist die **Küste Oregons** sehr hügelig, doch wir haben dauerhaft starken Rückenwind und viel wichtiger als das ist die Tatsache, dass es in sehr regelmäßigen Abständen Brauereien gibt, die Craft Beer herstellen. Zumindest denken wir, dass es von Vorteil ist. Vorerst.

Wir kaufen uns einen 1,89 Liter bzw. eine halbe Gallone fassenden Glaskrug, der im Fachjargon **„Growler“** genannt wird, und wollen ihn bei jeder Brauerei bis Los Angeles auffüllen lassen. Nach einigen Brauereien finden wir raus, dass der Preis für eine Füllung zwischen 10 und 20 Dollar liegt und damit auf Dauer zu exorbitanten Ausgaben führen wird. Also verschenken wir den Growler.

Um das Geld wieder reinzuholen, kaufen wir uns für einen Dollar einen 16 US-amerikanische Flüssigunzen fassenden McDonalds-Becher, in Fachkreisen “der Growler des Low-Budget-Travelers“ genannt. Bei jedem McDonalds füllen wir ihn am Getränkeautomat mit Zuckerwasser auf. Ist zwar nicht erlaubt, aber der Zweck heiligt die Mittel: Robert hatte mit dem Satz des Pythagoras ausgerechnet, dass wir damit zwei Dollar pro McDonalds sparen und am Ende sogar mit einem Plus rauskommen.

Mit Zuckerüberdosis erreichen wir Kalifornien. In den weltberühmten Redwoods, in denen der Küstenmammutbaum zu Hause ist, bekommen wir das Gefühl, dass wir auf dem Waldmond Endor angekommen sind und uns gleich eine Horde von Ewoks begrüßt. Die sehen wir zwar nicht, aber etwas anderes will uns begrüßen.

Weiter im Inneren des Waldes hören wir außergewöhnliche Geräusche,

die wie die Schreie eines größeren Säugetieres klingen. Beim genauen Beobachten der Umgebung entdecke ich einen Kopf, der immer wieder hinter einem Baumstamm vor- und zurückschnellt. Während wir uns mit **Messern** und Stöcken bewaffnet nähern, hören wir die Schreie einer Frau aus dem Wald schallen. Einige Schritte weiter bleiben wir perplex stehen. Eine männliche Person, mit langen Haaren, Bart und blassem Gesicht, versteckt sich hinter einem Busch und guckt uns ausdruckslos an. Nachdem wir uns einige Sekunden lang verwirrt anstarren, verschwindet er leise in den Tiefen des Waldes.

Wir haben keine Ahnung, was er da macht und wer er ist. Bei der nächsten Rangerstation ist man von unserer aufregenden Geschichte wenig beeindruckt. Möglicherweise ist der Kerl ein Junkie, der im Wald lebt, wird uns erzählt. Im Norden Kaliforniens ist die Quote der Methamphetamin-Abhängigen außergewöhnlich hoch. In manchen Städten und Orten haben wir auf unserer weiteren Tour deshalb das Gefühl, dass wir gerade während der Dreharbeiten eines Zombie-Films vorbeikommen.

Noch weiter südlich befindet sich das sogenannte „Emerald-Triangle", eine Region, die sich klimatisch sehr gut zum Anbau von Hanfpflanzen eignet. Während der Hippie-Bewegung der 1960er Jahre, die vom weiter südlich gelegenen San Francisco ausging, gingen viele Hippies in die teils schwer zugänglichen Wälder im Norden Kaliforniens, um dort Cannabis Sativa zu kultivieren. Nach wie vor wird es auf vielen Grundstücken angebaut. Während die Pflanze in Washington State und Oregon legal ist, kriminalisiert das kalifornische Gesetz die Pflanze in 2016 noch.

Unter der Bedingung, dass wir die Katze füttern, haben wir über Freunde die Möglichkeit bekommen, in Oakland bei San Francisco ein Wochenende lang in einem Apartment zu wohnen. Wir sind schon in der Nähe, aber das besagte Wochenende ist noch viel zu weit weg und wir wissen nicht, was wir mit unserer Zeit anfangen sollen.

Wie es der Zufall will, treffen wir Big K., den Besitzer einer Cannabis-Farm. Er erzählt uns, dass er sehr akut Hilfe bei der Ernte bräuchte. Da uns auf der Reise viel gegeben wurde, denken wir, es sei an der Zeit etwas zurückzugeben und ihn bei der Agrikultur zu unterstützen. Kurze Zeit später befinden wir uns in einem riesigen **Gewächshaus** voll mit wunderschönen Hanf-

pflanzen. Es ist gut durchlüftet, die Pflanzen werden ausschließlich mit organischen Düngemitteln gedüngt und die Photosynthese sorgt für ein angenehmes Klima. Das finale Produkt hätte das **Bio-Siegel** verdient.

Unsere Arbeitsschritte sind einfach: getrocknete Pflanzen im Trockenraum abhängen und die Blüten in

große Säcke packen. Die erntereifen Pflanzen im Gewächshaus abschneiden, in den Trockenraum bringen und aufhängen. Neue Pflänzchen einsetzen, die getrockneten Blüten trimmen. Es ist nicht kompliziert, aber mit Anstrengung verbunden, da es sich um mehrere Hundert Pflanzen handelt, die mit großer Vorsicht behandelt werden müssen.

Im Schnitt helfen wir Big K. über zehn Stunden pro Tag, mehr als eine Woche lang. Uns stellt sich die generelle Frage, ob man wegen Schwarzarbeit angeprangert werden sollte, wenn man einer Tätigkeit nachgeht, die nach dem Gesetz illegal ist. Vor allem, wenn dieses Gesetz fragwürdig ist. Welchen Faktor hat dabei eine fehlende Arbeitserlaubnis, die in diesem Fall nichts bringen würde? Ergeben Minus und Minus wirklich **Plus?**

Ein paar Wochen später legalisiert der Staat Kalifornien Marihuana per Volksentscheid. Schön, dass wir ein Teil der Revolution sein durften.

Nach der einwöchigen Tour-Pause erreichen wir San Francisco. Durch die Missachtung einer Schranke gelingt es uns, auf einem menschenleeren Berg direkt bei der Golden Gate Bridge zu übernachten mit perfektem Blick auf die nebelfreie Brücke und die Stadt dahinter.

Am nächsten Morgen, als wir vor einem Supermarkt chillen und wie so häufig Instant-Nudeln konsumieren, gibt uns eine Frau mit mitleidsvoller Miene eine Packung Schokokekse, da sie uns für Obdachlose hält. Wir haben seit drei Tagen nicht geduscht, na und?

In **San Francisco** sehen wir vieles, was wir schon aus diversen Videospielen kennen, wie z.B. die Lombard Street, Cabel Cars, die Golden Gate Bridge und China Town. Dass die Stadt so oft in Computerspielen auftaucht liegt nahe, da die komplette Tech-Industrie der USA in San Francisco ansässig ist, unter anderem auch Facebook.

Die Facebook Headquarters im Süden der Stadt sind nicht öffentlich zugänglich, aber ein Schleuser verschafft uns Zutritt zum riesigen Campus. Die Idee der Unternehmensführung ist relativ simpel, verstehen wir: Es wird alles dafür getan, glückliche und damit motivierte Angestellte zu haben, die anstatt nach Hause zu gehen, lieber auf dem Campus bleiben und arbeiten. Deshalb gibt es hier alles, was man braucht und auch alles, was man nicht braucht: Musikzimmer, Fahrradwerkstatt, Kühlschränke mit diversen Drinks und Snacks, Spielhalle, Cafés, Imbisse, und vieles mehr. Das Ganze natürlich kostenlos – glücklicherweise auch für Gäste.

Während des Wochenendes in Oakland, an dem wir die Katze füttern und auf das Haus aufpassen, müssen wir eine Entscheidung treffen, die wir schon lange vor uns hergeschoben haben: Wie geht es weiter? Robert will eher Richtung Osten und dann Richtung Süden, ich eher Richtung Süden und dann Richtung Osten. Manchmal fällt es schon alleine schwer eine Entscheidung zu treffen; zu zweit, mit zwei verschiedenen Vorstellungen, die jeweils nicht zu 100 % ausgereift sind, ist es eher ein Ding der Unmöglichkeit.

Letztendlich entscheidet ein klassischer Münzwurf über unser Schicksal: Richtung Süden – auf nach Los Angeles!

An der sehr hügeligen Küste geraten wir in ein 100 Meilen-Radrennen, eine Spendenveranstaltung für einen guten Zweck. Die Startgebühr beträgt 1.000 U$, das sind für die meisten Teilnehmer hier Peanuts. Radfahren scheint das neue Golfen zu sein, schließlich kann man für Fahrräder und Ausrüstung tausende von Dollars lassen. Im Gegenteil zum Golfen muss man zum Radfahren auf Wettbewerbsebene jedoch ziemlich fit sein, denn Geschwindigkeitsunterschiede fallen auf, selbst wenn man den windschnittigsten Fahrradanzug und ein Carbonbike im Wert von 10.000 U$ besitzt. Aber viele der Fahrer sind nicht fit. Auch ohne Startnummer fahren Robert und ich dreist in alle **Versorgungsstationen** des Rennens und bedienen uns unauffällig, aber ausgiebig an hochwertigen Powerbars, Energy-Gels, Snacks, Obst und Drinks. Wie schon in Thailand angemerkt, ist Radfahren mit Service-Crew ziemlich einfach und so können wir viele der Teilnehmer mit unseren vollbepackten, 50 kg schweren Touringbikes sogar am Berg hinter uns lassen. 120 km und 1.700 Höhenmeter in 5:20 h bei nur drei Pausen ist tüchtig!

Kurz vor Los Angeles wird es mal wieder Zeit, sich mit dem Police Department anzulegen. Wir haben über Warmshowers die Möglichkeit bekommen, auf der Veranda eines Cafés zu nächtigen und wie so oft gönnen wir uns ein Feierabendbierchen. Zusätzlich hat Robert in eine Glaspfeife im

Shop nebenan investiert, um feierlich die letzten selbstgeernteten Blüten zu konsumieren. Bierflaschen und Glaspfeife befinden sich neben uns, während wir auf unseren Luftmatratzen im umzäunten Bereich des Cafés schlafen. Nachts um halb vier werden wir unsanft von einem Cop des City of Ventura Police Department geweckt und verhört. Schließlich befinden sich Hinweise auf ein Verbrechen in unserer Nähe.

„Wie viel haben Sie getrunken?"

„Dieses Bier hier."

„Ich sehe Sie haben eine Marihuana-Pfeife?!"

„Da ist nix mehr drinnen."

„Dürfen Sie überhaupt hier schlafen? Wer hat ihnen das erlaubt?"

„Der Besitzer des Cafés."

„Hat er ihnen auch erlaubt hier Alkohol zu trinken?"

„Klar. Sie wissen, dass Sie sich auf „Private Property" befinden?"

„Ja, ich kenne den Besitzer."

„Dann haben wir was gemeinsam."

„Sowas will ich hier nicht nochmal sehen. Ich habe euch unter Beobachtung. Gute Nacht!"

Der Cop zieht ab, ich schaue halb müde, halb amüsiert rüber zu Robert und sage: „Was für ein Penner." Robert erwidert motivationslos: „Ja Mann. Der Penner." Wir schlafen weiter.

An der Küste zu fahren bietet zwar schöne Aussichten, doch nach fast 2.000 km sehnen wir uns nach etwas Abwechslung, deshalb sind wir froh in **Los Angeles** anzukommen. Hier sind die Reichen und Schönen zu Hause. Die Hälfte dieser Eigenschaften können wir vorweisen, reich sind wir jedoch nicht.

Santa Monica Pier, Venice Beach, Walk Of Fame, Hollywood Sign, sehen und gesehen werden, sich wichtig fühlen und besonders sein, das scheint der oberflächliche Eindruck von L.A. zu sein. Ein Wochenende lang entdecken wir die berühmte Stadt per Fahrrad, bevor es in die nächste berühmte Stadt geht – Las Vegas.

Auch wenn viele Besucher gar kein großes Interesse am Glücksspiel haben, ist die Akzeptanz der Touristen, hier in der Wüste ihr Geld zu verbrennen, extrem hoch. Es wird in den Urlaub fest eingeplant, einige hundert Dollar zu verzocken. Wenn es Spaß machen würde, wäre es gerechtfertigt, aber von Spaß habe ich andere Vorstellungen. Die Slot Machines haben schon längst keine Walzen mehr, so kann man nur einem Computer zuschauen, der einem das Geld aus der Tasche zieht – spektakulär.

Nachdem ich satte 5 U$ verzockt habe, ist Schluss für mich – ich bin zufrieden. Robert traut sich an den Pokertisch, verliert 100 U$ und ärgert sich. In gewohnter Manier müssen wir die Kohle irgendwie zurückholen. Also schleichen wir uns heimlich auf die Interbike, die größte Fahrradmesse Amerikas, die gerade gegenüber des berühmten Mandalay Bay Resort stattfindet. Robert berechnet mit dem Satz des Thales, wie viel **Freibier** wir trinken müssen, damit er seine 100 U$ zurückbekommt. Brüderlich helfe ich ihm dabei.

Ein paar Kilometer weiter befindet sich schon das nächste Highlight, der gigantische **Hoover Dam**. Um von dort zum noch gigantischeren Grand Canyon zu gelangen, müssen wir 200 km durch trockene und extrem hügelige Landschaft – ohne Siedlungen, Shops oder Tankstellen. Robert und ich wollen dieses Stück um jeden Preis überspringen und versuchen uns im Trampen, indem wir Leute an einer Tankstelle ansprechen. Wir merken: Wir sind gute Radfahrer, aber keine guten Tramper, so geben wir nach drei erfolglosen Stunden auf.

Genervt sind wir bereit, weiter zu fahren. In der Voraussicht auf zwei quälende Tage haben wir bereits den 10 L Wassersack und sämtliche Flaschen aufgefüllt. Wir sind mental vorbereitet loszufahren, als im letzten Moment ein alter Van bei der Tankstelle hält. Zufälligerweise kennen wir die zwei Insassen, wir haben uns gestern an einem Supermarkt mit ihnen unterhalten, wussten aber nicht, dass sie dieselbe Strecke wie wir haben. Ohne zu überlegen bieten sie an, uns mitzunehmen. Wir erfahren, dass sie niemals an dieser Tanke gehalten hätten, wenn nicht direkt vor der Tankstelle ein riesiger Käfer in die Fahrerkabine geflogen wäre und die beiden zum Anhalten gezwungen hätte. Zufall, Glück, Schicksal oder Gott? Was auch immer diesen Käfer motivierte uns glücklich zu machen – wir werden ihm für immer dankbar sein.

Der Grand Canyon ist atemberaubend. Auch mit tausenden am Rande stehenden Touristen, ist das Gefühl unbeschreiblich. Nach zwei Indian Pale Ale beim Sonnenuntergang komme ich ins Grübeln, *ob dieses Leben wirklich einen Sinn hat? Der Canyon ist so riesig und ich so klein. Auf der Weltkarte ist er wiederum winzig klein. Und in unserem Sonnensystem ist die Erde winzig klein. Und in der Milchstraße ist unser Sonnensystem winzig klein. Und die Milchstraße ist nur eine von vielen Galaxien.* Verwirrtheit breitet sich in meinem Kopf aus und am Abgrund stehend gerate ich ins Schwanken. Robert reißt mich zurück in die Realität indem er tiefgründige und bewegende, fast poetische Worte findet: „Dennis, hier is‘ noch n‘ Bier für dich.“ Ich setze mich und atme durch.

Wir begeben uns mit unseren rollenden Pferden in Indianergebiet, genauer gesagt ins Navajo-Reservat in Arizona. Nur ca. 1,5 % der Gesamtbevölkerung der USA sind **Natives**. Wie erwartet, sind diese echten Amerikaner sehr nette Leute, gleich zwei Mal lädt man uns zum **Camping** ein. Diskussionen über Zugezogene aus vergangenen Jahrhunderten bleiben aus. Stattdessen können wir eines der bekanntesten Motive der USA besichtigen, das **Monument Valley**.

Kurz vor Phoenix will man uns erneut Geld geben, da die Leute denken, wir seien Obdachlose. Mal wieder konnten wir drei Tage nicht duschen und hatten im Drive-in von Taco Bell (Fastfood Restaurant) geschlafen. Dennoch fahren wir erhobenen Hauptes in Phoenix ein, dem Abschluss des gemeinsamen Kapitels. Als Belohnung besuchen wir ein NBA Spiel der Phoenix Suns gegen die Dallas Mavericks mit **Dirk Nowitzki**. Dann muss Robert zurück in die Heimat und ich bin wieder der einsame Reiter, der sich durch die Wüste Arizonas kämpft.

Radreise zu zweit oder alleine?

Natürlich gibt es keine pauschale Antwort, ob eine Radreise zu zweit oder alleine besser ist. Man sollte sich fragen: Welcher Typ von Mensch ist man selbst? Mit wem ist man unterwegs? In welchem Land ist man unterwegs? Warum macht man diese Reise? Usw.

Zu zweit hat man immer jemanden zum Reden. Zu zweit hat man mehr Unsinn im Kopf. Zu zweit kann man viel lachen. Zu zweit kann man Freude teilen. Zu zweit kann man sich Campingkocher, Kamera usw.

teilen und hat weniger zu transportieren. Zu zweit fühlt man sich sicherer, wenn es brenzlig wird. Zu zweit kann einer im Windschatten fahren.

Alleine muss man auf niemanden Rücksicht nehmen und ist frei in seinen Entscheidungen. Alleine ist man mit seinen Gedanken frei, da niemand in der Nähe ist, der diese beeinflusst. Alleine muss man sich um alles selbst kümmern und lernt dadurch deutlich mehr. Alleine wird man häufiger angesprochen, da Leute weniger Scheu haben eine einzelne Person anzusprechen. Alleine ist es einfacher, zum Essen und Übernachten eingeladen zu werden.

Der springende Punkt, warum ich froh bin die Reise größtenteils alleine zu machen, ist, dass ich einerseits zu 100 % frei in meinen Entscheidungen bin und andererseits die Erlebnisse mit der einheimischen Bevölkerung viel intensiver sind als zu zweit. Erstens kommt man viel leichter ins Gespräch mit den Leuten, da viele auf einen zukommen, und zweitens können sie sich dann zu 100 % auf mich konzentrieren und ich zu 100 % auf sie – ohne, dass ein Mitreisender von ihnen oder von mir ablenkt. Dennoch denke ich, dass die USA das absolut richtige Land für Roberts

__Unterstützung__ war. In Australien wäre eine Reisebegleitung auch nicht verkehrt gewesen. Die größte Belastung zu zweit ist, dass man fast 24 Stunden pro Tag zusammen unterwegs ist. Das über mehrere Wochen oder Monate ohne Pause auszuhalten ist eine Herausforderung.

Nach einigen entspannten Kilometern alleine in der Sonne Arizonas, werden die Entfernungen auf Straßenschildern plötzlich in Kilometern statt in Meilen angegeben: Ich bin kurz vor der mexikanischen Grenze. „Du fährst nach Mexiko? Bist du sicher?!", gepaart mit einem skeptischen Gesichtsausdruck, war die Reaktion, die ich von vielen US-Amerikanern auf meine Pläne bekommen hatte.

Eine Lektion, die ich schon aus Osteuropa kenne, wird mir hier nochmals verdeutlicht: Infos über ein anderes Land, von Leuten, die dieses Land niemals besucht haben, sind nichts wert. Sie könnten stimmen oder auch nicht, also sind sie unbrauchbar. Wenn der Satz also mit „Ich habe gehört" oder „Die haben gesagt" anfängt, sollte man nicht so genau hinhören. Links rein, rechts raus, denn: Wer sind eigentlich „Die"?

Konkret gemeint ist natürlich die Angst, die viele US-Amerikaner vor Mexiko haben und auch zum Ausdruck bringen. Manche hatten mir sogar ernsthaft geraten Mexiko zu überfliegen, lustigerweise ohne zu wissen, welches Land eigentlich danach kommt. Warum mir so viele ihr Halb- bzw. Unwissen mitteilten, weiß ich auch nicht, schließlich ist es klar, dass kein Weg an Mexiko vorbeiführt.

Also fahre ich halt einfach rüber, über die Grenze nach Mexiko. Pünktlich zwei Tage vor den Präsidentschaftswahlen 2016 der Vereinigten Staaten von Amerika – eine ausdrucksstarke, politisch motivierte Protestaktion. Beeinflussen kann ich die Wahl damit zwar nicht, aber das ist mir jetzt auch egal, ich bin in Mexiko.

MEXIKO

Eine Nacht in der Frauenzelle

Gibt es einen Einreisestempel, muss es auch einen Ausreisestempel geben – so meine Erfahrungen in den bisherigen Ländern meiner Reise. Deswegen bin ich verwirrt, als man mich einfach über die Grenze fahren lässt, ohne einen Ton zu sagen. *Irgendwas stimmt hier nicht,* denke ich mir, aber ich stelle fest, dass keine Kontrolle mehr kommen wird, da ich mich schon auf mexikanischer Seite befinde. Die Schlange der Fußgänger, die von Mexiko in die USA wollen, ist unglaublich lang und ich will keine zwei Stunden warten, nur um eine Frage zu stellen. Also laufe ich einfach durch die Autospur zurück Richtung USA. Von Mexiko! *Wo sind die Helikopter von FOX News?* Ein Grenzbeamter nimmt direkt die Hand aus der Hosentasche und legt sie an sein Maschinengewehr. „Was machen Sie hier, ich könnte Sie verhaften", schreit er mit aggressiver Stimme. Es erinnert mich schwer an Grundschulzeiten, wo es im Falle eines Streits oftmals hieß: „Ich kann's auch meiner Mama sagen!" Auch wenn er mir meine Frage noch beantwortet und mich weder verhaftet noch erschießt, kann ich nach drei Monaten USA mit Gewissheit sagen, dass der schlechte Ruf der US-Polizei nicht von ungefähr kommt. Den Ausreisestempel braucht man also nicht, danke für die Auskunft.

Am ersten Abend will ich unter Beweis stellen, dass die Ängste über Mexiko unberechtigt sind. Also verlasse ich bei Sonnenuntergang die Hauptstraße und ende in einem Dorf. Vielleicht ist das – so in Grenznähe und mit meinem noch extrem schlechten bzw. nicht vorhandenen Spanisch, noch dazu in der ersten Nacht – doch nicht die beste Idee. Bei einem harmlos scheinenden Dorffest sorgen gleich sechs teils schwerbewaffnete Polizisten für Sicherheit. Nach der Frage, wo ich denn hier am besten zelten oder schlafen könne, beschließen sie, mich und das Bike zur Polizeistation mitzunehmen. Eine Sonderbehandlung der Polizei nur für mich, sowas hatte ich das letzte halbe Jahr nicht bekommen.

Auf der Wache wird rumgescherzt, mir werden Tacos und Mexican Hot Dogs gebracht und ein Schlafplatz in der Station angeboten. Da die Station nicht allzu groß ist, bleiben nur die Zellen als Übernachtungsmöglichkeit – noch sind sie leer. Man bietet mir die Frauenzelle an, sie sei sauberer und würde im Gegensatz zur Männerzelle heute wahrscheinlich nicht mehr gebraucht werden. Der Abend ist ein stabiler Beginn für meine Zeit in Lateinamerika.

Ab dem nächsten Tag geht es für mich etwa 1.000 km flach und mit Rückenwind durch die Sonora-Wüste Richtung Süden. Jeden Tag Temperaturen über 30°C im Schatten, keine Wolke am Himmel, das Meer zwar in der Nähe, aber dennoch nicht zu sehen, stattdessen Einöde und Kakteen soweit das Auge reicht. Die Preise sind zwar nicht super billig, aber deutlich günstiger als in den USA. Meinen Magen befülle ich mit Tacos, Quesadillas, Tortas, Nachos, Cervezas, Jalapeños, **Tortillas**, Guacamole, Tequila, usw.

Glücklicherweise funktioniert in Mexiko Couchsurfing noch, im Gegensatz zu den USA und Australien, wo leider Airbnb den Markt übernommen hat. Es funktioniert sogar besser als je zuvor und jeder Kontakt vermittelt mir nochmals viele weitere Kontakte. So kann ich entspannt von Stadt zu Stadt radeln und finde stets nette Leute und einen Platz zum Schlafen.

Wenn die Entfernung zwischen zwei Städten zu groß ist, ist auch **Wildcamping**, gut versteckt zwischen Kakteen, kein Problem für mich. Für Luftmatratze und **Fahrradreifen** schon.

In der Stadt Los Mochis bin ich gezwungen, etwas länger zu bleiben, weil ich auf ein Paket aus Deutschland warten muss. Es beinhaltet eine neue Kurbelgarnitur, da die alte stark abgenutzt ist. Das Paket, das per DHL kommen soll, wurde dummerweise in Mexiko City an die mexikanische Post übergeben, eine der langsamsten der Welt. Also nutze ich die Zeit, um an meinen Spanisch-Skills zu feilen.

Los Mochis liegt im Bundesstaat Sinaloa, der hauptsächlich durch das Sinaloa-Kartell bekannt ist, das mächtigste Drogenkartell Mexikos und eines der mächtigsten der Welt. Von reichen Drogenbossen sind meist auch sehr hübsche Frauen nicht weit entfernt, hatte man mir erzählt. Wenn ich mich hier so umschaue, scheint tatsächlich was dran zu sein. Auch im nationalen Schönheitswettbewerb kamen seit 1970 mit Abstand die meisten Schönheitsköniginnen aus Sinaloa. Zudem kostet, dank der Nähe zu den Drogenanbaugebieten, ein Gramm Gras je nach Kaufmenge umgerechnet 10 bis 30 Cent. Im Supermarkt finde ich zudem Paulaner, Schöfferhofer, Erdinger, Flensburger, Köstritzer, Hacker-Pschorr, Pfungstädter und mehr. Der, bei dem die heilige Dreifaltigkeit von hübschen Frauen, billigem Gras und deutschem Bier einen außergewöhnlich hohen Stellenwert im Leben hat, scheint in Sinaloa richtig aufgehoben.

Nachdem ich mein Spanisch schon etwas verbessern konnte und das Paket noch immer nicht in Reichweite ist, beschließe ich weiter zu fahren und mir das Paket von meinem Couchsurfing Host per DHL Express hinterherschicken zu lassen.

Beim Verlassen Culiacáns, der Hauptstadt Sinaloas und Zentrale des Sinaloa-Kartells, nehme ich am Stadtrand eine falsche Ausfahrt und fahre 300 m in die falsche Richtung. Als ich zurückradel sehe ich neben mir einen Typ auf einem Motorrad; eine moderne Maschine. Seine mittellangen Haare sind nach hinten gegelt, er trägt ein Poloshirt, eine Sonnenbrille und hat ein größeres Handy am Gürtel. Auf spanisch fragt er, wo ich herkomme und was ich hier mache. „Äh ... Alemania, bicicleta und so", antworte ich. Nach ein bis zwei weiteren Fragen verlangt er von mir, dass ich anhalten soll. Auch wenn mein Spanisch schon gut genug ist, um dies zu verstehen, tue ich so, als hätte ich nichts verstanden, beginne freundlich nickend zu grinsen und sage: „Okay!" Stehen bleiben tue ich aber nicht, sondern fahre überzeugt von meiner Aussage weiter. Er versucht mich leicht nach rechts abzudrängen und wiederholt, dass ich anhalten soll. „Spanish, no. No, spanish, sprechen no", sage ich und ziehe an. Er versucht mich noch aggressiver abzudrängen, sodass sich unsere Schultern berühren und ruft: „Alto! ... Stop!" Ich fahre noch schneller, beginne erneut zu Grinsen und mich als dumm zu verkaufen und sage freundlich: „Yes ... alto, yes." Jetzt haben wir die Autobahn erreicht, auf der ein paar Autos unterwegs sind. Angefressen bremst er ab, dreht um und fährt auf dem Standstreifen zurück, während ich die Mautstelle passiere.

Ich frage mich, was er von mir wollte, mit seinem teuren Motorrad. Später erzählt man mir, dass er ein Puntero war. Punteros sind sozusagen die Augen des Kartells, deren Aufgabe es ist, die Stadt und vor allem die Stadtgrenzen auf „ungebetene" Gäste wie Polizei, Militär oder Mitglieder feindlicher Kartelle zu überprüfen und zu sichern. Alleine in Culiacán gibt es angeblich um die 3.000 Punteros. Sie stehen ganz am Ende der Nahrungskette des Kartells und verdienen zwischen 15 und 25 € pro Tag. Da der Typ einen Radreisenden verfolgte und es nicht mal hinbekommen hat, ihn zu stoppen, prognostiziere ich ihm keine große Karriere im Sinaloa-Kartell.

In derselben Nacht komme ich bei einer Meeresschildkröten-Aufzuchtstation an einem Strand an. Zwei Mitarbeiter graben mit mir 53 frisch geschlüpfte **Meeresschildkrötenbabys** aus dem Sand, anschließend darf ich in

der Station schlafen. Platt von 131 km in der Hitze, mache ich das Licht aus und lasse mich aufs Bett fallen – immer wieder ein wunderbares Gefühl.

Halb im Schlaf, halb mit den Gedanken beim Puntero, höre ich plötzlich ein kratzendes unheimliches Geräusch. Aus dem einen werden zwei, drei, vier und immer mehr. Ich mache das Licht wieder an. Die Geräuschquelle orte ich in unmittelbarer Nähe: Die Mitarbeiter hatten die Schildkrötenbabys in ein Plastikbecken direkt neben dem Bett gelegt, welche jetzt die Augen öffnen und instinktiv aber vergebens versuchen, ins Meer zu rennen. Klingt gemein, aber da die meisten dabei von gierigen Vögeln vernascht werden würden, können sich alle 53 glücklich schätzen. Als erstes großes Lebewesen sehen sie mich und denken ebenfalls instinktiv, dass ich ihr Vater bin. Die Kleinen gehören zwar zur Gattung der Bastardschildkröten, aber ich will damit nichts zu tun haben. Bevor ich Unterhalt in Form von Quallen, Krebsen und Weichtieren zahlen muss, schiebe ich alles auf die Mitarbeiter der Zuchtstation und mache mich am frühen Morgen aus dem Staub.

Nachdem mir die Kurbelgarnitur hinterhergeschickt worden ist, kann ich sie exakt 40 Tage nach Bestelldatum an mein Fahrrad montieren und übers Hochland Mexikos fegen. Ganze zwei Tage später reißt der Mantel des Hinterreifens auf, doch in der nächsten Stadt finde ich Ersatz. Nach längerem Erfahrungsaustausch schenkt mir der Verkäufer, wie einst **Sankt Martin,** den Mantel. Sogar den ganzen. Danach fragt er mich, ob es nicht teuer sei, so lange zu reisen. Ich denke kurz nach, gucke den Reifen an und sage mit breitem Grinsen: „Nö."

Zusammen mit Sven, einem deutschen Radreisenden, den ich in der Fahrradwerkstatt kennengelernt habe, fahre ich zwei Tage lang über die Berge. An einem Anstieg hängen wir uns an einen Laster und lassen uns gemütlich hochziehen. Als der Anstieg in die Gerade übergeht, will keiner von uns loslassen und der Truck beschleunigt immer mehr. Am Ende der Aktion schauen wir auf meinen Tacho, er zeigt „61 km/h". Sven zuckt mit den Schultern und sagt unbeeindruckt: „Na ja, ist noch Luft nach oben."

Stichwort „Luft nach oben“: Die Nächte auf plusminus 2.500 m sind bitterkalt, teilweise nur 4°C. Immerhin die richtigen Temperaturen, um Weihnachten zu feiern, zusammen mit einer Familie, die ich über Couchsurfing kontaktiert hatte. Mit der außergewöhnlichen Feier in Myanmar kann die Heilige Nacht in Mexiko nicht mithalten, sie ähnelt eher den Festlichkeiten in Deutschland. Das heißt aber auch, dass es was Feines zu essen gibt und ich mir den Bauch vollstopfe, bis mir schlecht ist. Nach einer Abfahrt von 130 km und dem Erreichen des Golfes von Mexiko ist es aber ratzfatz wieder tropisch.

Es ist kurz vor Silvester und im Bundesstaat Tabasco suche ich, wie so oft planlos, kurz nach Sonnenuntergang eine Bleibe. Im Dorf namens „C-25“ sehe ich eine einfache, kleine **Kirche** und eine Person seitlich davon. Ich stelle mein Fahrrad im Kirchgarten ab mit der Erfahrung, dass Dörfer sicher sind und bei einer Kirche erst recht nichts passiert, und laufe um die Kirche herum. Die Frau auf der anderen Seite sagt mir, ich solle die Mechaniker von gegenüber fragen, es sollte kein Problem sein, bei ihnen zu zelten; da schaut auch schon der Erste um die Ecke und begrüßt mich. Auf dem 25 m langen Rückweg um die Kirche bemerke ich, dass mein Handy nicht in meiner Hosentasche ist – ich hatte es aus Versehen am Fahrrad gelassen. Sobald das Fahrrad wieder in Sichtweite ist, realisiere ich direkt, dass sich das Handy nicht an der Stelle befindet, an der ich es sonst immer positioniere.

Offensichtlich hat es sich einer der drei umherstehenden Leute gekrallt. Aber wer von denen? Ich frage die Leute wer das Handy hat. Natürlich weiß niemand von was ich rede, doch ihr nicht vorhandenes schauspielerisches Talent verrät sie sofort. Ich soll mich beruhigen, sie wollen mir behilflich sein und auf einmal fangen alle motiviert an, auf dem Boden zu suchen. Ich gebe ihnen zu verstehen, dass ich nicht blöd bin und frage, wie viele Pesos sie haben wollen oder was sie von mir wollen. Doch sie tun so, als verstehen sie nicht von was ich spreche und relativ schnell wird es Abend.

Ich bin noch immer am Diskutieren und weitere Leute kommen hinzu. Es ist eine knifflige Situation, denn es ist dunkel, ich bin allein und überlege, ob die Typen, die gerade kaltblütig mein Handy gezockt haben, auch krass genug sind, mich komplett auseinander zu nehmen. Doch mir ist klar, wenn ich jetzt abhaue, ist auch mein Handy für immer weg.

Nach und nach verziehen sich alle und verschwinden in ihren Häusern. Vom Angebot zum Übernachten ist nun keine Rede mehr, also gehe ich um die Ecke zum Dorfladen. Die Besitzerin und ihre Familie sind überrascht, dass in ihrem winzigen Dorf im Dunkeln ein Gast aus Deutschland auftaucht und eine Cola trinken will. Wir kommen ins Gespräch und ich erzähle von meiner Reise. Sie sind begeistert und laden mich zum Übernachten ein. Dann erwähne ich nebenbei, dass ihre Nachbarn übrigens gerade mein Handy geklaut haben. Durch umher rennende Kids weiß 20 Minuten später das ganze 100-Einwohner Dorf, wer da ist und was vorgefallen war.

Eine sehr selbstbewusste Frau geht rüber und verschwindet im Haus der Diebe. Die Typen kommen heraus, sprechen zwar kein Wort mit mir, aber geben erneut vor, das Handy zu suchen. Dieses Mal mit Taschenlampen und teilweise in der Hecke hinter der Mauer, wo ich mich niemals aufgehalten hatte. Nachdem sogar der Dorfvorsteher im Diebeshaus verschwindet und ohne Ergebnisse zurückkehrt, geben wir auf. Über die Handys meiner Gastgeber ändere ich mein Facebook-Passwort, sperre WhatsApp, Google usw., und verbringe die Nacht etwa 30 m entfernt von meinem Handy.

Nach intensiven Überlegungen, mit welcher Methode ich es zurückbekommen könnte, habe ich auch am nächsten Morgen keine sinnvolle Lösung parat. Als ich mich nach dem Frühstück mit dem schmerzhaften Abschied abgefunden habe, kommt plötzlich eine Frau aufgeregt ins Haus gestürmt. Sie hat mein Handy in der Hand! Es hatte in der Kirche auf dem Altar gelegen. Die Kinder applaudieren, ich schaue rüber zur Großmutter und sie guckt mich grinsend an. Sie erhebt beide Arme, schaut nach oben und ruft: „Gracias, Dios!" (Danke, Gott!)

Da möchte ich ihr nicht widersprechen, denn scheinbar wurde der Tunichtgut so sehr von seinem schlechten Gewissen und dem Druck des ganzen Dorfes geplagt, dass das Mobiltelefon heimlich und leise seinen Weg in die Kirche fand.

Nachdem ich mein Handy wieder in den Händen halte, bin ich für die Erfahrung dankbar, denn was ich so höre, wird es Richtung Süden nicht sicherer und diese letzte Warnung war notwendig, um mich von weiteren Leichtsinnigkeiten abzuhalten.

Nach einer **Silvesterparty** in der Hauptstadt Tabascos gucke ich mir im neuen Jahr die faszinierenden Maya-Pyramiden im Urwald von **Palenque** an. Ich höre die ersten „Gringo"-Rufe und einige Dörfer machen keinen sicheren Eindruck auf mich – also steige ich für eine Nacht besser in einem schäbigen und halb verlassenen „Hotel" ab. Der Besitzer will mir am nächsten Morgen erzählen, dass ich einen Tag extra bezahlen müsse, da es schon 11 Uhr ist als ich losfahren will. Dabei hat er eine Machete in der Hand. Ob es Zufall ist, weiß ich nicht. Ich stelle mich dumm, sage, dass ich ihn nicht verstehe und fahre schnell weg. Die kniffligen Situationen mehren sich und es wird für mich immer wichtiger, richtige Entscheidungen zu treffen, wenn das Bauchgefühl nicht stimmt.

MITTELAMERIKA

Zwischen Paradies und Lebensgefahr

Guatemala

Nach exakt zwei Monaten in Mexiko überquere ich in einem kleinen **Boot** die Grenze nach Guatemala. Es ist ein besonderer Moment, denn ab jetzt kommen Richtung Süden endlich mal wieder ein paar kleinere Länder. In den letzten neun Monaten und 13.375 km konnte ich gerade einmal drei Länder bereisen, da diese so unfassbar groß waren.

Der Norden Guatemalas stellt sich als sehr sicher heraus, die Menschen sind extrem freundlich, grüßen stets und es ist nie ein Problem, einen sicheren Schlafplatz zu finden. Wie man es von Guatemala erwartet, trinkt man hier viel Kaffee; zum Frühstück, zum Abendessen und auch zwischendurch, Erwachsene und auch Kinder. Die Mutter einer Familie, bei der ich übernachten kann, gibt ihrem 1 ½ jährigen Kind ebenfalls ausreichend des koffeinhaltigen Getränks – die Brust der Mutter wird praktisch gegen den Kaffeebecher eingetauscht. In der Übergangsphase gibt es wahrscheinlich Kaffee mit Milch, danach schwarz mit viel Zucker.

Das optische Highlight stellt für mich die Maya-Stadt **Tikal** dar – einer meiner Kindheitsträume.

Ich fahre weiter nach Belize, ein Land in dem ich nicht wissen würde, wo ich bin, wenn ich es nicht gerade an der Grenze gelesen hätte. Die Amtssprache ist Englisch und damit gehört es nicht zu Lateinamerika, sondern zu Angloamerika, obwohl es sich in Mittelamerika befindet. Es gibt viele Weiße, die den Tourismussektor beherrschen, viele Maya, die schon immer hier waren, viele Schwarze, deren Vorfahren als Sklaven aus Afrika hergebracht wurden und einige Chinesen, die den kompletten Supermarkt-Sektor beherrschen. Diese Supermärkte sind unfassbar teuer, tatsächlich ist Belize das bisher teuerste Reiseland in dieser Hinsicht. Auf der Straße liegen jedoch allerhand kostenlose Orangen, welche die so lecker riechenden Orangenlaster aufgrund der vielen Schlaglöcher häufig verlieren.

Im Dorf Hopkins sehe ich zum ersten Mal das **Karibische Meer**. Sonne, Sandstrand und Kokospalmen – ein traumhafter Ort, um die Symptome einer Lamblien-Infektion auszuleben, die ich mir wohl in Guatemala eingefangen haben muss. Nie ging es mir schlechter in den letzten 1 ½ Jahren, die Magenflüssigkeit flüchtet in alle Richtungen. Ich gehe der bewährten Taktik nach: Medizin besorgen, Schmerzen hinnehmen und weitermachen, wenn man sich besser fühlt. Mehr bleibt mir nicht übrig.

Nach zwei Tagen Höllenqualen im **Paradies** fahre ich weiter Richtung Süden. Dort gibt es eine Fähre zurück nach Guatemala, die inklusive Fahrrad und Ausreisegebühr um die 60 U$ kostet. Auf Google Earth hatte ich bei maximalem Zoom noch eine andere Straße entdeckt, die nach Guatemala führt, die aber nicht als offizieller Grenzübergang fungiert und über die ich ebenfalls keine Informationen im Internet finden konnte. Auch in den naheliegenden Dörfern kann mir niemand Auskunft geben. Diese Option riecht

nach illegalem Grenzübertritt, lässt aber Platz für interessante Geschichten, also mache ich mich auf den Weg in die Berge zum besagten Übergang.

Vor dem allerletzten Dorf treffe ich auf einen Soldaten, der sich um den „Agricultural Check" kümmert. Er fragt, was ich hier mache, erzählt mir, dass er keinen Ausreisestempel für mich hätte und es auch keine Immigration gäbe. Ich solle am besten mal mit dem Dorfpolizisten reden, der sei vielleicht vorne an der Abzweigung. An der Abzweigung sagt man mir, er sei im Dorf. Im Dorf sagt man mir, er sei in seiner Polizeistation, genauer gesagt einer winzigen Polizeihütte. Die ist jedoch zu, also sagt man mir, er sei an der Abzweigung. Dann sagt man mir, vielleicht ist er morgen wieder da. Vielleicht aber auch erst nächste Woche wieder. Gut, dass man sich hier einig ist.

Auf dem Weg zurück zur Abzweigung sehe ich ihn zufällig bei ein paar Mechanikern im **Garten** stehen. Er sieht etwas high aus, seine Augen sind rot und er redet langsam. Mir ist klar, dass es hier nichts

zu holen gibt und ich überlege, ob ich diesen verdammten Berg wieder runterfahre und doch die Fähre nehme oder ob ich einfach so rüberfahre. Der Polizist fragt mich, was ich hier will und ich erzähle ihm relativ hoffnungslos, dass ich rüber nach Guatemala will und einen Ausreisestempel brauche. Er scheint verwirrt, nickt aber, also hat er wohl wahrgenommen, was ich ihm erzählt habe. Er schwingt seinen Rucksack nach vorne, öffnet ihn langsam und holt, hier im Garten der Mechaniker, ein Stempelkissen hervor. Ich kann meinen Augen kaum glauben und dem Stempelkissen folgen ein Stempel und eine Liste. Er trägt meine Daten in die Liste ein, klatscht den Stempel in meinen Ausweis, unterschreibt und sagt: „Finish." Dass die Ausreisegebühr für Ausländer eigentlich 20 U$ beträgt, behalte ich für mich.

Die neue, breite Straße führt über einen Fluss und hört dann einfach im Feld auf. Ich sehe ein paar Leute aus einem Trampelpfad herauslaufen, komme ihnen entgegen und frage, ob da hinten Guatemala ist, was sie bejahen. Ich drehe mich um und ein bewaffneter, volltätowierter Soldat, der eher wie ein Guerillakämpfer aussieht, kommt auf uns zu und fragt, was ich hier mache. „Ich gehe nach Guatemala!", behaupte ich überzeugt. Er meint, dass es Ärger geben könnte, da ich ja keinen Ausreisestempel habe, was vermuten lässt, dass er mich auch ohne rüber gelassen hätte. Ich zeige ihm den prachtvollen Stempelabdruck und er verabschiedet mich. Die Gruppe aus Guatemala, die wohl illegal nach Belize will, lässt er nicht rein.

Guatemala

Durch die Hintergärten einiger Anwohner führt der Weg zur „Hauptstraße" auf guatemaltekischer Seite. Hauptstraße heißt, dass sie zumindest in der Navigations-App angezeigt wird. In einem der Hintergärten muss ich sogar einen Quetzal, also 0,12 € **Wegzoll** entrichten und plötzlich sprechen alle wieder Spanisch statt Englisch. Eine Einwanderungsbehörde gibt es jedoch nicht und auch leider keinen zugedröhnten Dorf-

polizisten mit Stempel. Sondern gar keinen Polizisten, d.h. ich bin vorerst illegal unterwegs.

Außerhalb des Dorfes sehe ich zwei Security-Typen mit Pumpguns vor einem unscheinbaren Landhaus stehen, kurz darauf ein Haus der Zeugen Jehovas und kurze Zeit später düst ein nagelneuer Pick-up mit mindestens 90 km/h auf der unfassbar kleinen und schlechten Schotterpiste an mir vorbei. Zusammenreimen kann ich mir darauf nichts, aber dass die Zeugen Jehovas so nah an einer solchen Grenze „stationiert" sind, finde ich zumindest interessant.

Die einzigen Polizisten, die ich am nächsten Tag finden kann, stellen aufgrund meiner Beschreibungen fest, dass ich illegal hier bin. Ich grinse und sage: „Jo!" Den Einreisestempel haben sie natürlich auch nicht, aber Smartphones, mit denen sie ein paar Selfies mit mir schießen. Ihr Hinweis ist, dass ich für den Stempel wohl nach Guatemala City müsse, ein Umweg von 150 km.

In Morales, der ersten Stadt, in der ich auch vorbeigekommen wäre, wenn ich die Fähre von Belize genommen hätte, treffe ich einen lustigen und liebenswürdigen Pfarrer namens **Felizito**. Einige Frauen der kleinen Kirchengemeinde freuen sich so sehr über meinen Besuch, dass sie mir nach dem Gottesdienst Geld zustecken, obwohl sie selbst in einfachsten Verhältnissen leben. Ich lasse die Kohle unauffällig in die Kollekte wandern. Mein Fahrrad bleibt dort und ich nehme einen Bus nach Puerto Barrios, der Ort, an dem die Fähre von Belize angekommen wäre, wo es also eine „Migración" geben muss.

Nachdem ich sie gefunden habe, erzählen mir die zwei Beamten, dass diese Stelle ausschließlich für den Seeweg zuständig ist. Ich behaupte, dass es keinen Unterschied macht. Nach zweiminütiger Diskussion drücken sie mir etwas widerwillig den Einreisestempel in den Pass und erzählen mir, dass dieser Übergang, den ich genommen hatte, gefährlich sei, niemals offiziell geöffnet wird und hauptsächlich von „Narcos", also Drogenschmugglern benutzt wird. „Und von den Zeugen Jehovas", füge ich hinzu. Im Reisepass hat nun alles wieder seine Richtigkeit.

Im vergleichbar trockenen Süden Guatemalas lerne ich in den Bergen **Jhony** kennen, eine der wenigen Personen, die neben Spanisch auch Englisch spricht. Er erzählt mir, wie er als junger Vater mit 21 Jahren 8.000 U$ an Menschenschleuser zahlte, um in die USA zu gelangen. Als er Mexiko komplett durchquert und die Grenze zu den USA überschritten hatte, musste er vier Tage ohne Wasser durch die Wüste von Texas laufen, während neben ihm andere einfach verdursteten und starben. Aus Angst vor Entdeckung konnte er sich nicht frei bewegen und arbeitete für acht Jahre illegal in den USA, bevor er mit einem Batzen Geld zu seiner Familie zurückkehrte.

Er ist kein Einzelfall. Die meisten Englisch sprechenden Männer, die ich in Zentralamerika treffen werde, haben für einige Zeit illegal in den USA gearbeitet, um verhältnismäßig wohlhabend in ihr Heimatland zurückzukehren. Jhony gibt mir noch ein paar letzte Infos zu El Salvador und ich mache mich auf den Weg.

El Salvador

El Salvador ist bekannt als eines der gefährlichsten Länder der Welt. Auf der Seite des Auswärtigen Amts gibt es wenig brauchbare Informationen. Hauptsächlich werden Mordraten aufgeführt, aber nicht darüber berichtet, inwiefern dies Touristen tangiert. Beim Lesen des Textes scheint es so, als gebe es keine Chance, aus diesem Land lebendig rauszukommen. Schon gar nicht, wenn man schutzlos mit dem Fahrrad unterwegs ist.

Als ich die Grenze passiere, schießt mein Puls nach oben und ich setze zum Sprint an – mit dem Wissen im Hinterkopf, dass ich jeden Moment ermordet werden könnte. Da es jedoch direkt einen extrem steilen Berg hochgeht, ist der Sprint nach zwei Minuten vorbei und ich realisiere erschöpft, dass es vorerst nicht viel anders ist als Guatemala. Eigentlich sind die Leute freundlich und grüßen auch ab und zu.

Am ersten Abend lädt mich sogar ein Englisch sprechender Lehrer ein, bei ihm zu übernachten. Ich frage ihn, ob es für mich sicher ist und ob es auch für ihn und seine Familie sicher ist. Er denkt kurz nach, vielleicht hat er auch gerade jemanden gesehen, und überlegt es sich spontan anders. Er erzählt mir, dass hier in der Stadt El Congo die MS18 regiert und wir in Probleme geraten könnten. Also zeigt er mir daraufhin eine günstige „Hospedaje“ (Unterkunft), wo ich für die Nacht bleiben kann.

Tatsächlich ist mit der MS18 und vor allem der MS13, die auch „Mara Salvatrucha“ genannt wird, nicht zu spaßen. Sie ist die vielleicht gefährlichste Gang der Welt und die Hemmschwelle zum Morden ist bei ihnen extrem gering, auch wenn es nur um wenige Dollars geht. Normalerweise will ich meinen Informationen nie blind Glauben schenken, sondern meine eigenen Erfahrungen machen, aber in diesem Fall wäre „Erfahrung machen“ wahrscheinlich fatal. Da die Gangs hauptsächlich in den Städten tätig sein sollen, umfahre ich diese nach Möglichkeit, nutze lediglich die Hauptstraßen und halte mich nicht lange innerhalb der Stadt auf.

Pumpguns und Kalaschnikows sieht man in El Salvador überall. Jeder Supermarkt, jedes größere Restaurant, jeder Getränkelaster muss gesichert werden. Auch das Subway-Restaurant an der Pazifikküste von La Liberdad, an der viele Einheimische am Strand entspannen, wird gesichert, da sich hier nur die High Society etwas leisten kann. Zu der will ich heute auch mal gehören und gönne mir ein Sandwich. Beim letzten Bissen kann ich aus der Glasfront beobachten, wie auf der Straße einige kleine Mädchen versuchen, ein paar Süßigkeiten zu verkaufen, damit die Familie Geld

für etwas zu essen hat. Widerwillig schlucke ich runter.

Das Schöne an meiner bisherigen Reise war, das Gefühl von Freiheit zu genießen. In einem Land, in dem man jedoch so extrem aufpassen muss, wo man hingehen kann und wo nicht, hat das nicht viel mit Freiheit zu tun. Also wechsle ich in den Turbo-Modus, suche abends günstige Unterkünfte und versuche schnell nach Honduras zu kommen.

Im Süden erschallen die ersten Gringo-Rufe, einer grüßt mich sogar mit einem „What up my n*gga!?", bevor ich die Grenze zu Honduras erreiche.

Honduras

Über Honduras hatte ich gehört, dass es etwas ruhiger als El Salvador oder Nicaragua sein soll und fahre einigermaßen entspannt in das unbekannte Land hinein. Allerdings hatte ich einfach nur die Informationen verwechselt, denn Honduras wird vor allem auch für Touristen als außergewöhnlich gefährlich eingestuft.

Schon kurz nach der **Grenze** finden einige „Gringo"-Rufe den Weg in meinen Gehörgang. Teilweise sind es Kinder, teilweise Jugendliche. „Gringo" kann ein neutraler, aber auch ein abwertender Begriff für Menschen mit europäischer Abstammung sein. Als ich die Gesichter der Rufenden sehe, ist mir klar, dass es weder positiv noch neutral zu interpretieren ist.

In der ersten Stadt auf der Suche nach etwas Essbarem, nörgelt ein Opi auf dem Fahrrad, dass ich aus dem Weg gehen solle, obwohl er auf meiner Seite fährt. Ein weiterer Opi schreit, nachdem er mich gesehen hat, etwa zwei Minuten irgendwas von Gringo, mitten im Zentrum der kleinen, aber belebten Stadt. Als ich ein Straßenrestaurant gefunden habe, guckt mich keiner der Leute dort an, noch redet jemand mit mir – pure Ignoranz. Immerhin gibt mir die Verkäuferin etwas zu essen, ohne unfreundlich zu sein.

Anschließend hole ich mir bei einem anderen Geschäft eine Pepsi. Ich beobachte, wie sich drei Jungs zwischen zehn und zwölf Jahren kurz beraten, zielstrebig auf mich zukommen und sich relativ nah um mich herum stellen. Nach etwas Smalltalk fragt mich einer, wie viel Uhr es ist. Ich gucke ihm direkt ins Gesicht und sage laut und deutlich „Once" – 11 Uhr. Auffällig fragt er mich, warum ich das weiß. Mir ist klar, dass diese kleinen Bengel es auf mein Handy abgesehen haben. Auch wenn es etwas unglaubwürdig klingt, fand ich viele Berichte über gewalttätige Jugendbanden in Honduras mit Kindern ab acht, neun, zehn Jahren. Also stelle ich meine Pepsi-Flasche auf den Tisch und erzähle ihnen, dass dies eine Sonnenuhr sei und man die Zeit nun ablesen könne, da der Schatten in Richtung 11 Uhr falle. Sie merken, dass ich sie durchschaut habe und ziehen wieder ab, wobei einer der Jungs gerade einen Anruf bekommt, was bestätigt, dass die Frage nach der Uhrzeit nur ein Vorwand war.

Auch im weiteren Verlauf des Tages begegnen mir kaum freundliche Menschen und als ich am Abend bei einem Militärstützpunkt ankomme zeigen mir die Soldaten keine Hilfsbereitschaft und schicken mich fort. Dass Honduras eines der ärmsten Länder der Welt ist, ist für mich keine Rechtfertigung für Hass, Fremdenfeindlichkeit und Rassismus – schließlich zeigten Bewohner anderer finanzschwacher Staaten wie Nepal oder Myanmar, dass man sich, trotz eines Unterschiedes in der Finanzsituation zweier Menschen, mit Respekt und Nächstenliebe begegnen kann. Glücklicherweise frage ich am Abend bei den **richtigen Personen**, die mir erlauben bei ihnen im Haus zu schlafen, da es auf dem Weg zur Grenze sonst keine Hotels mehr gibt. Auch sie finden, dass Zelten hier undenkbar, vielleicht sogar lebensgefährlich ist.

Jeder macht seine Erfahrungen, vielleicht schwärmen auch einige von Honduras, aber in meiner Liste als Radreisender belegt der Süden des Landes leider den letzten Platz. Um dies

zu festigen, werde ich an der Grenze wortwörtlich von Räubern umzingelt, die sich unmittelbar bei der Immigrationsbehörde umhertreiben. Am Gebäude sagt mir eine zwielichtige Gestalt, ich könne das Bike draußen stehen lassen, hier passiere nichts. „*Wirklich?*“ „Ja klar, kein Problem.“ Ich muss lachen, verstaue all meine Sachen in meinen Taschen, selbst das 2 € Rücklicht aus Indonesien, das ich sonst nie abmache, und stelle mich in die Schlange. Dauerhaft mustern mich diverse Typen, aber ich habe alles so gut gesichert, dass es einfach nichts zu holen gibt. Direkt vorm Eingang weisen erneut irgendwelche Halunken sehr auffällig darauf hin, dass ich mein Bike draußen stehen lassen könne. Ich nehme es mit ins Gebäude bis zum Schalter und bekomme meinen Ausreisestempel.

Nicaragua

Die Reisepasszeremonie auf der Seite Nicaraguas ist zum Glück entspannt und sicher. Wieder muss ich Geld wechseln, dieses Mal in Córdoba, und weiter geht der Spießrutenlauf.

Die Fahrbahn ist jetzt nagelneu, doch wieder schallen mir Gringo-Rufe entgegen. Ich treffe Jarkko, einen radreisenden Finnen, der mir erzählt, dass er zweimal von Kindern mit Steinen abgeworfen wurde. Zudem wollte ein Typ mit Machete seinen Rucksack klauen, wobei er nach dem Abgeben von ein paar Córdobas davonkam. Mir ist klar, dass ich auch hier besser Gas gebe und die Hauptstraße nicht verlasse.

Vorbei an einem Typen, der mit der Faust in die Hand schlägt und mir damit signalisiert, dass er mir aufs Maul hauen will; vorbei an einem Arbeiter, der mir befehlen will anzuhalten und auf seine Machete zeigt; vorbei an mehr Gringo-Rufen und zwei Kids auf Fahrrädern, die mich verfolgen wollen, wobei der Hintere in den Straßengraben fällt. Am

nächsten Tag haben Mototaxi-Fahrer eine Kreuzung blockiert, einen Reifen angezündet und wollen niemanden durchlassen. Ich drängel mich durch und als mich der wütende Mob entdeckt, beginnen sie „Gringo" zu schreien, doch ich entkomme, bevor mich einer schnappt.

Die einzige Möglichkeit zu übernachten sind kleine, schäbige Motels. Zum Glück kann ich mir diese schon ab dem zweiten Tag mit Micha, 41, aus Nordrhein-Westfalen teilen, mit dem ich vier Tage unterwegs bin und den ich „Micha the Eagle" taufe, da er wie Eddy the Eagle gerne und häufig Milch trinkt. Wenn auch dauerhaft auf der Hut, können wir noch zwei bis drei auf dem Weg liegende Highlights mitnehmen, wie den sehr aktiven **Volcano Masaya** oder die **Laguna de Apoyo**, an der Jarkko, der Finne, beinahe ausgeraubt worden wäre. Schließlich auch den riesigen **Nicaraguasee** mit seinen zwei im Wasser liegenden Vulkanen. Auch die Leute werden Richtung Süden wieder deutlich freundlicher und wir haben einige sehr nette Begegnungen mit Einheimischen. Dennoch sind wir erleichtert, als wir die Grenze zu Costa Rica überqueren.

pepsi

Costa Rica

In Costa Rica sind die Preise im Supermarkt schockierend teuer, deutlich teurer als in Deutschland. Streetfood gibt es nicht, da es aus Hygienegründen gesetzlich verboten ist. Es ist alles sehr ordentlich, saubere Straßen, kaum Leute, die auf der Straße rumlungern, weil sie nichts zu tun haben, viele neue Autos, Bäckereien usw. Und vor allem keine Fremdenfeindlichkeit. Zudem noch eine **"leckere Küste"**, eine costa rica. Micha und ich trauen uns wieder, Leute zu fragen, ob wir bei ihnen im Garten zelten können.

Gleich am ersten Abend fragen wir weit außerhalb einer Stadt bei einem „Ranchero", der uns auf seiner Ranch einen Platz zeigt, wo wir campieren können. Tiere gibt es auf dieser Ranch nicht, nur drei angeleinte Hunde, taktisch geschickt verteilt im Garten, die wütend bellen. Es gibt auch keine Familie, nur zwei weitere Männer, die hier leben. Das ist mir etwas suspekt, aber wir sind zu zweit, also ist es mir egal.

Es ist dunkel, ruhig und warm, wir essen im Lichtkegel der Straßenlaterne zu Abend. Als wir gerade fertig sind und zu unseren Zelten gehen, hält ein Kleinbus mit sechs männlichen und vier weiblichen Personen. Rasch betreten sie das Grundstück. Die Gruppe sammelt sich, ein Mann mit Taschenlampe scheint ihnen etwas zu erklären. Als ein Auto vorbeifährt, ducken sich plötzlich alle. Hier riecht es nach illegaler Einwanderung, wahrscheinlich von Nicaraguanern, wie es in Costa Rica oft der Fall ist. Ich verstecke mich hinterm Zelt, damit der Schleuser nicht sieht, dass wir die Gruppe gesehen haben, um zu vermeiden, dass er uns aus Sicherheitsgründen verschwinden lassen muss. Micha the Eagle jedoch hat sich gerade daran erinnert, dass er im Supermarkt in einen halben Liter Erdbeermilch investiert hatte und geht ohne nachzudenken an mir vorbei. Er setzt sich mitten in den Lichtkegel der Straßenlaterne, um seine Euter-Limonade mit Sammelnussfrucht-Aroma in etwa 15 m Entfernung und im direkten Sichtfeld der Nicaraguaner zu genießen. Ganz entspannt guckt er sich an, wie einer nach dem anderen dem Schleuser Geld in die Hand drückt, bevor sie irgendwo zwischen den drei Häuschen auf der Ranch verschwinden.

Zum ersten Mal in der Reise schicke ich die GPS-Daten per SMS an meinen Bruder, in der Hoffnung, dass ich den nächsten Tag noch erleben darf. Micha ist tiefenentspannt, die Milch war nach einem langen Tag eine Stärkung für Körper und Geist. Auch ich bin letztendlich so müde, dass ich – obwohl ich davon ausgehe, dass man uns die Kehlen aufschlitzen wird – gut einschlafen kann.

Am nächsten Morgen wache ich auf und überprüfe meine Kehle. Wir haben die Nacht überlebt. Ich habe schon bei der Polizei gezeltet, Feuerwehr, Roter Halbmond, Kirchen, Moscheen, Restaurants, u.v.a., nun kann ich auch die Menschenschmuggler ins Portfolio aufnehmen.

Zwei Tage später trennen sich die Wege von Micha und mir. Er muss schnell nach Panama City, wo sein Flug nach Deutschland abhebt und ich mache mich hoch in die Hauptstadt San Jose, um einen Freund zu besuchen. 100 km, mehr als 1.700 **Höhenmeter** und ein berserkerhafter Gegenwind, dazu im Dunkeln noch die extrem gefährliche Stadtautobahn, auf der in den Tagen zuvor sechs Radfahrer gestorben sind, wie ich im Radio höre. Ein riesiges Frühstück, 1,5 Liter Cola und 16 Tortillas zum Mittag, drei Portionen Hähnchen mit Pommes und mehr Cola nachmittags, etliche Bananen und Snacks zwischendurch und ein doppeltes Abendessen sind die Kalorien, die mein Körper an einem solchen Tag nach 16 Fahrtagen **ohne Pause** benötigt.

„Panama riecht von oben bis unten nach Bananen“, so sagte es der Bär zum Tiger in „Oh, wie schön ist Panama“. Tatsächlich riecht es beim Grenzübergang am Karibischen Meer wie auch schon in Costa Rica nach Bananen. Ich fahre direkt an riesigen Bananenplantagen und den dazugehörenden „Bananenghettos“ vorbei – kleinen, von der Chiquita Brands International Inc. erbauten Dörfchen, in denen die Arbeiter mit ihren Familien wohnen. Die Häuser sind klein und hässlich, einige Kinder lungern vor ihnen herum, während die Mutter die Wäsche aufhängt. Es macht keinen guten Eindruck auf mich, deshalb eben „Bananenghetto“. Leider kann ich mich nicht an den Pflanzen bedienen, da die Früchte unreif geerntet werden, damit sie während des Transports über die Weltmeere nicht verfaulen.

In den weiteren Dörfern und Städten sind die **Menschen** sehr freundlich. Ich fühle mich hier sehr sicher und werde sogar zum Übernachten eingeladen. Es gibt nur eine Straße um nach Panama City zu kommen und das ist die Panamericana, auf der ich schon in großen Teilen in den USA, Mexiko, El Salvador, Honduras, Nicaragua und Costa Rica unterwegs war. Um diese zu erreichen muss ich weg von der feucht schwülen Karibik-Seite und einmal quer über den Berg. 1.300 m sind nichts Neues für mich, aber es ist nach wie vor anstrengend.

Nachmittags habe ich bereits fleißig **Höhenmeter** auf den Tacho gebracht bevor ich am Fuße des Berges ankomme. Bis auf 600 m kämpfe ich mich hoch und habe noch immer Motivation, will aber so langsam nach einem Dorf Ausschau halten, bei dem ich zelten kann. Dummerweise wird es langsam zur Gewissheit, dass ich das letzte Dorf schon verpasst habe. Es wird immer nebliger, dunkler und kälter. Kein Wunder, dass hier niemand wohnt – ich bin voll in den Nebelwald reingefahren.

Bei einer Sichtweite von 50 m fahre ich an einem Laster vorbei, der im Abhang hängt, weil er von der Straße gerutscht ist. Die Polizisten, die den Unfall aufnehmen, sagen kein Wort zu mir, gucken nur verwundert. Die Dichte des Nebels nimmt weiter zu, ich kann nicht weiter als 15 m sehen. Dazu ist es mittlerweile stockdunkel. Ich krieche den Berg hoch und die wenigen Autos, die noch an mir vorbeifahren, fahren nur unwesentlich schneller als ich. Durch ihre Scheinwerfer und den unfassbar dichten Nebel kann ich beim Vorbeifahren meine Silhouette fünf Meter vor mir im Nebel schweben sehen. Gruselig. Wenn keine Autos in der Nähe sind, kann ich mich kaum noch orientieren, kann kaum erkennen wo die Straße ist und nicht sehen, ob es bergauf oder bergab geht.

Auf ca. 1.000 m fährt ein Auto aus entgegengesetzter Richtung an mir vorbei und hält an. Eine Männerstimme ruft: „Hey Mister!" Sehen kann ich natürlich nichts und frage mich was der Typ hier oben von mir will. Ich drehe, fahre ein Stück zurück und sehe die Silhouette eines stattlich gebauten Mannes im Schein eines Blaulichts auf mich zukommen. Schon wieder gruselig. Es ist ein Feuerwehrmann. Er erklärt mir, wie super gefährlich es hier oben sei und bietet mir an, mich mitzunehmen, damit ich unten bei der Feuerwehr übernachten könne. Aber keinen Meter dieses verdammten Berges werde ich zweimal hochfahren, das ist mir klar. Seine gut gemeinten Überzeugungsversuche helfen nichts, also gibt er mir den Tipp, dass sich oben ein Stausee befindet, an dem sich ein Wachmann aufhält, und lässt mich weiterfahren.

Jetzt hat der Nebel das Maximum erreicht und es beginnt zu regnen. Ich kann wieder etwas sehen, dafür werde ich nass bis auf die Knochen. Nach weiteren 45 Minuten sehe ich erleichtert den beleuchteten Stausee. Der Wachmann ist auch da und zeigt mir einen Platz, an dem ich übernachten kann. Ich mache meinen Wassersack am Waschbecken des WCs voll und nehme seitlich einer Hütte eine bitterkalte Dusche im Wind. Dann fällt mir ein, dass ich unterwegs Instant-Nudeln gekauft hatte. Und tatsächlich hat der Wachmann eine Mikrowelle in seiner Hütte.

Draußen ist es kalt, nass und windig, aber ich bin nach über 2500 Höhenmetern endlich am Ziel, bin frisch geduscht, habe trockene und warme Kleidung an und sitze in der Hütte des Wachmanns mit Blick über den See. Hier esse ich die mit Abstand besten drei Packungen Instant-Nudeln meines Lebens.

Safety First

Aufgrund einer Vielzahl von Diebstahlsdelikten, muss man in Panama ein Nummernschild am Fahrrad haben. Ansonsten darf die Polizei das Fahrrad einbehalten bis bewiesen ist, dass es kein geklautes Fahrrad ist. Bei Radreisenden aus aller Welt wird diese Regel allerdings nicht angewandt.

In rasanter Abfahrt fahre ich am nächsten Morgen den Berg runter, zurück zur Panamerikana, zurück zu 37°C und prallem Sonnenschein. Ein letztes Mal Gas geben, dann erreiche ich den Panamakanal und Panama City. Die Hauptstadt überrascht mich mit einer beeindruckenden **Skyline**, bestehend aus den Wolkenkratzern der unzähligen Banken, die die gewaltigen Steuervorteile des Landes nutzen und durch Offshore-Banking eine Menge Geld erwirtschaften – **Oh, wie schön ist Panama.**

Zwischen Panama und Kolumbien liegt die „Darién Gap", ein Stück von gut 100 km in dem es keine Straße, sondern nur dichten Dschungel gibt. Allerdings gibt es viele Pfade, welche die dortigen Siedlungen verbinden, also wäre es mit dem Fahrrad machbar und bestimmt super abenteuerlich. Dummerweise ist die Route wegen Guerilla-Aktivitäten und Drogenschmugglern seit Jahrzehnten auch lebensgefährlich – angeblich. Eine Fähre gab es mal, aber der Betrieb ist aktuell eingestellt. Insofern bleibt leider wieder nur die nervige Variante Flug. Es gibt zwar auch Segel-Touren, aber die Preise dafür scheinen in den Jahren zuvor explodiert zu sein. Sie gibt es mittlerweile ab 550 U$ aufwärts, also etwa viermal so teuer wie der normale Flugpreis.

Am Flughafen gibt es wie immer lange Diskussionen über das Gepäck. Fünf verschiedene Mitarbeiter erzählen mir unterschiedliche Dinge bevor sie dann untereinander diskutieren, was eigentlich genau in den Gepäckrichtlinien steht. Nach 20-minütigem Einchecken muss ich nicht extra zahlen – geht doch.

Der Blick aus dem Flugzeug auf Panama-City und den winzig erscheinenden Kanal ist großartig und bevor ich realisiere, dass ich gerade exakt 7.000 Meilen bzw. mehr als 11.200 km von Seattle nach Panama Ciudad geradelt bin, landet der Flieger auf dem nächsten Kontinent meiner Reise.

SÜDAMERIKA

Medellín
Cali
Quito
Piura
Lima
Machu Picchu
Salar de Uyuni
Bermejo
Rio de Janeiro
Asunción
Iguazú Falls
Kolumbien
Ecuador
Peru
Bolivien
Argentinien
Paraguay
Brasilien
7591 km / 125 Tage

KOLUMBIEN

Bonitas und Guapas

Rückschau: Als ich an meinem ersten Tag in Österreich mit Marianne, 74, spreche und ihr erzähle, dass ich u.a. nach Kolumbien will, fasst sie sich mit beiden Händen an den Kopf und ruft: „Maria!" Scheinbar hatte sie, wie so viele, nicht mitbekommen, dass es mit Kolumbien seit Jahren bergauf geht, die Mordraten kontinuierlich sinken und Pablo Escobar seit 1993 tot ist, was zum Zerfall des Medellín-Kartells geführt hatte.

Die Lebensfreude der Leute in meinem Ankunftsort **Medellín** zieht mich vom ersten Moment an in ihren Bann. Ich muss eine Woche bleiben, ehe es mit dem Rad losgeht. Das Messer und die Pfeife, die sich in Zentralamerika als kleine Sicherheitsmaßnahme noch dauerhaft in meiner Lenkertasche befanden, sind jetzt wieder in den Taschen von nützlichen Sachen begraben. Ich fühle mich sicher.

Am zweiten Tag treffe ich eine Italienerin, die mit ihrem Brompton Klapprad vom Norden Kolumbiens in den Süden Argentiniens fahren will und nach sieben Tagen in Kolumbien von zwei Typen am helllichten Tag ausgeraubt wurde. Schnell halte ich meine Sicherheitsmaßnahmen wieder in Reichweite.

Nach fünf Tagen mit Schwung durch die „Kaffeezone" habe ich mit Cali die Welthauptstadt des Salsa erreicht. Wie auch in Medellín kann ich es nicht von der Hand weisen, dass hier eine Vielzahl von Bonitas, Guapas, Lindas und Hermosas, also von bildhübschen Frauen lebt. Ist es Zufall, dass dieses Phänomen gerade dort auftritt, wo einst die zwei mächtigsten Drogenkartelle Kolumbiens aktiv waren? Die These wurde ja schon in Bezug auf Sinaloa, Mexiko aufgestellt und hier scheint sie sich zu bestätigen. Die Geschichte in Kolumbien besagt, dass die Drogenbosse der 80er und 90er stets nach den schönsten Frauen Ausschau hielten und Schönheitswettbewerbe veranstalteten. Durch die große Armut der Bevölkerung und den großen Reichtum der Drogenbosse versuchten viele Frauen schön und aufreizend auszusehen, um ebenfalls in den Genuss des Geldes zu kommen. Seitdem hat sich das Schönheitsbewusstsein in der Gesellschaft etabliert. Ungestylt das Haus zu verlassen, ist für viele ein No-Go und falls die ein oder andere Stelle noch nicht gut genug aussieht, ist plastische Chirurgie in Kolumbien ein beliebtes Mittel und nichts Außergewöhnliches. Oft legen sich sogar Teenies unters Messer.

Obwohl ich mittlerweile mit einem Auge auf den Kalender schaue, da ich beschlossen habe, im europäischen Sommer daheim zu sein, zieht mich die **Lebensfreude** der Kolumbianer erneut in den Bann und wie in Medellín bleibe ich auch in Cali eine ganze Woche.

Immer wieder schenken mir Leute

Essen, einmal „schmuggeln“ mir zwei Restaurantbesitzer sogar Hähnchenschenkel in meine Pommes, ein anderes Mal verlässt ein **Sicherheitsbeamter** seinen Posten, um mit mir frühstücken zu gehen und nach längerer Dürrephase werde ich wieder mal von wildfremden Menschen zum Übernachten eingeladen. Südlich von Cali geht es hoch in die **Anden** und zeitgleich beginnt es zu regnen. Das Wetterphänomen El Niño wütet, jeden Tag fällt stundenlang Wasser vom Himmel. Ich habe mir zwar wasserfeste Kleidung zum Überziehen besorgt, die ist jedoch nicht atmungsaktiv, so werde ich halt von innen nass. 800 Höhenmeter aufwärts, 1.000 m abwärts, 1.500 m bergauf, 900 m bergab, so geht es vorwärts. Aufgrund der Höhe gibt es auch tagsüber manchmal nicht viel mehr als 10°C, zudem regnet es jeden Tag viele Stunden und die Regenkleidung stört beim Pedalieren.

In Richtung Ecuador wird das Militäraufgebot immer größer, um die Lage zu sichern und die Guerillaorganisation FARC zu kontrollieren, deren Status irgendwas zwischen ehemalig und aktiv ist. Ich bin immer fleißig am Winken, wenn ich die schwerbewaffneten Soldaten, teilweise sogar gepanzerte Truppenwagen sehe, die größere Brücken und wichtige Abzweigungen sichern.

ECUADOR

Reizende Gastgeschenke

Nach einer Woche Regen in den Anden mache ich mir mit dem Erreichen Ecuadors große Hoffnung auf Besserung. Aber El Niño interessiert eine **Landesgrenze** nicht. Die Wassertropfen fallen weiterhin von Schwerkraft motiviert aus den Wolken und die Sonne hat sich seit Tagen nicht blicken lassen.

Wenn alle Klamotten schon nass sind, man morgens aus dem Fenster guckt, es wieder regnet und man weiß, dass es heute erneut brutal bergauf und durch den kalten Regen gehen wird, dann motiviert das einen nicht unbedingt. Aber um es mit den weisen Worten einiger Dorfphilosophen zu sagen: „Bringt ja nix." Also streife ich mir die Regenklamotten über und fahre los.

Ein paar Tage lang geht es weiter fleißig bergauf und bergab. Im Gegensatz zu Indonesien verpasse ich den Äquator, den Namensgeber des Landes, dieses Mal nicht und gucke mir ein unspektakuläres **Monument** an. Nachdem ich mich im kräftigen Dauerregen bei 4°C auf 3.868 m hochgekämpft habe, geht es in nur 100 km Abfahrt auf 40 m runter, also fast 4.000 m Höhenunterschied.

Während die Einheimischen in den Bergen noch in klassischen **Anden-Trachten** durch die Kälte laufen, entspannen ihre „Nachbarn" im Tal in T-Shirts vor ihren Häusern und auf dem Markt kann man allerhand tropische Früchte kaufen.

Auch in den nächsten Tagen gibt es gewaltige Kontraste zu erleben: An einem Abend übernachte ich bei einer sehr religiösen Familie, deren Großmutter mir bei der Abreise **Gebetsketten** für mich und meine ganze Familie mitgeben will.

Nur einen Tag später, an meinem letzten Abend in Ecuador, lande ich über Kontakte in einer typischen Arbeiterstadt bei Alejandro, einem Harley-Davidson Liebhaber in den Mittvierzigern, der eine eigene Autowerkstatt besitzt und mit seinen Mitarbeitern mit öligen Händen und Schweiß auf der Stirn an einem Pick-up schraubt – ein echter Mann!

Es ist Freitagabend und er fragt mich, ob ich „tanzen mag", er kenne einen guten „Nightclub". *Mit ihm?* Etwas verwirrt und mit Gedanken an den Trucker im Iran, sage ich nach den heutigen 149,8 km auf dem Rad mit der YOLO-Mentalität zu. Schließlich hat mein Gastgeber eine Frau und man weiß ja nie, was man verpasst. Ich weise vorsichtshalber noch daraufhin, dass meine Beine nach 150 km etwas müde sind. Er sagt mit einem Kopfschütteln: „Nicht tanzen. Tanzen gucken!" Sein Kopfschütteln geht in ein breites Grinsen über: „Ladys beim Tanzen zugucken." *„Okay, ich bin dabei!"*

Duschen, Umziehen, Abendessen. Dann kommt Alejandro mit einem kleinen Fläschchen in der Hand zu mir und fragt, ob ich Parfüm will. Ich sage: „Ein bisschen." Daraufhin sprüht er mich von oben bis unten mit Parfüm ein und beginnt zu lachen: „Dennis, du bist bereit." Ich habe noch genau 13 U$, will erst in Peru wieder Geld abheben und muss mir am nächsten Tag noch etwas zu Essen und am heutigen Abend noch ein bis zwei Drinks kaufen. Ich frage ihn, ob 13 U$ reichen werden, was er mit einem „definitiv" bestätigt.

Als wir mit dem Auto am Nightclub ankommen, hängen schon auf dem Parkplatz die ersten Schilder „Sexo 13 $". Ich frage Alejandro: *„Sexo, 13 $?"* „Ich habe dir doch gesagt, dass es reicht", sagt er mit einem Augenzwinkern.

Der Nightclub gehört seinem Cousin, d.h. er kennt hier jeden und jede und stellt mich jedem und jeder vor. Ein großer Saal, violettes Licht, laute Reggaeton Musik und ein Anheizer, der für mich unverständliche Zeilen in sein Mikrofon brüllt. In der Mitte befindet sich der Dancefloor, ausgestattet mit zwei Poledance-Stangen und einer leicht bekleideten Frau, die sich reizvoll bewegt. Außenrum sind Tische mit biertrinkenden Automechanikern und Taxifahrern und ganz außen befinden sich viele Türen mit leicht bekleideten Frauen in High Heels, die dort warten und mit verführerischen Blicken in die Runde schauen. Nachdem mich Alejandro den Türstehern, Bardamen und dem Anheizer vorgestellt hat und dieser auch direkt die erste offizielle Begrüßung für den „Reisenden aus Deutschland" in sein Mikro gebrüllt hat, setzen wir uns mit ein paar Drinks an einen der Tische.

Ich schaue mich um. *„Ecuador ist ein schönes Land!"*, sage ich etwas verlegen. Alejandro nickt. „Siehst du die da vorne?", fragt er mich und guckt zu einer der Ladys. „Die arbeitet sehr gut und ist super hübsch. Was denkst du?" *„Ja, sie ist hübsch"*, bestätige ich seine Aussage. Eine kleine Handbewegung Alejandros und wenige Sekunden später sitzt sie an unserem Tisch. Eine Vorstellung, ein bisschen Smalltalk, dann schickt er sie wieder weg und sein Blick fällt auf eine andere Dame: „Wie findest du die?" *„Auch nicht schlecht, auch nicht schlecht"*, erwähne ich anerkennend. Eine Handbewegung und wenige Sekunden später sitzt sie an unserem Tisch. Eine Vorstellung, ein bisschen Smalltalk, dann schickt er sie wieder weg. „Jetzt mal unter uns, Dennis, welche findest du schöner?" *„Ich habe Hochachtung vor beiden Damen, aber wenn du mich so fragst, würde die Erstere meine Stimme bekommen."* Eine Handbewegung und wenige Sekunden später ist die Erstere wieder bei uns. „Dennis, du bist um die halbe Welt gefahren. Mit deinem Fahrrad. Dafür hast du meinen Respekt verdient. Außerdem bist du mein Gast." Mit der flachen Hand schlägt er feierlich auf den Tisch: „Ich bezahle!"

Obwohl ich weiß, was er damit meint, will ich doch nochmal nachfragen, ob er jetzt meint, was ich meine, das er meint. „Ähm, also, was bezahlst du?" In diesem Moment schnappt die holde Maid meine Hand, zerrt mich vom Tisch weg, zieht mich wie einen Hund an der Leine durch den Club und in ihr kleines Räumchen rein, und schließt die Tür. Durchatmen.

Hier ist es im Gegensatz zum großen Saal relativ ruhig, nur der Bass der Musik schallt dumpf durch die Wände. Das Licht ist schummrig rot und es liegt ein leichter Vanilleduft in der Luft. *„Schön hast du's hier"*, bemerke ich etwas nervös. „Wir haben 15 Minuten", erwähnt sie mit einem verführerischen Lächeln. *„Ich halte nichts von käuflicher Liebe."* „Ich auch nicht. Aber in diesem Fall sieht es ganz interessant aus." *„Interessant?"* „Einen jungen, hübschen Europäer habe ich hier noch nie gesehen. Du gefällst mir."

Ob sie den Taxifahrern und Automechanikern auch immer so dreist ins Gesicht lügt? Andererseits kann ich mir nicht vorstellen, dass sich in diese Arbeiterstadt regelmäßig Touristen verirren. Ich hole die Gebetskette vom Vortag aus der Tasche meines Hemdes und drücke sie ihr in die Hand: *„Vielleicht erinnerst du dich an mich, wenn du diese Stadt eines Tages verlässt."*

PERU

Mit der Luftwaffe zum Baumhaus

Die Grenzbeamten von Ecuador und Peru dösen, als ich am Grenzübergang ankomme, weil so wenig los ist. Sie sitzen im selben Gebäude am selben Schreibtisch, Aus- und Einreisestempel gibt es in einem Zug – eine weltweit seltene Zusammenarbeit. Sie erzählen mir, dass es nicht möglich ist nach Lima zu fahren. Die nicht aufhören wollenden Regenfälle in den Bergen haben die Flüsse in wilde Ströme verwandelt, die wiederum große Schäden angerichtet haben. Straßen sind überschwemmt, wichtige Brücken zerstört, die Panamericana, also die wirtschaftliche Aorta Perus, ist in großen Teilen nicht passierbar. An die hundert Leute haben ihr Leben gelassen und Zehntausende sind obdachlos geworden. Sie erzählen mir, dass es angeblich kostenlose Flüge der peruanischen Luftwaffe gäbe, jedoch könnte es mit dem Fahrrad Probleme geben.

Mit diesen Infos im Hinterkopf fahre ich an den schönen Pazifik-Stränden im Norden entlang. Jeden Tag scheint die Sonne, die Regenzeit muss zu Ende sein. Der Schlamm, der die Straßen bedeckt, und das Militär, das ich an vielen Stellen mit Hilfslieferungen sehe, gibt einen kleinen Eindruck, was hier vor wenigen Tagen los war und wie die Lage in den Städten sein muss, in die ich nicht vordringen kann.

Über Couchsurfing besorge ich mir Informationen zur aktuellen Situation, sie ist kurz gesagt verheerend. Dennoch habe ich keine Probleme bis nach Piura zu kommen, der Stadt, die aufgrund der **Überschwemmungen** im Chaos versunken ist, aber von der es die angekündigten Flüge nach Lima geben soll.

Schon mittags erreiche ich den **Militärbereich** des Flughafens und tatsächlich: Es gibt kostenlose Flüge der Fuerza Aérea del Perú, der peruanischen Luftwaffe, über das Krisengebiet in die Hauptstadt Lima. Etwa 100 bis 150 Zivilisten, einige Essensverkäufer und eine Vielzahl von Soldaten befinden sich am staubigen Vorplatz; ich habe ein deutlich größeres Chaos erwartet. Einen Soldaten frage ich, ob es möglich ist, das Fahrrad mitzunehmen, und er bestätigt mir, dass es kein Problem sei. Also stelle ich mich an, lasse meinen Namen auf die Liste setzen und schon 1 ½ Stunden später wird mein Name aufgerufen. *Gleich bin ich in Lima!*

Ich trete vor, ein Soldat schaut mich an, sieht das Fahrrad, schüttelt den Kopf und sagt kaltblütig: „Nein, geht nicht." Die alte Regel: Kein Flug ohne Diskussion. Ich erzähle ihm, dass ich nicht schwimmen kann und es deshalb keinen anderen Weg nach Lima gibt. Doch er bleibt hartnäckig, denn wenn ein Soldat etwas gesagt hat, darf er seine Meinung nicht mehr ändern – das wäre ein Zeichen von Schwäche. Dummerweise ist er der Chef der Truppe, meine Chancen stehen also ganz schlecht. Ich versuche mit sämtlichen anderen Soldaten zu reden, um irgendwie mit Fahrrad nach Lima zu kommen, schließlich ist es keine Zauberei ein Fahrrad in ein Flugzeug zu stopfen, ich weiß von was ich rede. Der heiße Tipp, den mir die Soldaten geben ist, dass ein Paket kein Fahrrad ist.

Die Hilfsbereitschaft der Peruaner ist enorm und so bringt mich ein Einheimischer per Mototaxi durch das Chaos der Stadt zum Markt, der genauso dreckig ist, wie der Rest der Stadt. Wir besorgen etwas Pappe, Folie und Klebeband und fahren durch überschwemmte Straßen zurück zum Flughafen.

Von Verpacken kann man kaum reden, eher kleben wir Pappe an das

Fahrrad und wickeln anschließend so viel Folie drumherum, dass das Fahrrad kaum noch sichtbar ist. Mittlerweile ist es schon dunkel und mein Gepäck ein gutes Stück unhandlicher. Aber egal, das Fahrrad ist jetzt ein Paket und die Soldaten sind zufrieden. Dumm nur, dass mein Name schon mittags vorgelesen wurde, jetzt steht er auf keiner Liste mehr. Meine Erklärungsversuche werden ignoriert und in eine neue Liste kann man sich heute nicht mehr eintragen. Ich wundere mich, als man Leute passieren lässt, die einen großen Hund in einer offenen Pappkiste transportieren, nachdem mir bei meiner Ablehnung noch erklärt wurde, dass es sich um humanitäre Flüge handele.

Der nächste Flieger ist voll, doch scheinbar gibt es noch einen allerletzten Flug. Mittlerweile ist es spät und alle, die in keiner Liste stehen, sollen sich in eine Reihe stellen; Frauen und Kinder zuerst. Ich sehe meine Chancen schwinden, doch tatsächlich gibt es mehr Plätze als Menschen, sie müssen mich also mitnehmen. Noch einmal sehe ich den Widerwillen des Chefs in seinen Augen, aber es gibt keine Ausreden mehr.

Nach einer guten Stunde Flug landet das **Flugzeug** mit mir und dem Fahrrad in Lima. Bis ich es ausgepackt und montiert habe, ist es nach Mitternacht und verschiedene Menschen haben mich wiederholt vor dem Stadtteil am Flughafen gewarnt.

Nach nächtlichem Sprint, der Flucht vor ein paar aggressiven Straßenhunden und der Rettung durch ein Stundenhotel kann ich nach einem aufregenden Tag endlich die Füße hochlegen: Ich habe 1.000 km übersprungen, also ca. zwei Wochen, in denen sich die Landschaft wohl kaum geändert hätte und vor denen es mir sowieso schon gegraust hatte. Somit hat eine Katastrophe, die riesigen Schaden angerichtet und Menschenleben gefordert hat, mir zu großem Glück verholfen. Sehr merkwürdig.

Bei einem Party-Wochenende in Lima habe ich mir zum ersten Mal während der Reise eine leichte Erkältung eingefangen, die sich sogar in eine Nebenhöhlenentzündung verwandelt. Für mich keine Ausrede, ich fahre weiter, mitten durch die angenehm warme Wüste. Der Strand von Paracas, die Oase **Huacachina** und die merkwürdigen Linien von **Nazca**; Peru kann mehr als nur Machu Picchu. Auch das Schlafen mitten in der Wüste ohne Zelt ist eine tolle Erfahrung und die Wärme ein echter Genuss, denn mir ist klar, was als nächstes auf der Liste steht: die Anden. Mal wieder. Und dieses Mal höher und kälter als zuvor.

Um von 600 m auf 4.200 m zu gelangen will ich keine Beinkraft verwenden; ich habe gelernt was Bergauffahren heißt und muss mir nichts mehr beweisen. Also fahre ich zum Fuße des Berges, warte an einer steilen Kurve auf einen sehr langsam fahrenden Truck, beschleunige mit voller Kraft, hänge mich seitlich ans Heck des Lasters und lasse mich hochziehen.

Nach wenigen Minuten hält der Fahrer an und fragt, ob es bequem sei. *„Alles gut soweit, ja.“* Er beginnt zu lachen und bietet mir an, die Sachen auf den Truck zu werfen und mitzufahren, es sei entspannter.

Fünf Stunden und 80 km quält sich der alte Truck den Berg hoch – und ich quäle mich mit. Die Nebenhöhlenentzündung, die ich in der Hitze der Wüste ganz gut im Griff hatte, verursacht aufgrund der Kälte in Kombination mit dem niedrigeren Luftdruck unvorstellbare Kopfschmerzen. Die trockene Wüste verwandelt sich allmählich in eine grüne Berglandschaft und es zeigen sich die ersten **Alpakas** und Vikunjas. Ich lasse mich oben rauswerfen, es geht etwas bergab.

Am nächsten Tag muss ich erneut auf über 4.000 m, erneut grausame Kopfschmerzen, dazu eine Nacht in einem Dorf bei 5°C im Abstellraum; zu kalt. Am nächsten Tag packe ich noch eine Lebensmittelvergiftung oben drauf, sie endet in miesem Fieber. Knockout. *„Und was machst'e, wenn de' ma' krank wirst?"*, schallen mir wieder die Bedenken einiger besorgter Mütter durch den Kopf.

Ich quartiere mich in einer Hospedaje ein, einem einfachen Hotelzimmer für 2,86 € die Nacht, bringe mein Geld in die Pharmacia und tausche es dort gegen allerhand Tabletten ein. Einen sehr langen Tag nehme ich die Schmerzen einfach nur in Kauf. Am zweiten Tag kaufe ich den lokalen Obststand und die Bäckerei leer und am dritten Tag bringen meine Beine schon wieder 122 km auf den Tacho.

Die Luft auf plusminus 4.000 m ist verdammt kalt und verdammt dünn. Wie die Hirten und ihre Alpakas es hier oben aushalten, ist mir ein Rätsel. Beim Radfahren muss ich stets rhythmisch atmen, teilweise geschickt hyperventilieren, um die Lunge mit ausreichend Sauerstoff zu versorgen. Bei jedem Anstieg von mehr als 150 m suche ich mir eine steile Stelle und warte auf große, alte, überladene Trucks, um einmal schnell zu beschleunigen und mich hinten an sie dranzuhängen. Selbst wenn ich eine Stunde warten muss, lohnt es sich, da ich oftmals mehr als 1.000 Höhenmeter überwinden muss. Das Maximum sind 39 km, die ich mich ohne Pause den Berg hochziehen lasse. Nach einigen Kilometern tun zwar die Finger weh, aber mit dem Wissen, dass man den Berg ansonsten hochstrampeln müsste, lässt man doch nicht los. Da es nach dem Anstieg meist brutal bergab geht, habe ich fahrtechnisch in Peru eine entspannte Zeit und bringe einige verrückte Tageswerte aufs Papier, z.B. 93 km in 3 ½ Stunden (26,5 km/h) bei 1.600 Höhenmetern.

Mit frischen Beinen gelange ich nach Abancay zu **Octavio**, gefunden über Warmshowers. Als er einige Monate zuvor von einer Familie hörte, die kein Haus zum Wohnen hatte, machte er aus Nächstenliebe sein Zimmer frei, ließ die Familie einziehen und zog selbst in das Baumhaus, das er zuvor aus Spaß gebaut hatte – mitten in der Stadt. Seitdem wohnt er dort und begrüßt Reisende aus aller Welt, die ihn, wie ich, übers Internet finden. Er verrät mir ein paar Tricks über Machu Picchu und wie man dort kostengünstig hinkommt.

Der „normale Weg“ nach Machu Picchu geht per Bus zum Bahnhof, mit einem gnadenlos überteuerten Zug zum Dorf Aguas Calientes, weiter per Bus zum Eingangstor und schließlich den ganzen Weg wieder zurück. Mit Hotels und Essen in Aguas Calientes landet man locker bei 300 € – für mein Budget etwas viel. Aber ich reise ja auch nicht bequemlich. Und beim Punkt

Bequemlichkeit lässt sich in dieser Welt viel Geld sparen.

Ich kaufe mir Proviant und fahre nach Ollantaytambo, wo sich der Bahnhof befindet. Ich lasse mein Fahrrad in einem Hostel und nehme einen Bus, der für zehn Euro über die Berge bis zur anderen Seite von Machu Picchu fährt.

Von dort laufe ich mit anderen Reisenden zehn Kilometer zu dem Ort, der durch einen Fluss von Machu Picchu getrennt ist: Aguas Calientes. Mein Plan ist, mich in der Dunkelheit über die Brücke zu schleichen, in der Hoffnung, dass die Security schläft. Nachts sollen sich in der Inkastadt verrückte Dinge abspielen.

Ich döse ein paar Stunden auf einer Parkbank und mache mich um 2.30 Uhr auf den Weg. Durch die hellen Scheinwerfer kann ich nicht erkennen, ob sich jemand im Häuschen der Security befindet, also laufe ich geradewegs auf die Brücke zu. Ich höre schon das Rauschen des Flusses und als ich den ersten Fuß auf die Brücke setze, schnellt der Mann von der "Seguridad" in seinem Militär-Outfit aus dem Häuschen. "Was machen Sie hier?!" *„Ähm, Camping, wo?"*, frage ich unglaubwürdig und mache mich schnell aus dem Staub, zurück auf meine Parkbank. Ich brauche also doch ein Ticket.

Am nächsten Morgen erhalte ich mit meinem abgelaufenen Studentenausweis immerhin den ermäßigten Preis von 22 €. Dann laufe ich 380 m den Berg hoch, anstatt den Bus für 12 U$ zu nehmen und endlich: **Machu Picchu**, die Stadt in den Wolken. Nein, die Stadt des falschen Lächelns. An kaum einem anderen Ort gibt es wohl so viele gestellte Grinse-Fotos wie an diesem. Dennoch: Hier zu sein ist ein enormes Gefühl. 1.000 Mal habe ich dieses Motiv schon gese-

hen, jetzt kann ich es aus nächster Nähe bestaunen. Es ist beeindruckend.

In vielen Foren und Blogs kann man lesen, wie sich Leute über die vielen Touristen beschweren, was mich etwas schmunzeln lässt. Denn egal ob Pauschal-Touri oder Möchtegern-Indiana-Jones, letztendlich ist man wohl immer ein Teil der Masse. Für Einsamkeit hätte man 40 Jahre früher kommen müssen. Dennoch dürfen wir uns glücklich schätzen, dass wir uns Machu Picchu 2017 auch als Low-Budget Reisende noch leisten können. Meine Prognose lautet, dass sich hier wegen steigender Nachfrage und immer strengeren Regeln in einigen Jahren nur noch der Millionärsclub treffen wird.

Nachdem ich den ganzen Tag in der Inkastadt verbracht habe, laufe ich am Abend den Berg wieder runter und mache mich auf den Weg, um 45 km an den Gleisen entlang zu laufen, zurück nach Ollantaytambo zu meinem Fahrrad. Nach nur vier Kilometern treffe ich an einem Wasserkraftwerk ein paar peruanische Backpacker, die von hier den Zug für die Einheimischen nehmen wollen. Der kostet ein Bruchteil des Touri-Abzocke-Zugs, ist für mich als Ausländer aber verboten. Die Jungs und Mädels sind jedoch hoch motiviert, mich in den Zug zu schmuggeln und einer gibt mir den peruanischen Pass seines Vaters. Ich heiße ab jetzt Eduardo.

Der Zug hält und beim Einsteigen ziehe ich meine Kapuze über, was sehr unauffällig ist, da ich wie immer 1 ½ Köpfe größer als alle anderen im überfüllten Zug bin. Diese Überfüllung verhindert, dass der Schaffner mir ins Gesicht guckt, sondern nur „meinen Pass“ nimmt und schnell das Ticket ausstellt. Als Eduardo zahle ich umgerechnet 2,86 €, was etwa 1/25 des Touri-Preises darstellt. Zwei Stunden später bin ich zurück in Ollantaytambo bei meinem Fahrrad. 35 €, es war ein günstiger Ausflug.

Noch einmal fahre ich bergauf, um das Altiplano zu erreichen, eine Hochebene auf knapp 4.000 m. In „Hochebene“ versteckt sich „eben“, d.h. die Wahnsinns-Panoramas wie in den letzten Tagen bleiben aus, dafür lässt es sich hier entspannt fahren. Zum Glück gibt es in fast jedem größeren Dorf eine Hospedaje, in der man sich zum kleinen Preis vor der nächtlichen Kälte schützen kann. Auf einer Halbinsel im sagenumwobenen Titicacasee passiere ich die Grenze zu Bolivien.

BOLIVIEN

Lamaföten und Inka-Zauber

In überdimensionalen **Fischdosen** werden LKWs, Busse und Autos durch eine 800 m breite Seeenge des Titicacasees geschippert. Auch dabei: das Fahrrad und meine Wenigkeit. Ich fahre nach Süden, übers trockene Hochland mit angenehm sonnigen Tagen und nächtlichen Temperaturen unter dem Gefrierpunkt. Neben Alpakas sehe ich immer wieder **Umzüge** mit bunt gekleideten Fußgruppen und Musik; in größeren Städten und auch in den kleinsten Dörfern. Teilweise müssen sie um das komplette Dorf herumlaufen, da der Dorfplatz zu klein ist.

Was mir auffällt: Die Bolivianer sind sehr ehrliche Menschen. Während der Tourismus in Peru den ein oder anderen Peruaner etwas gierig gemacht hat und man mehrmals versucht hatte, mir einen Groschen extra aus der Tasche zu locken, z.B. mit zu wenig Wechselgeld oder dem plötzlichen Ändern des Preises, versucht mich in Bolivien keiner übers Ohr zu hauen.

Haupteinkommensquelle vieler Bauern ist hier der Quinoa-Anbau. Die Felder der Fuchsschwanzgewächse, die hier schon seit Jahrtausenden angebaut werden, leuchten kräftig violett-rot in der bolivianischen Andensonne und bei den Preisen im deutschen Supermarkt könnte man meinen, dass die Bauern hier im Geld schwimmen. Das Gegenteil ist der Fall. Einige Exporteure machen sich die Taschen voll und der Großteil der Bevölkerung lebt in einfachen Verhältnissen. Die zwei Fragen, die ich mir stelle, sind:

1. Würden die Leute hier in anderen Verhältnissen leben, wenn vegan lebende Hipster, Foodies und Fitnessjunkies motiviert und manipuliert durch den Marketingbegriff „Superfood" nicht für den Export des glutenfreien Pseudogetreides über die Weltmeere sorgen würden?

2. Wenn man dieser Zielgruppe erzählen würde, dass *de' Bauer Schmidt aus'm Nachbardorf* schon immer Quinoa anbaut, aber die Inka seit 6.000 Jahren ein magisches Super-Ultra-Hyper-Food namens Hirse anbauen – würden sie dann Hirse futtern?

Anderes Thema: Ist die Erde überhaupt eine Kugel oder wird die Menschheit an der Nase herumgeführt? Durch den Flug über den Pazifik kann ich es nicht wirklich nachweisen, aber in dem **Salar de Uyuni**, der größten Salzpfanne der Welt, die angeblich komplett flach sein soll, komme ich der Antwort näher. Um mich herum sehe ich nur grell weißes Salz und strahlend blauen Himmel. Mein GPS-Empfänger im Smartphone ist schon seit Monaten kaputt, ich kann mich nur an der Sonne und ein paar Fahrspuren im Salz orientieren. Erst beim Näherkommen erscheint eine 20 Meter hohe Insel am Horizont – der Hinweis auf eine gekrümmte Erdoberfläche.

Auf der **Insel**, auf der jahrhundertealte, riesige Kakteen wachsen, kann man theoretisch auch campen, jedoch bin ich für Minus-Temperaturen nicht ausgestattet und will die Salzpfanne vor der Nacht verlassen. Dieses Unterfangen scheitert deutlich, ich bin viel zu spät und die Salzpfanne bzw. Salzwüste viel zu groß. Zum Glück. Der Sonnenuntergang und die Minuten danach sind unbeschreiblich. Die Farben am Himmel sind mit keinen Worten zu beschreiben – pure Magie!

Die letzten 60 km fahre ich komplett im Dunkeln durch die menschenleere endlose Landschaft, der Mond erhellt die Wüste dezent. Ich mache während des Fahrens das Licht aus und kann die Struktur der Salzoberfläche nicht mehr erkennen. Aufgrund der Entfernung der Berge und Lichter und der sich scheinbar nicht bewegenden Fahrbahn bewegt sich nichts. Nichts! Alles steht still. Aber ich fahre Fahrrad! Es fühlt sich an wie ein Traum. Oder wie in einem Computerspiel mit Programmierfehler. Die Wüste hat mich **verzaubert**.

Sicherheitsbeiwert Lambda
In Bolivien werden getrocknete ***Lamaföten*** *ins Fundament eines neuen Gebäudes „eingebaut". Das bringt Glück fürs neue Heim.*

Über eine einsame Naturschotterstraße, vorbei an abgelegenen **Dörfern** in denen teilweise nur 30 Menschen leben, geht es in den nächsten Tagen für mich ein letztes Mal den Berg hinauf, auf 4.300 m. Der Wind ist so stark, dass er mich die letzten 15 Höhenmeter den Berg hochpustet. Inkazauber! Damit habe ich die Anden bezwungen. Es geht bergab und ich kann Handschuhe, Mütze, Jacke, lange Hose und Co. endgültig abwerfen.

Von der subtropischen Grenzstadt Bermejo werden Waren von Bolivien nach Argentinien über den Fluss **geschmuggelt**, da in Argentinien alles mindestens doppelt so teuer ist. Von „Schmuggeln" kann man jedoch kaum reden: Hunderte Typen überqueren mit großen Paketen in Booten den Fluss und laden die Ware in die dort wartenden Transporter. Sie umgehen damit die Grenzbrücke, die zwei Kilometer flussaufwärts liegt. Ich halte die Augen offen, denn in Grenzorten hält sich fast immer Gesindel auf und

hier, wo so offensichtlich geschmuggelt wird, gibt es wahrscheinlich noch mehr Ganoven als sonst.

In der belebten Stadt will ich meine letzten Bolivianos ausgeben und setze mich an einem etwas ruhigeren Straßenimbiss zu einigen anderen Gästen an den Tisch.

Als ich zu essen beginne, kommen zwei in zivil gekleidete Typen auf mich zu, schauen das Fahrrad an und schütteln den Kopf im Sinne von „Nein, das geht nicht". Dann sagen sie auf Spanisch: „Ausweis bitte, Immigrationsbehörde." Ich gucke die zwei Herren an, mustere sie, halte kurz inne und sage trocken: *„Nein"*, bevor ich mir den nächsten Löffel Reis in den Mund stopfe. Eine kleine Diskussion zwischen den Typen und den anderen Gästen bricht aus und eine Frau fragt mich, ob ich einen Ausweis habe. Ich sage: *„Ja."* Daraufhin verlangen die Typen den Ausweis erneut und ich verneine abermals. Die Situation ist angespannt, da keiner genau weiß, was die Typen im Schilde führen. Dann kommt einer der zwei auf mich zu, öffnet seine Jacke und zeigte mir seine Polizeimarke, bevor er die Jacke hastig wieder zumacht. Eine schwarze Marke mit goldenem Emblem auf dem „Policia" steht. Sowas kann man hier hundertprozentig am Markt für 50 Cent kaufen. Ich schüttel ungläubig den Kopf, esse weiter und ignoriere die Halunken. Sie haben das Spiel verloren und sehen es auch ein. Um aus der Situation rauszukommen, fragen sie mich, wo ich herkomme. Ignorant sage ich: *„Alemania"*, und esse weiter. Einer der beiden macht den Daumen nach oben und sagt unsicher: „Alles klar, dann ist es in Ordnung. Wir haben alles unter Kontrolle." Die Gauner drehen sich um und machen sich aus dem Staub.

Eine Frau entschuldigt sich für die Situation und meint, dass die Typen wahrscheinlich nicht aus Bolivien kommen, das hätte man am Akzent gemerkt. Um zu unterstreichen, dass die Bolivianer nette Menschen sind, schenkt sie mir ein T-Shirt aus ihrem Laden, der direkt gegenüberliegt.

ARGENTINIEN / PARAGUAY / BRASILIEN

Ein unmoralisches Angebot

Der Norden Argentiniens hat für mich nichts zu bieten. **900 km** flache Strecke ohne einen einzigen Anstieg, ohne eine Veränderung der Landschaft. Zudem ist es Ende Mai, d.h. die Tage sind auf der Südhalbkugel kurz und ich fahre oft noch in der Dunkelheit weiter. Manchmal frage ich mich schon, was ich hier eigentlich tue. Aber mein Gefühl für Zeit und Strecke hat sich so verändert, dass mir 900 km und acht Tage Fahrt nicht besonders viel vorkommen.

Auch Paraguay bietet mir landschaftlich wenig, die Hauptstadt Asunción ist dafür eine Überraschung. Viele junge Leute, allerhand alternative Bars, Rocker-Schuppen, Flohmärkte, Real Hip Hop und Techno Clubs. Berlin in klein, nur halt in Paraguay und deutlich günstiger. Ich finde direkt einen guten Draht zu coolen Leuten und anstatt geplanten zwei, bleibe ich sechs Nächte und fahre anschließend durch den Dauerregen weiter Richtung Osten.

Die Straße führt mich durch Paraguay zurück nach Argentinien für den Besuch der gigantischen **Iguazú-Wasserfälle**.

In Brasilien muss ich mich zum ersten Mal seit Timor-Leste mit Händen und Füßen verständigen, da Portugiesisch dem Spanischen zwar ähnlich ist, ich aber trotzdem nichts verstehe. Ich knacke die 40.075 km-Marke, also die Länge des Äquators. Aber mittlerweile sind die Kilometerstände bei weitem nicht mehr so spannend, wie noch am Anfang der Tour. Zum ersten Mal während meiner Reise erreiche ich den **Atlantik**. Die Landschaft ist hügelig, idyllisch, grün und die Sonne scheint.

Mittags bei einer Trinkpause hält ein Auto auf der anderen Straßenseite und der Insasse gibt mir ein Zeichen rüberzukommen, ein junger Mann, nur ein paar Jahre älter als ich. Voller Freude auf eine nette Unterhaltung oder sogar ein kleines Geschenk gehe ich rüber. Nach etwas Smalltalk fängt er an, interessante Fragen zu stellen:

"Brauchst du etwas Geld?"

„Wie etwas Geld?"

„Na ja, Geld eben. Plata. Ein paar Real."

„Was meinst du damit?"

„Geld für sehen."

„Was Geld für sehen?"

„Ich will deinen Penis sehen."

Mit dieser Situation kenne ich mich mittlerweile ja schon aus und will spaßeshalber meinen Marktwert schätzen lassen. Trocken sage ich: *„Wie viel?"* Auf diese Antwort hat er vielleicht gehofft, aber dennoch nicht mit ihr gerechnet und urplötzlich klingeln seine Alarmglocken. Hastig, unbeholfen und voller Euphorie sagt er: „50 Real!" Der Marktwert entspricht etwa 13,60 €? Frechheit. Ich beginne zu lachen, drehe mich um, laufe zurück über die Fahrbahn, schlage die Hände über dem Kopf zusammen und rufe: *„Waruuum?!"* Ein „100 Real!" ertönt von dem Auto. Ich grinse und schüttel den Kopf. Quer über die Straße guckt er mich mit großen Augen an: „200 Real." Wenn es bei „sehen" bleiben würde, wäre das ein super Preis.

Neben Cannabis-Ernte scheint die Prostitution eine gute Finanzierungsquelle einer Weltreise zu sein. Fast 55 €, jetzt bin ich mit dem Marktwert zufrieden. Und dennoch enttäuscht, dass ich diese unmoralischen Angebote immer nur von Männern bekomme. Ich winke ab und fahre weiter. Er auch.

Ich erreiche schließlich die berühmteste Stadt Südamerikas, Rio de Janeiro. Copacabana, Samba, **Cristo Redentor**, Zuckerhut, Favelas; eigentlich ein adäquater Abschluss für die Zeit in Südamerika.

Während meine Hinweise auf hübsche Frauen ja bisher in Verbindung mit Drogenkartellen fielen, hat es in Rio nichts mit reichen Drogenbossen zu tun. Hier

wird einfach nur der Körperkult gefeiert, wie vielleicht an keinem anderen Ort der Welt, und zwar von beiden Geschlechtern. Das heißt, endlich kommt auch der Hinweis auf schöne Männer, vor allem auf muskulöse Männer. Nachdem ich in zwei Jahren auf dem Fahrrad jegliche Muskeln meines Oberkörpers erfolgreich abgebaut habe, vergrabe ich mich eine Woche im Sand der Copacabana und gucke gepeinigt den Wellen zu.

Wie schon in unzähligen Städten festgestellt, fällt mir in Rio auch wieder auf, dass das Wichtigste die Leute sind, die man kennenlernt. Leider habe ich dieses Mal Pech und finde keinen, der mit mir auf einer Wellenlänge ist. So ist meine Woche in Rio eher weniger spannend.

Erst am letzten Tag treffe ich in einer der vielen Favelas E.T., setze ihn in die Lenkertasche und zusammen fliegen wir bei Vollmond über den Atlantik. Das ist natürlich nur ein schlechter Scherz, die Geschichte ist noch viel absurder. Alte Regel: Kein Flug ohne Diskussion.

Ich habe schon viele Stunden vor Abflug alles sauber in einer Fahrradbox verpackt, der Flug beinhaltet 2 x 32 kg Aufgabegepäck. Per Uber komme ich überpünktlich am Flughafen an, gehe zum Schalter, gebe das Gepäck auf, der Mitarbeiter checkt mich ein, bringt die Aufkleber an und wünscht mir einen guten Flug. *Was?!*

Ich versuche zu realisieren was passiert war. Ein unheimliches Gefühl kommt in mir auf, niemals lief alles so glatt. Gutes und Schlechtes stehen stets im Gleichgewicht und ich weiß, dass dadurch die Chancen nun viel höher stehen, dass der Flieger über dem Atlantik plötzlich Feuer fängt und in den Ozean stürzt. Ein paar Stunden später landen wir sicher in Marokko.

Die Letzten Meter

Marokko
Spanien
State Love
Frankreich
Schweiz
Deutschland
2730 km / 31 Tage
GELNHAUSEN
AVIGNON
BARCELONA
STATE LOVE
CASABLANCA

MAROKKO

„Die schlitzen Ihnen die Kehle auf!"

Auf flacher Strecke brauche ich mit dem Rad etwa drei Minuten für einen Kilometer; der Flieger schafft in drei Minuten etwa 50 km. Viel näher kann man dem Zeitreisen wohl kaum kommen. Als ich in Marokko aus dem Flieger steige fühlt es sich an, als wäre ich gerade mal schnell zum Bäcker gefahren und hätte Brötchen geholt. Dabei liegen Rio de Janeiro und Casablanca etwa 7.300 km auseinander.

Diese Distanz macht sich bemerkbar: Aus Brazilian String Bikini ist Hidschab geworden. Für mich erst ernüchternd, aber auch diese Kontraste machen unsere Welt so vielfältig. Ich frage mich nur, wie sich ein Marokkaner fühlt, wenn er in entgegengesetzter Richtung reist und plötzlich an der Copacabana vor unzähligen spärlich bekleideten Damen steht.

Wer in Geographie aufgepasst hat, weiß, dass Marokko in **Afrika** liegt, somit habe ich sechs Kontinente berührt. Damit kann ich zwar nicht sagen, dass ich Afrika gesehen und erlebt habe, andererseits kann man auch nicht sagen, dass ich nicht auf sechs Kontinenten war. Oder kann man? Ist das überhaupt wichtig?

Wie viele Kontinente gibt es eigentlich?

Dafür gibt es keine eindeutige Antwort, da der Begriff „Kontinent“ nicht eindeutig definiert ist. Manche orientieren sich an großen zusammenhängenden Landmassen, manche an bevölkerten großen zusammenhängenden Landmassen. Andere beziehen sich auf Plattentektonik und weisen auf Mikrokontinente hin. Manche machen Landengen geltend, andere nicht. Zudem kommt ein historisch-politischer Aspekt hinzu, wodurch Europa als eigener Kontinent bezeichnet wird, obwohl es auf keine der anderen Anforderungen zutrifft.

So kann die Antwort auf die Eingangsfrage je nach Modell 2 – 7 oder auch 14 heißen. Natürlich nur nach aktuellem Stand der Forschung. Zudem verändert sich die Erdoberfläche stetig und sieht in ein paar Millionen Jahren ganz anders aus. Wahrscheinlich muss sich jeder seine eigene Zahl aussuchen. Auch wenn Europa eigentlich kein eigener Kontinent sein kann, würde ich mich persönlich sehr inkonsequent an der Zahl 7 orientieren: Afrika, Asien, Australien, Nordamerika, Südamerika, Antarktika und Europa.

Wann ist eine Weltreise eine Weltreise?

Niemand weiß es, denn auch für den Begriff „Weltreise“ kann es keine exakte Definition geben. Schon der Begriff „Reise“ wird mit einigen schwammigen Wörtern wie „große Entfernung“, „lange Zeit“, „weit weg“ usw. beschrieben. Zwischen „alles Bekannte“, dem Planeten Erde und dem eigenen Umfeld ist auch der Begriff „Welt“ relativ dehnbar. Das Kompositum beider Wörter ähnelt also einem dehnbaren Schwamm. Auch wenn es sich bei „Welt“ in der Regel um den Planeten Erde handelt ist dieser viel zu groß, um jemals von einer Person komplett gesehen zu werden. Wann hat man also so viel bereist, um es eine Weltreise nennen zu können?

Manche kaufen sich ein Round-The-World-Ticket mit fünf Stopps in Großstädten und behaupten sie hätten die Welt gesehen, manche fahren Jahrzehnte lang mit Auto, Motorrad oder Fahrrad um die Welt und ihnen fällt auf, dass sich immer mehr Regionen auftun, die es noch zu entdecken gibt.

Es ist Juni und weil ich mich jetzt auf der Nordhalbkugel befinde, sind die Tage plötzlich wieder richtig lang. Zwei Jahre bin ich unterwegs und der Ramadan steckt in den letzten Zügen. D.h. bei bis zu 39°C in der wolkenlosen Wüste Marokkos sehe ich viele hungrige Menschen und von Sonnenuntergang bis spät in die Nacht stopfen sie sich ausgiebig den Bauch voll. In Dörfern sehe ich fast ausschließlich Männer in den Cafés sitzen, nur in mancher modernen Stadt kann man auch vereinzelte Gruppen von jungen Frauen entdecken, teilweise ohne Kopftücher.

Der Islam zeigt sich wieder von seiner **gastfreundlichen Seite** und ich werde ab und zu zum Essen eingeladen. Auch wenn ich mental schon fast daheim bin und das in Teilen gefährliche Mittel- und Südamerika hinter mir gelassen habe, darf ich noch nicht aufhören, Vorsicht walten zu lassen. In so manchen Vierteln einiger größerer Städte ist es keine gute Idee, sich zu lange aufzuhalten und in einem Dorf, in dem ich am sehr späten Abend nach einem Schlafplatz suche, schlägt das Sicherheitssystem „Bauchgefühl" Alarm. Statt bei den zwielichtigen Anwohnern zu übernachten fahre ich weiter und im nächsten Dorf bei einer Polizeistation lassen mich die Beamten zelten. Sie erzählen, dass sie regelmäßig in das besagte Dorf gerufen werden, weil irgendwelche abgedrehten Dinge passieren. Glück gehabt.

Als ich an der **Straße von Gibraltar** ankomme, habe ich einen wunderbaren Blick von der hügeligen Küste aufs nicht einmal 20 km entfernte Spanien. Das Wissen, gerade von einem auf den anderen Kontinent zu schauen, macht die Aussicht noch beeindruckender. Hier soll heute Abend mein Schlafplatz sein, da spät abends keine Fähren mehr fahren.

Als ich einen ruhigen Platz gefunden und meine Luftmatratze ausgebreitet habe, wird es dunkel. Ich gucke runter zum Strand und sehe, dass etwa

200 m weiter unten ein Mann mit Taschenlampe etwas zu suchen scheint. Nach und nach erscheinen an der kompletten Küste Lichtstrahlen von Taschenlampen, welche die Küste absuchen. Ich denke mir nichts dabei und habe keine Probleme tief und fest einzuschlafen.

45 Minuten später, es ist mittlerweile 23.30 Uhr, tippt mich jemand an und ich wache auf. Zwei Soldaten stehen vor mir, einer davon schwer bewaffnet. Seine Taschenlampe erhellt den Boden.

„Entschuldigen Sie, was machen Sie hier?"

„Schlafen?"

„Sie können hier nicht schlafen. Das ist viel zu gefährlich. Sie befinden sich im Grenzgebiet, hier kommen viele Leute aus verschiedenen Ländern Afrikas entlang, die illegal nach Spanien wollen. Die schlitzen ihnen die Kehle auf! Sie müssen hier weg!"

Müde und etwas verwundert packe ich meine Sachen zusammen. *Warum sollten irgendwelche Flüchtlinge, kurz bevor sie versuchen nach Spanien zu rudern, noch jemanden abstechen? Das ergibt für mich keinen Sinn.* Dennoch bestehen die Soldaten darauf, dass ich hier weg muss. Sie erzählen mir, dass etwa 900 Soldaten die Küste Marokkos bewachen, „sonst wäre Afrika vermutlich schon halb leer", so ihre Aussage.

Im 20 km entfernten und gut bewachten Hafen kann ich noch ein Auge zudrücken. Nach allem, was mir in den letzten zwei Jahren passiert ist, erscheint es mir nicht außergewöhnlich, dass mich gerade das Marokkanische Militär geweckt hat.

EUROPA

„Da ham se ja noch einiges vor sich!"

Am Morgen erreiche ich mit der Fähre den Hafen von Algeciras und damit Europa. Seit dem ersten Tag der Reise habe ich die Uhr meines Tachos nie umgestellt, jetzt stimmt sie wieder – welch romantischer Moment an einem so unromantischen Ort.

Zunächst fahre ich zu einem Fahrradshop, um eine Kleinigkeit am Fahrrad reparieren zu lassen. In jedem Fahrradladen auf der Reise konnte man mir spontan helfen, doch hier, wie vor zwei Jahren in Deutschland, guckt man sich das Problem nicht an, sondern wirft erst einen Blick in den digitalen Terminkalender. „Heute wird es nichts mehr, aber in zwei Tagen vormittags wäre Zeit." Ich bin in Europa.

Neben dieser Ernüchterung gibt es aber auch große Momente der Freude. Vor allem der Besuch eines deutschen Supermarktes in Südspanien, mit einigen bekannten und lange Zeit vermissten Produkten, fasziniert mich sehr. Das klingt verrückt, aber so ist es meistens: Die kleinen Freuden erzeugen die schönsten Momente.

Mittlerweile denke ich, dass ich in dieser Reise alles gesehen habe und es auf der Heimfahrt keine Überraschungen mehr geben wird. Aber ich werde eines Besseren belehrt, als ich in der Altstadt von Marbella bei Elisaweta unterkomme. Was ich nicht weiß und sie mir erst jetzt erzählt ist, dass ich in ihrem Haus nicht mehr in Spanien bin, sondern im Land #39 meiner Tour: **State Love**.

Sie hat spanisches Staatsgebiet besetzt und die Unabhängigkeit ausgerufen, ist mit ihrem (deutschen) Reisepass mit diplomatischer Akkreditierung des State Love zu den Vereinten Nationen in New York gereist und wurde konkludent angenommen. Dieser Staat ist zwar international (noch) nicht

anerkannt, aber es reicht ja schon, dass ich ihn anerkenne. Immerhin werden gewisse Staaten von anderen auch nicht anerkannt, andere haben Überseegebiete, winzige Inseln sind unabhängig, andere beanspruchen Gebiete anderer Staaten, es gibt Exklaven, Enklaven, Kondominien usw. Die in großen Teilen absurde Thematik bietet Futter für einige weitere Bücher. Lustigerweise gibt es einige Globetrotter, die sich darauf „spezialisiert haben", möglichst viele Länder bzw. unterschiedliche Einreisestempel zu sammeln. Nun bin ich Besitzer eines Abdrucks des raren Einreisestempels von State Love – welch eine Errungenschaft.

Einen Ausreisestempel gibt es jedoch nicht, denn sobald man einmal mental mit State Love verbunden ist, wird man nicht wieder rausgelassen. State heißt „Staat" aber auch „Zustand".

Vorbei an unzähligen Pauschaltouristen an den **Stränden Südspaniens** und ab nach Frankreich. Die Kugel Eis kostet in Avignon drei Euro, ein klarer Hinweis darauf, dass ich jetzt in Mitteleuropa bin. Wenn der Speiseeispreis weiter so steigt, wird Kokain bald günstiger zu bekommen sein.

Jeden Tag fahre ich bis spät abends und mache mich mit der Taschenlampe auf die Suche nach einem Schlafplatz. Mittlerweile ist mir egal, wo ich schlafe. Ich bin in Mitteleuropa und fühle mich sehr sicher. So dient oftmals der Straßenrand als gemütliches Nachtlager. Solange die Menschen geregelt ihrer Arbeit nachgehen, müssen sie nachts schlafen und mir wird niemand begegnen; so die Theorie und Praxis. Ich blicke zurück und erinnere mich an den Typ mit Mantel und Schweinemaske, den ich in der ersten Nacht neben dem Zelt glaubte. Da hat sich wohl etwas verändert.

Für Duschen halten Campingplätze her, bei denen eine Dusche zwei Euro kostet, während eine Übernachtung um die zehn Euro kosten würde. So komme ich günstig und sauber durch Mitteleuropa, besuche eine Freundin in der Schweiz und überquere anschließend die Grenze von Frankreich nach Deutschland über einen Fahrradweg.

So mancher Staat meiner Reise hatte es mit seinem Nationalstolz sicherlich übertrieben und allerorts konnte man Flaggen sehen. Deutschland untertreibt in dieser Hinsicht, denn es gibt keine Flagge oder Schild, das mich willkommen heißen will. Genauso, wie es vor über zwei Jahren kein Schild gab, das mich verabschieden wollte.

Der einzige Hinweis auf deutsches Staatsgebiet ist ein Schild, welches unmittelbar hinter der **Grenze** steht und vor Deichpflegefahrzeugen warnt.

Tatsächlich sprechen jetzt plötzlich alle Deutsch. Ein „Hallo" wird mit einem „Hallo" erwidert, es ist verrückt! Immerhin hat es das Land Hessen geschafft, auch an einem noch so kleinen Radweg von Baden-Württemberg kommend zwischen zwei Maisfeldern ein Willkommensschild aufzustellen. Tatsächlich sprechen plötzlich alle Hessisch. Ein „Gude" wird mit einem „Gude" erwidert, es ist noch verrückter!

In Darmstadt, also ca. 70 km bevor sich der Kreis schließen wird, treffe ich eine alte, liebenswürdige Frau, die mein Fahrrad sieht und mit hoher Stimme sagt: „Sie sind ja schwer bepackt! Wo geht's hin?"

Voller Stolz sage ich: *„Nach Gelnhausen!"*

Erschüttert schaut mich die Frau an: „Mi'm Fahrrad?! Na, da ham se ja noch einiges vor sich!"

Ich denke an den kleinen Bengel vom allerersten Tag meiner Tour, der die exakt selbe Wortwahl verwendet hatte und sage: *„Ja, da hab' ich noch einiges vor mir."*

Ich behalte die Details für mich, verabschiede die Frau und kann noch beobachten, wie sie ihrem Mann die unglaubliche Geschichte erzählt. Bevor ich die Idee der Reise hatte, hätte ich eine Radtour von Darmstadt nach Gelnhausen ebenfalls für absurd gehalten.

Dann ist es soweit, der letzte Tag ist gekommen. Schon im Vorfeld wurde von Freunden viel spekuliert, wie sich dieser Tag wohl anfühlen wird. Vorerst ziemlich normal, ich brauche keine Zeit um zu realisieren, was passiert ist, schließlich ist die Ankunft keine Sache, die urplötzlich geschieht oder ungewiss schien. Schon einige Tage, Wochen und Monate vorher war mir bewusst, dass ich einige Kilometer über die Straßen dieser Welt gefahren und längere Zeit nicht daheim gewesen bin. Dennoch ist es ein Tag, an den ich oftmals, vor allem in düsteren Momenten, gedacht und auf den ich hingefiebert hatte; zum ersten Mal in einer bitterkalten Nacht im Restaurant einer armenischen Tankstelle am 93ten von 761 Tagen.

Entgegen aller Erwartungen ist der Moment der **Ankunft** einer der unangenehmsten Momente der ganzen Reise. Ich wollte für Freunde und Familie eine schöne Party organisieren und habe allerhand Leute eingeladen, das Fernsehen und Nachbarn sind ebenfalls am Start. Viel zu viele erwartungsvolle Menschen schauen auf mich und beginnen zu applaudieren und zu jubeln, als ich die Straße hochfahre.

Generell bin ich kein Mensch, der außerordentlichen Gefallen daran hat, im Mittelpunkt zu stehen, vor allem nicht, wenn mir Menschen zujubeln und ich nicht fliehen kann. Ich habe das Gefühl, die Leute erwarten, dass jetzt irgendetwas passieren wird, ich in Tränen ausbreche, den Boden küsse oder zu einem Super-Saiyajin transformiere. Dabei bin ich doch nur die Straße hochgefahren. Ich will nur, dass ich schnell aus dieser Situation rauskomme. Natürlich fühle ich mich sehr geehrt, dass so viele Freunde, teilweise von weit weg, gekommen sind – und dennoch ist es mir unglaublich unangenehm.

Nach gut 60 Umarmungen sehen die ersten ein, dass es keine Transformation mehr geben wird und machen sich auf den Weg zum Buffet; meine Erleichterung.

Nachdem ich nach einem kleinen **Reise-Vortrag** all meine Pflichten erfüllt habe, die Straße mit Straßenmalkreide bemalt ist, die Kinder farbenfroh geschminkt und die Nachbarn vereint sind, Robert und seine Band „Ginger Nova" und Reggae Legende **„Uwe Banton"** die Stimmung zum Kochen bringen, das Feuerwerk zündet und eine Atmosphäre der Glückseligkeit im Garten liegt, hat sich der Abend zum besten des Jahres verwandelt. Ich bin angekommen.

REFLEXION

Die Reise ist vorbei, ich bin wieder daheim. Wahnsinn – für ein paar Wochen zumindest. Aber dann beginnt es zu kribbeln und ich könnte eigentlich schon wieder los.

Immer wieder fragen mich Freunde und Bekannte, was ich gelernt habe. Und ob die Reise mich als Mensch verändert hat. Das könnten sie ja eigentlich besser einschätzen. Aber natürlich; ich habe viel erlebt, habe mit vielen Menschen aus verschiedenen Regionen gesprochen und hatte anschließend noch mehr Zeit auf dem Fahrrad meine Gedanken zu sortieren. Die Reise war wie ein 2-jähriges Studium, in dem ich Dinge gelernt und Erkenntnisse gewonnen habe, die mir einfach nicht bewusst waren oder nicht in diesem Maße bewusst waren. Vieles davon ist schwer erklärbar, aber ein paar unsortierte Gedanken kann ich dir mitteilen. Ob du ihnen zustimmst, darfst du entscheiden.

I. **„Alleine reisen" heißt nicht „einsam reisen".** Man begegnet tagtäglich so vielen Leuten, dass der Sozialisationsbedarf ausreichend gedeckt ist. "Alleine reisen" heißt vollkommene Entscheidungsfreiheit.

II. **Mit einem Lächeln kommst du weiter.** Egal ob am Flughafen, bei der Immigration, im Fahrradladen oder in jeder anderen kniffligen Situation: Solange du gute Laune versprühst, wirst du wahrscheinlich bekommen, was du haben willst.

III. **Einen Zeitplan zu haben ist grauenhaft, Flexibilität ist Gold wert.** Sobald ich einen Flug gebucht hatte oder ein Visum mir ein Zeitlimit vorgab, war die Freiheit immer eingeschränkt. Flexibel zu sein und einfach das zu machen, auf was man gerade Lust hat, macht einen sehr glücklich.

IV. **Die eigene Gewöhnungsfähigkeit ist groß.** Jeden Tag 100 km bei 37°C Fahrrad zu fahren klingt erstmal wild, aber solange diese Umstellung nicht von heute auf morgen passiert, macht es eigentlich keine größeren Probleme.

V. **Das Wetter hat extremen Einfluss auf die Laune.** Nein, ich rede nicht von „ein bisschen", es ist wirklich extrem. Konsequenz: Ich möchte dort leben, wo immer die Sonne scheint und es warm ist. Ich werde ein Zugvogel.

VI. **Mit dem Fahrrad zu reisen ist geil.** Man kann den Menschen immer auf Augenhöhe begegnen und kommt somit nah an sie heran. Die Anstrengung ist teilweise extrem, aber sobald man wieder bergab fährt oder der Wind von hinten kommt vergisst man das. Die schönen Dinge werden in Erinnerung bleiben.

VII. **Gegenwind ist das Schlimmste, was passieren kann.** Wenn man dauerhaft denkt, *eigentlich würde ich viel schneller fahren und eigentlich wäre es bei weitem nicht so anstrengend*, dann zieht das ganz gut runter und versaut einem oftmals den Tag.

VIII. **„Dinge sehen“ und „Dinge erleben“ ist nicht dasselbe.** Wenn jemand sagt, dass ich auf der Reise viel gesehen habe, sage ich: „Auch.“ Aber das Sehen ist nur einer von vielen Sinnen. Ein Erlebnis ist für mich nicht, eine Sehenswürdigkeit anzuschauen und sie anschließend von der Bucket-List zu streichen. Zu einem Erlebnis gehören für mich Bewegung, Aktion, Sehen, Spüren, Hören, Aufregung, Magie und vieles mehr.

IX. **Touristische Orte spiegeln nicht das echte Leben wieder, sind dafür aber doppelt so teuer.** Die Einheimischen an diesen Orten sind auf Touristen ausgerichtet und wissen, dass diese bereit sind, viel Geld auszugeben, teilweise aus Bequemlichkeit, teilweise weil es keine anderen Optionen gibt. Steak-Restaurants in Myanmar, European Food auf Bali und Pizza in Thailand. Wer das wahre Gesicht eines Landes sehen will, muss den Touristen-Hotspot verlassen.

X. **Touristische Sehenswürdigkeiten darf man nicht außen vor lassen.** Auch wenn man sie schon 1.000 Mal auf Bildern und im Fernsehen gesehen hat bzw. gerade deswegen, löst es ein unbeschreibliches Gefühl aus, wenn man sie endlich in Realität sehen und fühlen kann.

XI. **Wenn du selbst einen guten Tag haben willst, hilf einem Fremden.** Punkt.

XII. **Wir in Deutschland haben es gut.** Lebenshaltungskosten im Verhältnis zum Einkommen sind gering und unser Geld ist in der Welt viel wert; wir brauchen theoretisch nicht arbeiten und der Staat würde uns trotzdem Geld geben; das Bier im Supermarkt ist so günstig wie nirgendwo anders auf der Welt; man kann abends alleine durch die Stadt laufen; wir haben Waschmaschinen; das Wasser kommt bei uns aus dem Hahn; das Wasser aus dem Hahn ist sogar trinkbar; viele Probleme, die wir denken zu haben, wären für viele Menschen dieser Welt Luxusprobleme usw.

XIII. **Wir in Deutschland haben es schlecht.** Das Wetter ist in großen Teilen des Jahres unangenehm; natürliche Strände mit türkisblauem Wasser und Kokospalmen gibt es nicht; ein Teil der Bevölkerung denkt, dass Arbeit und Geld die höchsten Güter im Leben sind; ein zu großer Teil der Bevölkerung hat die Gabe, an allem das Schlechte zu sehen; Sicherheitsdenken, Bürokratie, Vorschriften, Reglementierung von allem, schränken unsere Freiheit deutlich ein usw.

XIV. **Alles, was man zum Leben braucht, passt in ein paar Fahrradtaschen**. Fünf verschiedene Geschirr- und Besteck-Sets, Kleidung für den begehbaren Kleiderschrank und Staubfänger kauft man sich i.d.R. aus Langeweile. Wer die Gabe hat, mit wenigen Dingen auszukommen, hat mehr Geld und Zeit für wirklich spannende Dinge.

XV. **Wir sind alle gleich.** Der Mensch ist ein Mensch. Egal ob in der Wüste Afrikas, im Dschungel Südamerikas, in einem Dorf in Asien, der Großstadt Europas oder wo auch immer, wir sind höhere Säugetiere, gehören zu den Trockennasenprimaten und man nennt uns Homo sapiens. Wir brauchen Luft zum Atmen, etwas zu essen und zu trinken, wir sprechen Sprachen, machen Musik, wir lachen und trauern, denken über den Sinn des Lebens nach usw. Sowas hatte ich mir schon vor der Reise gedacht, aber dass wir alle so exakt gleich funktionieren, war mir nicht bewusst. (Lesetipp Wikipedia: Mensch)

XVI. **Eine lange Reise ist kein Urlaub.** Urlaub heißt für viele, den Alltag hinter sich zu lassen und sich um nichts kümmern zu müssen. Auf einer langen Reise wird das Reisen zu deinem Alltag und du musst dich um alles kümmern. Die Reise ist ein Lebensstil. Und der ist verdammt cool!

XVII. **Man wird immer ein „unentdecktes" Highlight finden.** Mehr und mehr Leute reisen, Reiseblogs sprießen aus dem Boden und es scheint so, als gäbe es kaum noch Sehenswürdigkeiten, die nicht touristisch erschlossen sind. Da jedoch nahezu alle Reisenden, egal ob jung oder alt, immer wieder dieselben Orte frequentieren wirst du bei 148,9 Mio. km^2 Landfläche auf dem Planeten Erde noch einiges für dich entdecken können.

XVIII. **Es geht immer weiter.** Ein einfacher Satz aus vier Wörtern und eine der größten Erkenntnisse meiner Reise. Wenn man immer wieder in schwierige, verzwickte, kniffelige Situationen kommt, vor denen man vielleicht Bammel hatte und dann immer und immer wieder merkt, dass es eine Lösung gibt – dass man das Visum bekommt, dass das Fahrrad repariert werden kann, dass man einen sicheren Schlafplatz in einer unsicheren Gegend findet, dass man Alternativen findet, wenn etwas nicht geklappt hat usw. – dann versteht man irgendwann: Es geht immer weiter. Wenn man diese Gewissheit in sein Leben übertragen kann, versetzt es einen auch vor noch so großen Aufgaben, hektischen Situationen, scheinbar wichtigen Momenten oder gewaltigen Herausforderungen in einen Zustand der Entspannung.

XIX. **Die Welt ist wunderschön und der Mensch ist prinzipiell gut.** Das möchte so mancher Pessimist nicht hören und darf mich gerne als naiven Hippie abstempeln. Allerdings zeigen dir die Tagesschau oder jegliche andere Mainstream-Nachrichtensendung, Tageszeitung, Radio- oder Online-Nachrichten nicht die Welt. Sie zeigen dir einen winzigen Bruchteil dieser Welt, in dem gerade etwas Schlechtes passiert ist und malen die Geschehnisse noch aus. Den restlichen 99,X % werden keine Aufmerksamkeit geschenkt. Das ist etwa so, als würdest du in einem riesigen, wunderschönen Park einen Haufen Scheiße finden, reintreten und anschließend all deinen Freunden erzählen wie gefährlich dieser Park ist. Allerdings interessiert sich der Mensch instinktiv für Gefahr, deshalb bringen die Medien solche Nachrichten. Ein brennendes Hochhaus ruft mehr Emotionen hervor und sieht spektakulärer aus, als ein sonniger Kinderspielplatz mit lachenden Gesichtern. Ja, es gibt Brennpunkte auf diesem Planeten und auch einige schwarze Schafe zwischen unzähligen guten Menschen, aber insgesamt überwiegt das Gute. Diese These wird niemand sesselfurzend mit einer Fernbedienung in der Hand widerlegen können.

XX. **Glück ist nichts was du erreichst und dann für immer hast.** Wer denkt, er könnte die Welt bereisen, sich sein Traumauto kaufen, endlich das ersehnte Eigenheim bauen, sich egal welchen Lebenstraum erfüllen und ist dann für immer glücklich, der liegt leider falsch. Die Reise ist vorbei, das musste auch ich einsehen und um glücklich zu sein muss man dauerhaft was tun.
Zum Glück bleibt uns dafür ja noch genug Zeit.

Remember that happiness is a way of travel, not a destination.
– Roy M. Goodman

Die Liste könnte noch ewig weitergehen, stattdessen will ich noch auf den zweiten Teil der Eingangsfrage eingehen: "Hat die Reise dich verändert?" Veränderung ist meistens ein schleichender Prozess, deswegen ist es oft schwer sie wahrzunehmen. Aber auch hier kann ich ein paar unsortierte Feststellungen machen, die natürlich auch mit dir passieren könnten, wenn du dich auf eine große Reise begibst:

- Ich habe gelernt, offen auf wildfremde Menschen zuzugehen. Da ich es jeden Tag üben musste, fiel es mir schon nach kurzer Zeit nicht mehr schwer.
- Mein Selbstvertrauen ist gestiegen, da ich alles selbst erledigen musste und mir selbst gezeigt habe, dass ich es kann; und natürlich auch, da ich jeden Tag viel Liebe und Anerkennung geschenkt bekommen habe.
- Ich habe meinen Körper besser kennen gelernt. Extreme Belastungen über mehrere Tage und Wochen haben mir gezeigt, was mein Körper kann, was er braucht und wann er rebelliert.
- Ich habe die Gabe entwickelt, an (fast) allem das Positive zu sehen.
- Die Welt kommt mir nicht mehr allzu groß vor. Wenn ich es mit dem Fahrrad bis ans andere Ende der Welt schaffe und ich innerhalb von einem Tag per Flugzeug in fast jeder Region der Erde sein kann, dann kann die Welt nicht so groß sein. „Weit weg sein" geht eigentlich nicht.
- Ich habe meine Angst vorm Wildcampen verloren, da ich mich der Angst oft genug stellen musste.
- Je mehr ich gesehen und erlebt habe, desto schwieriger wurde es mich zu beeindrucken.
- Ich habe meine Sparsamkeit aufs nächste Level gehoben, da ich während der Reise (fast) nicht gearbeitet habe. Denn solange man nicht arbeitet, ist das Sparen die einzige Möglichkeit seine Zeit zu verlängern.
- Ich habe gelernt, auch in kniffligen Situationen einen kühlen Kopf zu bewahren, da ich in viele knifflige Situationen gekommen bin und viel üben konnte.
- Ich habe gemerkt, wie wenig man zum Leben braucht.

STATISTIK

Tourstart:	24. Juni 2015
Tourende:	22. Juli 2017
Tage total:	761
Fahrtage (> 30km):	477
Ø km pro (Fahr-)Tag:	89,9 km
Ø km inkl. Pausetagen:	57,3 km
Fahrtage 100+ km:	181
Kilometer gesamt:	43.578 km
Höhenmeter gesamt:	294.895 m
Fahrzeit gesamt:	2.352:51 h
Höchstgeschwindigkeit:	78,63 km/h (Ecuador)
Längste Tagesetappe:	231,02 km / 10:42 h (Thailand)
Meiste Tages-Höhenmeter:	2.537 m (Panama)
Höchster Punkt:	4.530 m ü. NHN (Peru)
Flachste Tagesetappe:	2 m auf 117,83 km (0,0017%) (Argentinien)
Steilste Tagesetappe:	1514 m auf 44,13 km (3,43%) (Timor-Leste)
Schnellste Tagesetappe:	86,59 km in 3:11 h (27,2 km/h) (Mexiko)
Langsamste Tagesetappe:	50,43 km in 5:26 h (9,28 km/h) (Timor-Leste)
Meiste Tage in einem Land:	111 (USA)
Meiste km in einem Land:	5229 km (Australien)
Platte Reifen:	63
Benutzte Wi-Fis:	385
Besuchte Länder:	41
Cheating (LKW, Auto, Bus, Bahn):	5.027 km
Fähren:	1.387 km
Ø Tageshöchsttemperatur:	27,55°C
Höchste Tageshöchsttemperatur:	39°C (Marokko)

Wie DU mit dem Fahrrad um die Welt fährst

Natürlich musst du nicht gleich um die ganze Welt fahren, aber vielleicht konnte ich dir etwas Lust auf eine Radreise machen und ein bisschen die Angst nehmen. Auch eine kleine Radreise kann schon ein riesiges Abenteuer sein. Deswegen jetzt die Antworten auf die immer wiederkehrenden Fragen, ein paar Ideen zur Finanzierung und eine Packliste. Das ganze basierend auf meinen Erfahrungen, deswegen gibt es natürlich keine Gewähr auf Vollständigkeit oder Richtigkeit meiner Aussagen. Finde heraus was für dich am wichtigsten ist!

FAQs / TOP 16 FRAGEN

16. Was hast du gemacht, wenn dein Fahrrad mal kaputt war?

Ich habe es repariert bzw. **reparieren lassen**. An einem Fahrrad gibt es nichts, was nicht in irgendeiner Form heilbar oder austauschbar ist. Anfangs konnte ich im Prinzip nicht mehr als einen Reifen wechseln und selbst dafür brauchte ich beim ersten Mal über eine Stunde.

Wichtig ist, dass – falls du eine Reparatur durchführen lässt – du immer genau zuguckst, wie es gemacht wird. Oder noch besser selbst Hand anlegst und dir Anweisungen geben lässt, damit du es lernst und beim nächsten Mal selbst machen kannst. Auch auf YouTube gibt es allerhand Lehrvideos, die dir behilflich sein könnten.

Von Panne zu Panne wirst du immer besser und nach zwei Jahren hast du den Gesellenbrief zum Zweiradmechaniker schon fast in der Tasche. Selbst wenn du das Wissen für eine bestimmte Reparatur noch nicht erworben hast und der nächste Fahrradshop hunderte von Kilometern entfernt ist, es wird sich immer eine Lösung finden, du hast ja Zeit. Not macht erfinderisch.

15. Wie hast du mit Familie und Freunden kommuniziert?

Herzlich willkommen im 21. Jahrhundert! Postkarten und exorbitant teure internationale Anrufe waren gestern. Es lebe das Internet!

Über WhatsApp, Facebook und Co. kann man kostenlos telefonieren oder auch Video-Anrufe tätigen sobald man eine Internetverbindung hat. In den meisten Ländern kann man einfach an einen Kiosk gehen, sich für etwas Handgeld eine SIM-Karte kaufen, muss nur den APN (Zugangspunkt) einstellen und schon ist man online. Die Vorteile liegen auf der Hand, allerdings hat man nie das Gefühl, wirklich **weit weg** zu sein, wenn man z.B. im letzten Dorf in

Myanmar ist, eine 4G-Verbindung hat und in bester Qualität zu jedem Zeitpunkt mit seiner Mama telefonieren könnte.

14. Wie bist du während der Reise an Geld gekommen?

Mit einem Stück Plastik, das sich Kreditkarte nennt. Die Visa-Card funktionierte an fast allen Geldautomaten einwandfrei. **Bargeld** ist in den meisten Ländern die einzige Möglichkeit zu bezahlen. Eine Empfehlung für eine bestimmte Bank kann ich nicht machen, da sich das Angebot schnell ändern kann. Es gibt Anbieter, mit denen man weltweit kostenlos Geld abheben kann. Die Fremdgebühren der Automaten (oftmals zwischen 3 und 7 €) muss man jedoch i.d.R. selbst bezahlen.

13. Wie hast du das mit dem Essen gemacht?

Das ist sicherlich eine komische Frage, aber dennoch wurde sie oft gestellt. Mund auf, **Essen rein**, kauen, runterschlucken – so ist die richtige Reihenfolge.

Merke: Überall wo Menschen leben, wird's auch was zu essen geben. Auch wenn du durch winzige Siedlungen fährst, in denen es nicht einmal einen Dorfladen gibt, wird dir jemand etwas zu essen reichen, denn der Mensch ist ein hilfsbereites Lebewesen und würde seinen Artgenossen nicht verhungern lassen.

Die Speisen dieser Welt sind super **vielfältig**, probier alles aus! In vielen Ländern, vor allem in Asien und Lateinamerika gibt es sehr günstiges und leckeres Streetfood, was in den meisten Fällen auch keine Probleme verursacht. Aber Augen auf! Wenn der Essensstand und sein Besitzer schon dreckig aussehen, wird das Essen womöglich auch verunreinigt sein.

Magenprobleme kommen und gehen, sind aber dennoch sehr unangenehm und solange du sie vermeiden kannst, solltest du es tun. Ich habe sie nicht mehr gezählt, als ich im zweistelligen Bereich angekommen war.

Einen Campingkocher kannst du, aber musst du nicht mitnehmen: Vor allem als Alleinreisender wird man oft eingeladen und außerdem ist alleine kochen relativ langweilig. Bist du nicht alleine auf Reise, kannst du dir den Kocher und Zubehör natürlich wunderbar teilen und vor allem in Ländern, in denen eine warme Mahlzeit eher teuer ist (Mitteleuropa, USA, Australien, Neuseeland, Kanada, ...) ist ein leckeres, selbstgekochtes Abendessen in der Natur nach einem langen anstrengenden Tag einer der schönsten Momente, den man sich vorstellen kann.

Wenn Geld kein Problem für dich ist, kauf dir einfach, auf was du am meisten Lust hast. Willst du eine Radreise machen, weil du eher knapp bei Kasse bist, achte darauf, dass das Kalorien-Kosten-Verhältnis möglichst hoch ist. Salat und Suppe würde z.B. deinen Magen füllen, dir aber 0 Kraft geben. Damit kannst du keine 100 km am Tag fahren. Sinnvoller erscheint mir hingegen z.B. kurz vorm Schlafengehen noch eine Tüte Chips zu essen. Die liegen nicht schwer im Magen, haben ca. 1.100 Kalorien und wenn du morgens aufwachst und dir noch ein riesiges Frühstück reinhaust, hast du genug Kraft, um einen guten Start hinzulegen.

Ja, du musst verdammt **viel Essen**, wenn du vier, fünf, sechs, sieben, acht, ... Stunden pro Tag auf einem schweren Fahrrad sitzt. Damit war das Essen auch der größte Kostenfaktor meiner Reise. Pro Kilometer gerechnet, kommt man in so manchem Ölstaat, in dem der Sprit kaum etwas kostet, mit einem Auto günstiger voran. Solange das Essen lecker schmeckt, ist der Dauerhunger auch echt cool. Wenn du jedoch drei Wochen lang extrem viel Toastbrot und Bohnen isst, dann macht das deinem Gaumen keinen Spaß.

12. Wo hast du deine Klamotten gewaschen?

Diese Frage wurde hauptsächlich von Männern gestellt, die von Hotel Mama direkt zu ihrer Freundin oder Frau gezogen sind. Du musst lernen mit der Hand Wäsche zu waschen! Das ist etwa so schwierig, wie eine Tiefkühlpizza in den Ofen zu schieben oder Instant Nudeln zuzubereiten. Du kannst es schaffen!

In vielen Ländern gibt es keine Waschmaschinen und Handwäsche ist die normale Vorgehensweise. Deshalb gibt es dort auch Handwaschmittel in kleinen Rationen zu kaufen. Seife oder Shampoo tut es auch. Wenn du nun noch Wasser findest, hast du es schon fast geschafft. Falls es das Wetter zulässt, kannst du deine Wäsche anschließend überall **trocknen**, sogar während der Fahrt auf dem Fahrrad. Wenn du einen Gastgeber mit Waschmaschine findest, umso besser.

Außerdem musst du nicht jeden Tag waschen. Je mehr du an die Belastung des Radfahrens gewöhnt bist, desto weniger schwitzt du und mit der Zeit wird auch deine Akzeptanz gegenüber deinem eigenen Geruch größer. Das hilft auch, wenn man tagelang keine Dusche findet. Erst wenn es anfängt zu jucken, wird es unangenehm. Mein Rekord war neun Tage ohne Dusche (Australien) und der Langzeitrekord war vier Duschen in einem Monat (Bolivien). Ein Tröpfchen Wasser zum Zähneputzen findet man aber immer.

11. Hast du auch mal ans Aufgeben gedacht? Hattest du Heimweh?

Nein und nein. Sicherlich gab es Phasen, wo ich überhaupt keine Lust hatte (Australien Outback und Gegenwind, Ecuador **Dauerregen**, Argentinien Landschaft), aber da ich hoffte/wusste, dass es nur eine Phase ist, habe ich eben immer weitergemacht. Aber selbst wenn es hart auf hart kommt und man wirklich überhaupt keinen Sinn mehr in der Reise sieht oder einfach genug hat, kann man immer die Entscheidung treffen aufzuhören und heimzureisen. Oder eben einfach dort zu bleiben, wo man gerade ist.

10. Wie hast du das mit den Visa gemacht?

Glücklicherweise ist der deutsche **Reisepass** aktuell einer der mächtigsten weltweit, deswegen hatte ich nicht allzu viele Probleme; die Geschichten konnte man ja schon nachlesen. In diesem Zusammenhang kann man einmal die Webseite www.passportindex.org besuchen und darüber nachdenken, was wir Menschen mit unseren selbst entworfenen Regeln geschaffen haben.

Sollte man seine Zeit hier noch absitzen und auf eine Reinkarnation als Vogel hoffen? Wie unterscheiden sich die Territorialverhalten des Homo sapiens und der Graugans? Ein schönes Thema für eine lange Nacht am Tresen einer verrauchten Kneipe.

Wichtig ist jedenfalls, sich die Einreisebestimmungen auf der Seite des Auswärtigen Amts durchzulesen, die für deutsche Staatsangehörige zu jedem Land der Welt aufgeführt sind. Falls dort einige Hinweise auf Sonderregelungen zu finden sind, lohnt es sich, nach aktuellen Reiseblogs zu suchen, die detaillierte Informationen geben können. Falls man ein Visum braucht und es nicht an der Grenze erhält, muss man im Voraus eine Botschaft finden. Allerdings ändern sich Bestimmungen und manchmal kommt eine gewisse Willkür von Botschaftsmitarbeitern hinzu.

An dieser Stelle ein Hinweis zu den landesspezifischen Sicherheitshinweisen des Auswärtigen Amts: Lass dich nicht einschüchtern! Die Sicherheitshinweise sind Sicherheitshinweise und beinhalten deshalb nicht, dass in deinem Reiseland die Sonne scheint, die Menschen sehr hilfsbereit sind und die Natur der Wahnsinn ist. Dennoch entsteht der Eindruck, dass du diese Welt nicht bereisen kannst, ohne mehrfach ausgeraubt, vergewaltigt und erschossen zu werden.

Es gibt auch wichtige Hinweise, z.B. über gefährlichere Gebiete in bestimmten Ländern, aber du wirst den Unterschied zwischen Panikmache und ernstzunehmenden Hinweis schnell herausfinden können. Um den Erfahrungsschatz schnell zu gewinnen, empfehle ich, die Reise- und Sicherheitshinweise einmal vor und einmal nach dem Besuch eines Landes zu lesen und zu überprüfen, ob die Hinweise nützlich waren.

9. Wie hast du deine Batterien aufgeladen?

Einerseits kann man mit einem Adapter seine Geräte per USB-Anschluss über den Nabendynamo des Fahrrads laden oder alternativ ein Solarpanel mitnehmen. So etwas kann hilfreich sein, wenn du regelmäßig Strom brauchst und tagelang in abgelegenen Gegenden unterwegs bist. Ansonsten findet man so oft eine **Steckdose** (bei Gastgebern, Tankstellen, Restaurants usw.), dass diese Zusatzgeräte gar nicht so wichtig sind. Solange man eine starke Powerbank und ein paar Ersatzbatterien dabei hat, geht einem sogar selbst dann nie der Saft aus, wenn man einen Film drehen möchte. Wer es so simpel wie möglich halten und nur sein Smartphone mitnehmen möchte, dem reicht das Ladegerät und eine Powerbank.

8. Wie wusstest du, wo du lang musst? / Hattest du Landkarten dabei?

Ja, ich hatte Landkarten dabei und sie versteckten sich in meinem Smartphone. Es gibt einige kostenlose Apps zur Offline-Navigation, z.B. MAPS.ME oder HERE WeGo. Da du für ein GPS-Signal kein Netz brauchst, kannst du also kostenlos um die ganze Welt navigieren.

Sehr wichtig ist, die topographische Karte zu beachten, denn wenn es 20 km bergauf geht, kann sowas mehrere Stunden dauern, wenn es jedoch 20 km bergab geht, kann es in 25 Minuten vorbei sein.

Wichtig ist auch, sich viel mit **Einheimischen** zu unterhalten, die dir Abkürzungen zeigen, dir etwas über die Straßenqualität erzählen, dir die schönere Strecke empfehlen, auf die sicherere Route hinweisen usw.

7. Gab's auch gefährliche Situationen?

Ja, die gab es und die „schönsten“ wurden in diesem Buch schon beschrieben. Für solch „gefährliche“ Situationen mit Räubern und anderem Gesindel solltest du dich auf dein Bauchgefühl verlassen und den gesunden Menschenverstand anwenden.

Aber auch auf der Straße lauern Gefahren: In Georgien überholt mich ein Laster in einer Baustelle, schneidet mir den Weg in der Innenkurve ab und stößt mich bei hohem Tempo fast in den Seitengraben; in einem Kreisverkehr in den VAE übersieht mich ein alter Araber und bleibt nach quietschender Vollbremsung hinter mir stehen; auf Bali fährt mich ein Rollerfahrer um; in den USA fährt ein Van auf der Autobahn mit ca. 100 km/h 10 cm an meiner Schulter vorbei; in Mexiko überholt mich ein 40-Tonner in einer Baustelle und „komprimiert“ mich fast zwischen sich und der Fahrbahnbegrenzung, als ein anderer 40-Tonner entgegenkommt; in Kolumbien gerät ein entgegenkommender LKW beim Überholvorgang im Dauerregen ins Schlingern, ist Millisekunden davon entfernt die Kontrolle zu verlieren und rettet das Gefährt im letzten Moment bevor er mich terminiert.

Bei solchen Geschichten kann man wenig beeinflussen, das ist Glück oder Pech, falsche Zeit am falschen Ort, Schicksal oder höhere Macht. Allerdings kann man seine Lebenserwartung preiswert erhöhen, indem man Sicherheitsvorkehrungen trifft; besser zu viele als zu wenige. Bunte Kleidung sieht man besser als graue; nachts nur mit hellem Vorder- und Rücklicht und vielen Reflektoren fahren; ein Rückspiegel zur besseren Übersicht hilft vor allem in Großstädten; eine bunte, seitlich rausragende Schwimmnudel oder Fahne zwingt nachfolgenden Verkehr, einen größeren Bogen um dich zu machen; ein Helm ist in Großstädten oder bei wilden Abfahrten sinnvoll; erkundige dich bei Einheimischen über sichere Routen.

Wichtig zu wissen ist, dass man erstens: der Schwächere und zweitens: auch der Langsamere ist. Dadurch hat der nachfolgende Verkehr wenig Zeit, einen zu bemerken (siehe Rollerfahrer auf Bali).

Rechne mit den Fehlern der Anderen, die Schuldfrage ist irrelevant. Wenn du tot bist, aber immerhin der Andere Schuld war, dann bringt es dir trotzdem nichts.

Ein Tipp zu unseren vierbeinigen Freunden: **Hunde, die bellen, beißen nicht.** Im Umkehrschluss: Hüte dich vor Hunden, die hinter dir her rennen und dabei nicht bellen – sie könnten es ernst meinen.

6. Wie verständigt man sich in fernen Ländern ohne die Landessprache zu sprechen?

Auch wenn man nicht dieselbe Sprache spricht, kann man miteinander kommunizieren, da wir Menschen in unseren Bedürfnissen, Problemen und Gedanken im Prinzip alle gleich sind und dein Gegenüber deshalb oft interpretieren kann, was du eigentlich sagen willst. Das gilt natürlich auch umgekehrt.

Mimik, Gestik und Körpersprache sind äußerst wichtig. Je mehr du davon einsetzt, desto besser machst du dich verständlich. Scheue dich nicht davor, dich zum Affen zu machen. Wenn die anderen lachen, dann aus Freude. Freude ist gut.

Mit Englischkenntnissen kannst du dich nach Schätzungen schon mit 1,8 Milliarden Menschen unterhalten. Sobald du ein Land mit einer dir unbekannten Sprache erreichst, suche dir jemanden, der die Landessprache spricht und mit dem du eine gemeinsame Sprache hast (oftmals Englischlehrer). Lerne mit ihm oder ihr ein paar **Grundbegriffe**: Danke, Hallo, Tschüss, Ja, Nein, Fahrrad, Essen, Wasser, Schlafen, Camping, Wie viel kostet es?, die Zahlen 1 – 10 usw. Wenn du dir jeden Tag zehn neue Vokabeln merkst und viel Zeichensprache verwendest, kannst du schon nach wenigen Tagen stundenlange Gespräche führen. Länder- und Städtenamen sind in jeder Sprache mehr oder weniger gleich, also kannst du viel von deiner Reise erzählen.

Wenn die Menschen merken, dass du versuchst ihre Sprache zu sprechen, ist das ein Zeichen von Respekt und sie werden dich lieben. Stelle dir vor, dir würde ein Reisender aus einem fernen Land begegnen und er würde versuchen Deutsch mit dir zu reden, obwohl er nicht mehr als zehn Worte kennt: Auch du würdest ihm deine Anerkennung schenken und dich mehr darüber freuen, als wenn er direkt in Englisch beginnt. Der Versuch zählt!

Lade dir zum jeweiligen Land ein Offline-Wörterbuch auf dein Smartphone, um bei schwer erklärbaren Wörtern nachhelfen zu können.

Wenn du in einem Land für mehrere Monate reisen willst empfiehlt es sich einen Sprachkurs zu machen oder mit Büchern oder Apps die Sprache etwas intensiver zu lernen. Wer z.B. Interesse an Mittel- oder Südamerika hat, sollte sich Grundkenntnisse in Spanisch aneignen.

5. Was hast du nachts mit deinem Fahrrad gemacht? Wo war es beim Einkaufen?

Eine Garage gab es selten, aber ein Fahrrad ist nicht groß und findet in jedem Haus oder Zimmer seinen Platz. Auf mein Glück habe ich mich dabei nie verlassen und wenn mir der Ort für das Rad nicht sicher genug erschien, habe ich meinen Gastgeber nochmal nach einem besseren Platz gefragt, auch wenn es ein paar Minuten länger dauerte.

Beim Zelten habe ich das Rad halb unter einen der zwei **Zelteingänge** gestellt, unten an eine Zeltstange angeschlossen und mir vorm Einschlafen kurz bewusst gemacht, dass ich auf jeden Fall aufwachen werde, falls es ein lautes Rascheln gibt. Passiert ist nie etwas, allerdings bin ich dem einen oder anderen Dieb im Traum hinterhergerannt.

Beim Einkaufen oder in Restaurants habe ich immer darauf geachtet, das Fahrrad einsehen zu können und habe die Tasche mit den wichtigen Dingen immer mitgenommen. Bei größeren Supermärkten habe ich mich auf mein Bauchgefühl verlassen. Wenn sich komische Leute in der Nähe des Marktes aufhielten, war es besser nach Alternativen zu suchen. Ansonsten habe ich immer etwas gehofft und mich beeilt. In den meisten Ländern gab es keine Supermärkte und der Dorfladen war immer eine sichere Variante.

4. Und was machst'e, wenn de ma' krank wirst?

Wieder gesund werden. Wie im Buch schon mehrfach erwähnt kann man überall, wo man krank werden kann, auch wieder gesund werden. Eine Reise wegen einer **Krankheit** abzubrechen ist außergewöhnlich. Während der Reise war ich mehrfach krank, aber fast immer lag es am Essen. Sich eine

Erkältung im klassischen Sinne einzufangen ist schwierig – der Kreislauf wird tagtäglich beansprucht und dadurch gestärkt. Eine kleine Reiseapotheke mit Kopfschmerztabletten, Pflastern und Co. dabei zu haben, ist dennoch eine gute Idee. Langzeitauslandskrankenversicherungen sind bei weitem günstiger, als normale Krankenversicherungen für Deutschland.

3. Wo hast du übernachtet?

Um ein paar außergewöhnlichere Beispiele zu geben: in einer Schwimmhalle in Indien, auf der Ladefläche eines **Kleintransporters** in einem Restaurant in Myanmar, in der Frauenzelle einer Polizeistation in Mexiko, in einem **Fischteich** in Timor, unter einem LKW auf einer indonesischen Fähre, neben 53 frisch geschlüpften Meeresschildkröten in einer Schildkrötenzuchtstation in Mexiko, im Garten von Menschenschleusern in Costa Rica, in einem Baumhaus in Peru, im Büro des Bürgermeisters in einem Dorf in der Türkei, im Drive-in eines Taco Bells in den

USA, in einem traditionellen Haus im Dschungel Timors, in der Hängematte bei einer Maya-Familie in Belize.

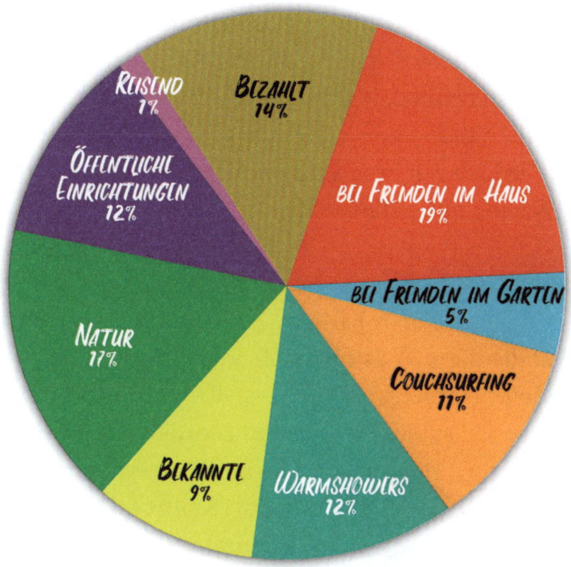

Kombiniert man die Nächte bei fremden Menschen im Haus und bei Fremden im Garten mit Couchsurfing und Warmshowers habe ich fast jede zweite Nacht meiner Reise bei Menschen übernachtet, die ich zuvor noch nie gesehen hatte. Dass die Nächte bei Bekannten 9 % ausmachen liegt daran, dass ich bei ihnen einige Nächte mehr geblieben bin. Die Natur, in der ich jede sechste Nacht verbrachte, setzt sich aus Wildcamping mit oder **ohne Zelt** und kostenlosen Campingplätzen zusammen. Öffentliche Einrichtungen werden angeführt von Polizeistationen, Kirchen, Tankstellen und beinhalten weiterhin Dorfgemeinschaftshäuser, Moscheen, Feuerwehrstationen, Schulen, den Roten Halbmond, Bürgermeisterbüros und wie bereits erwähnt: Schildkrötenaufzuchtstationen. 1 % der Nächte verbrachte ich reisend, also auf Fähren, in Flugzeugen oder ohne Schlaf auf dem Fahrrad oder in Trucks. Im Schnitt einmal pro Woche habe ich für eine Unterkunft bezahlt, dies jedoch hauptsächlich in den kalten Anden, in Thailand und ganz am Anfang der Reise – in Hotels, Motels, Hostels, Gästezimmern und auf Campingplätzen. Im Schnitt gab ich für eine Übernachtung 8,25 € aus.

Verteilt man dies auf alle Tage der Reise hatte ich durchschnittliche Übernachtungskosten von 1,16 € pro Tag. Das wären monatliche Mietkosten inklusive Nebenkosten von 35 € – nur mal so als Perspektive. Damit bin ich zufrieden, weiß aber, dass wenn man es drauf anlegt, man günstiger davonkommen kann – jedoch nur, wenn man einige Abstriche macht und ein paar unangenehme Nächte in Kauf nimmt.

2. Wo war's am schönsten?

Die Frage des Grauens. Für mich gibt es keine unangefochtene Nr. 1. Die Mischung ist es, die diese **Welt** für mich so aufregend macht. Da die Frage dennoch irgendwie halbwegs zufriedenstellend beantwortet werden will, gibt es hier meine total subjektiven und ungeordneten Top Picks:

Mexiko (Essen und Lebensfreude), Nepal (Kultur und Bräuche), Armenien (Landschaft und Ruhe), Thailand (Party und Strände), Peru (Landschaften und Panoramas), Indonesien (Natur und Unbeschwertheit), Timor-Leste (Abenteuer und Ursprünglichkeit), USA (Optimismus für verrückte Ideen und Bier), Guatemala (Natur und Pyramiden), Kolumbien (Lebensfreude und Bonitas), Iran (Gastfreundschaft und Skurrilität), Bolivien (Ehrlichkeit und Landschaften).

1. Und was machst'e danach?

Antwort: ein Buch und einen Film.
Wenn du diesen Satz lesen kannst, hat es geklappt.
Frage 1.1: Und was machst'e DANACH?
Gegenfrage: Reicht das denn nicht erstmal? Wenn ich meinen **Lebensweg** schon kennen würde, wäre es doch ganz schön langweilig.

Die täglichen Eindrücke während der Reise waren eine große Inspiration für sinnvolle und weniger sinnvolle Ideen, die ich mir immer direkt in eine Liste geschrieben habe. Ich bin gespannt was kommt.

BORDER ROADS
LIFE IS BEAUTIFUL IF YOU
ARE ON A ROAD TO
SOMEWHERE
89 RCC
15 TF

FINANZIERUNG

Die Frage, die so beliebt ist, dass sie eine eigene Überschrift bekommt, lautet: Und wie finanzierst du das Ganze? Gegenfrage: Wie finanzierst du dein Leben? Die meisten wissen nicht, welche Ausgaben sie für welche Dinge haben, was sie dadurch pro Monat beiseitelegen könnten und wie viel sie überhaupt insgesamt besitzen.

Tipp: Du brauchst keinen Vermögensberater, eine Excel-Tabelle reicht vollkommen aus. Da mein Weg nicht der optimale für alle sein mag, will ich verschiedene Vorgehensweisen zeigen, die Reisende anwenden.

Einnahmen:

a. Arbeiten, sparen, Reise machen, wieder arbeiten

Mit einem klassischen Job, der dir 24 Urlaubstage erlaubt, ist eine große Reise natürlich nicht vereinbar. Manche machen einen Deal mit ihrem Chef, viele sind selbstständig, viele kündigen ihren Job in der Überzeugung, dass sich danach irgendwas auftun wird. Ein kleiner Denkanstoß zum Thema „Job kündigen":

1. Glaubst du, dass du unfähig bist und danach keinen Job mehr finden wirst? Warum hast du dann jetzt einen?

2. Glaubst du, dass du nach einer langen Radreise, vielleicht sogar Weltreise, noch immer derselbe Mensch bist und wieder denselben Job machen willst?

b. Work & Travel effektiv

Ein paar Monate reisen und dann dort für einige Monate arbeiten, wo es tüchtig Geld zu verdienen gibt, damit man anschließend wieder reisen kann. Bevorzugte Destinationen sind finanzstarke Länder, in denen man relativ einfach eine Arbeitserlaubnis bekommt, wie Australien oder Neuseeland. Falls man keine Arbeitserlaubnis bekommt, bleibt einem die Möglichkeit der Schwarzarbeit. Für kleinere Jobs ist es wohl auch in Ordnung. Auf der Hanfplantage in den USA hätte ich innerhalb von drei Monaten meine Weltreise finanzieren können.

c. Work & Travel flexibel

Straßenmusik, Kunsthandwerk, Mini-Jobs in Restaurants, Jongleur an der Straßenampel – kleine Jobs die wenig abwerfen, aber einen dauerhaft über Wasser halten. Spannend dabei sind sicherlich die Leute, die man kennenlernt, die Erfahrungen, die man macht und die Geschichten, die man anschließend zu erzählen hat.

d. Mit der Reise Geld verdienen

Blogs, Vlogs, Social Media und Co. ist keine Sache, die von alleine läuft. Mehr ähnelt es einem Fulltime-Job, zumindest wenn man damit Geld verdienen möchte. Reisebücher gibt es wie Sand am Meer, der Reisefilm ist dank immer kleineren Kameras schon ein etabliertes Filmgenre und auch Reisevorträge sterben nicht aus.

Die gute Nachricht ist, dass das Interesse an Reisen ebenfalls steigt, insofern kann es kaum genug davon geben. Allerdings steigen auch die Anforderungen an das Endprodukt. Großer Nachteil von Buch, Film und Vorträgen ist, dass du noch relativ lang auf deiner Reise rumkauen wirst, auch wenn du eigentlich schon längst Lust auf eine Neue hast.

e. Werde kreativ

Nur um darauf hinzuweisen, dass die Punkte a. – d. nicht die einzigen Möglichkeiten sind, eine Radreise zu finanzieren, führe ich noch Punkt e. auf. Es gibt unendlich viele Möglichkeiten, also werde kreativ!

Ausgaben:

Wenn man für eine Woche Mallorca-Urlaub mit allem Drum und Dran 950 € ausgibt und dies auf gut zwei Jahre hochrechnet kommt man etwa auf 100.000 €. Diese Rechnung funktioniert nicht. Ein "typischer" Radreisender lebt günstig.

Eine goldene Regel lautet: *Sei sparsam in teuren Ländern, lebe wie ein König in günstigen.*

Beispiel: Ein frischer Frucht-Shake kostet in Indonesien umgerechnet 0,50 €, derselbe Shake kostet in den USA umgerechnet 5 €. Verzichtest du also in den USA einmal, kannst du dir in Indonesien zehn davon gönnen.

Jeder hat seinen eigenen Reisestil. Ich habe Radler getroffen, die auf einer langen Reise 25 – 30 € pro Tag ausgegeben haben, sowie einige, die angeblich nur 5 € pro Tag zur Verfügung hatten. Man kann nicht pauschalisieren, was eine Reise kostet.

Was es während der Reise kosten könnte, rechne ich hier mal exemplarisch vor (Anschaffungskosten für Fahrrad, Ausrüstung, Campingequipment usw. ausgenommen):

Essen: Du musst verdammt viel Essen, wenn du viel Sport machst. Man wird viel durchgefüttert, dennoch muss man sich sein Essen größtenteils selbst kaufen. Es hängt stark vom Land ab, aber wenn man Restaurants in den USA, Australien, Neuseeland, Mitteleuropa usw. meidet, kann man mit 2 € bis 8 € pro Tag klarkommen, ohne jeden Tag Nudeln mit Ketchup essen zu müssen. Um eine Annahme zu treffen: 5 € pro Tag.

Trinken: Trinken muss man ebenfalls viel und auch hier kann man verdammt viel Geld ausgeben oder sparen. Mit einem kleinen Reise-Wasserfilter kannst du weltweit dein Wasser filtern und bezahlst nichts. Wenn du dein Wasser immer kaufst, musst du wahrscheinlich pro Tag 2 – 3 € mehr ausgeben. Da ein eiskaltes Erfrischungsgetränk an heißen Tagen ein Moment purer Freude ist, nehmen wir 1 € pro Tag an.

Übernachtungen: Übernachtungskosten hängen extrem vom Reisestil ab und können einen riesigen Kostenfaktor ausmachen. Hier lohnt es sich richtig, kostenlose Möglichkeiten zu finden. Ich dachte, dass diese Position meine Reisekasse sprengt, aber das Gegenteil war der Fall. Je nach Land ist es auch möglich diese kosten auf 0 zu bringen, dennoch nehmen wir 1 € pro Tag an.

Visa: Visakosten hängen davon ab, welchen Pass man besitzt und welche Länder man besuchen will. Teilweise auch in welchen Ländern man zuvor war (z.B. Iran - USA). Beeinflussen kann man den Preis für ein Visum nicht. 426 € hatte ich insgesamt zu bezahlen, nehmen wir also 0,50 € pro Tag an.

Langzeitauslandskrankenversicherung: Eine Krankenversicherung muss man nicht abschließen, aber als Radreisender ist es wahrscheinlich die bessere Entscheidung. Gibt es ab ca. 1 € pro Tag.

Fahrrad: Mit einem neuen Fahrrad wirst du in den ersten Monaten keinen Cent in dein Rad investieren müssen. Je länger du unterwegs bist, umso mehr Verschleißteile müssen erneuert werden und umso mehr Macken treten auf. Wir nehmen 0,50 € pro Tag an.

Handy: SIM-Karten sind in den meisten Ländern einfach und günstig zu organisieren. Im Prinzip braucht man sie überhaupt nicht, aber wahrscheinlich wollen die meisten ihr Smartphone nutzen. 200 € zahlte ich für SIM-Karten und Guthaben, nehmen wir also 0,25 € pro Tag an.

Kleidung: Da man keinen Platz hat, sich unnötige Kleidung zu kaufen, kauft man sich eher selten Neues. Dennoch: Sonnenbrillen verkratzen, Kappen und T-Shirts werden schäbig, Hosen reißen, Schuhe fallen auseinander, man vergisst seine Socken, warme Kleidung braucht man nach der Bergregion nicht mehr und kann sie beispielsweise verschenken. Kleidung gibt es weltweit günstig. 0,50 € pro Tag.

Flüge: Ob man überhaupt Flüge braucht, hängt von der Route ab. Umso besser, wenn es Alternativen gibt, denn Fliegen mit Fahrrad ist anstrengend und nicht unbedingt klimafreundlich. Wenn man zeitlich flexibel ist, kann man beim Flugpreis viel Geld sparen. Es ist etwas unsinnig den Posten pro Tag umzurechnen, da er verhältnismäßig selten auftritt, aber wir brauchen eine Zahl. Bei zwei Ozeanüberquerungen nehmen wir 2 € pro Tag an.

Fähren und ÖPNV: Flüsse, Seen, Meere können oder müssen manchmal per Fähre überquert werden. In Städten möchte man ab und zu das Fahrrad stehen lassen, vor allem wenn man abends ausgeht. Zum Glück sind der ÖPNV und Taxis in den meisten Ländern sehr günstig. Annahme für Fähren und ÖPNV: 0,50 € pro Tag.

Eintrittsgelder und Touren: Man muss keine Sehenswürdigkeit besuchen und auch keine Tour unternehmen, da man ja fast jeden Tag spannende kostenlose Erlebnisse hat, aber manche Dinge sollte man gemacht oder gesehen haben. Annahme 0,50 € pro Tag.

Souvenirs: Dafür hast du keinen Platz. Deine Souvenirs kann die Kleidung sein, die du trägst; die Kopfschmerztabletten, die du vor einem halben Jahr gekauft hast; der neue Fahrradmantel den du dir besorgt hast usw. 0,00 € pro Tag.

Sonstiges: Geldautomatengebühren, Medikamente, Zahnpasta, Kopfhörer, Internetcafé, Friseur, Bilder drucken lassen, Schuhkleber, Gastgeschenke, Postkarten usw. 0,50 € pro Tag.

Genussmittel: Alkohol, Zigaretten, Cannabis, Betelnuss usw. Hier gehen die Vorlieben so weit auseinander, dass jeder seine eigene Annahme machen muss. Zigaretten sind in den meisten Ländern bei weitem günstiger als in Deutschland, Cannabis variiert äußerst stark. Einen günstigeren Supermarkt-Bierpreis als in Deutschland konnte ich weltweit nicht finden. Bar-Preise sind stark von den Einkommen im jeweiligen Land abhängig.

Zusammenfassend:
Wie gesagt, alle Annahmen sind sehr variabel, nach unten und nach oben – jeder hat eben seinen eigenen Reisestil. Hüte dich vor Leuten, die dir erzählen, wie günstig sie reisen und dabei lediglich Essen, Trinken und Unterkunft an einem sehr günstigen Tag miteinbeziehen. So würde auch ich an einigen Tagen auf 2 € kommen, was jedoch auf Dauer unrealistisch ist.

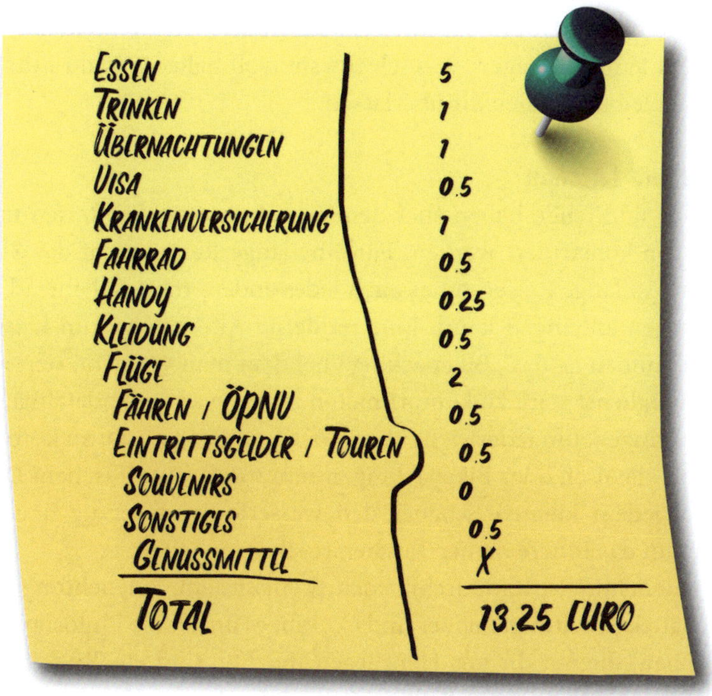

Rechnen wir nun all unsere Annahmen zusammen und lassen die Genussmittel außen vor, kommen wir auf 13,25 € pro Tag. Das entspricht etwa einer Hauptspeise mit Getränk in einem deutschen Mittelklasse-Restaurant bzw. der Tagesmiete einer 400 € Wohnung. Aus deutscher Sicht: Ist eine Weltreise per Fahrrad nun günstig oder teuer?

PACKLISTE

Die Auswahl an Marken und Produkten ist riesig und verändert sich ständig, deshalb wird in vielen Radreiseforen hauptsächlich die Ausrüstung thematisiert. Jeder hält andere Dinge für sinnvoll und nicht sinnvoll, manche fahren fast ohne Gepäck, andere nehmen noch einen zusätzlichen Anhänger und ein Klappkanu mit. Das Einzige was uns verbindet sind zwei Räder unter den Füßen. Ich kann dir sagen, was ich für sinnvoll halte. Was du mitnehmen möchtest, bleibt natürlich dir überlassen.

Fahrrad und Taschen

Reiseräder sind teuer, haben aber den Vorteil, dass sie für Reisen und ihre Belastungen konstruiert werden. Für eine lange Reise macht das Sinn, für nicht ganz so lange Reisen tut es auch jedes andere robuste Fahrrad, an das man Taschen anhängen kann. Eine moderne Alternative zum klassischen Reiserad-Aufbau ist das „Bikepacking", bei dem man versucht, sein weniges Gepäck möglichst stark zu komprimieren und eng am geländefähigen Fahrrad anzubringen, um federleicht über Stock und Stein düsen zu können.

Egal ob klassisch oder Bikepacking, nimm wasserfeste Taschen! Du willst nicht bei jedem kleinen Schauer den wasserfesten Überzug überstülpen müssen, um das Innere deiner Taschen trocken zu halten.

Über Reifenbreite, Raddurchmesser, Bremssystem, Beleuchtung, Schutzbleche, Sattel, Schaltung, Lenker und Co. gibt es unzählige Philosophien. Die zwei Sachen, die ich dir ans Herz legen möchte, sind ein Rückspiegel für bessere Übersicht und mehr Sicherheit, und ein stabiler Fahrradständer: Du kannst dein Fahrrad immer und überall abstellen und musst nicht bei jedem Foto, bei jeder Pause, bei jedem Einkauf, bei jedem Klogang usw. nach einer Anlehnmöglichkeit suchen.

Kleidung

Die Kleidung hängt natürlich extrem vom Wetter, also der Region und der Jahreszeit ab. Je weniger du anhast, umso freier fühlst du dich und umso mehr Spaß macht das Radfahren. Für sommerliche Temperaturen empfiehlt sich Kleidung aus Kunstfasern, da sie leichter ist und schneller trocknet. Hier macht vielleicht folgendes Sinn:

5 x Unterwäsche
5 x Socken
3 x T-Shirt bzw. Longsleeve
2 x Shorts
1 x Badehose
1 x lange Hose
1 x Pulli
1 x Regenjacke
1 x kleines Handtuch
1 x Kopfbedeckung
1 x Sonnenbrille
1 x Flip-Flops oder Badeschlappen
1 x Schuhe mit denen du um die Welt fahren, wandern und nach Reinigung ausgehen kannst

Für den Winter empfehle ich Kleidung aus Wolle, Baumwolle, o.ä., da sie warm hält. Hier macht vielleicht zusätzlich folgendes Sinn:

1 x warme Jacke
1 x Zusatzpulli
1 x Jogginghose
1 x Mütze + Multifunktionstuch + Schal + Handschuhe
2 x Zusatz-T-Shirt aus Baumwolle
1 x wasserdichte Hose, Jacke, Überschuhe

Fürs Fahrrad

Du solltest bereit sein, Kleinigkeiten am Fahrrad überall reparieren zu können. Falls es ein größeres Problem gibt, wirst du eine Möglichkeit finden, um zum nächsten Fahrradladen zu gelangen.

Einmal kaufen und immer wieder benutzen:

1 x Fahrrad-Multitool (mit Kettennietwerkzeug und Speichenschlüssel)
1 x Reifenhebersatz
1 x kleiner, verstellbarer Schraubenschlüssel
1 x Kettenlehre oder Messschieber
1 x Mini-Luftpumpe (nur um nach einem Platten zur nächsten Tankstelle / Dorf zu kommen)
1 x Ventiladapter auf Autoventil (damit du an jeder Tankstelle und jedem Kompressor dein Rad aufpumpen kannst, falls deine Schläuche nicht sowieso ein Autoventil haben)
1 x Fahrradschloss

Dauerhaft dabei haben und immer wieder nachkaufen:

1 x Flickzeug
1 x Kettenöl
1 x bzw. 2 x Fahrradkette (mach dich über Kettenwechselintervalle schlau)
2 x Kettenverschluss
1 x Paar Bremsbeläge
1 x Fahrradschlauch
1 x Faltreifen
2 x 2 Ersatzspeichen in der richtigen Länge

Camping-Equipment

Die Diskussionen über Camping-Equipment sind lang, die Auswahl extrem groß. Bei Gewicht und Packgröße gilt, je kleiner, desto besser, aber meist auch desto teurer. Wenn du dir Qualitätsprodukte zulegst, kannst du sie wahrscheinlich Jahrzehnte lang verwenden. Qualitätsprodukt heißt jedoch nicht, das Teuerste vom Teuren. Dir sollte in etwa klar sein, welchen Temperaturen du dich aussetzen wirst.

- Zelt
- Luftmatratze
- Schlafsack

Es gibt spezielle Reise-Kopfkissen, alternativ kannst du was aus deiner Kleidertasche nehmen, z.B. einen Pulli oder Jacke.

Essen

Wie schon erwähnt braucht man nicht unbedingt einen Campingkocher. Zu zweit in teuren Ländern ist er jedoch eine wunderbare Sache. Essenstechnisch hatte ich eher wenig dabei, aber auch ich bin nicht verhungert.

- tiefer Plastikteller
- Taschenmesser
- Löffel
- Salz

Kosmetik

Bei der Kosmetik muss man wissen, welcher Typ man ist: die Beauty Queen oder der Öko-Freak. Vielleicht befindest du dich irgendwo in der Mitte davon. Dann könntest du z.B. das mitnehmen:

- Zahnbürste und Zahnpasta
- Rasierer
- Nagelschere/-knipser

- Deo
- kleines Shampoo-Fläschchen (kannst du immer wieder bei deinen Gastgebern auffüllen)
- Sonnencreme (Longsleeve schützt vor Sonnenbrand an den Armen)

Bei Männern könnte die Liste hier zu Ende sein, bei Frauen geht sie wahrscheinlich noch etwas weiter.

Apotheke

Medizin gibt es überall wo es Menschen gibt, deswegen musst du nur dabei haben, was du einmal sehr akut gebrauchen könntest.

- Schmerztabletten
- Durchfall-Medikamente
- Pflaster

Alles andere kannst du dir vor Ort besorgen, dein Offline-Wörterbuch hilft bei der Beschreibung der Probleme.

Dokumente

Scanne all deine Dokumente ein und lade sie auf eine Plattform oder in eine Cloud, auf die du von jedem Gerät dieser Welt, das eine Internetverbindung hat, zugreifen kannst. So hast du es im Falle eines Verlustes oder Diebstahls deiner Dokumente einfacher. Was du trotzdem dabei haben musst:

- Reisepass
- Impfpass (in äußerst seltenen Fällen bei der Einreise nötig)
- Versicherungspolice der Krankenversicherung
- Internationaler Führerschein (auf einer langen Reise weißt du nie, welche Möglichkeiten sich ergeben)
- ein paar Passfotos (nicht dasselbe Foto wie im Reisepass)
- ein Zettel mit allen wichtigen Nummern (Kreditkartensperrung, Krankenversicherung, Haftpflichtversicherung usw.)

Geld

- Kreditkarte
- Geldbeutel mit Bargeld (bei größeren Mengen das Bargeld an 2-3 Stellen in den Taschen verteilen)

Elektronik

Das Gute ist, dass jegliche elektronischen Geräte immer kompakter werden. Theoretisch brauchst du natürlich gar nichts. Eine schöne minimalistische Ausstattung könnte so aussehen:

- Smartphone mit guter Kamera
- Powerbank
- Kopfhörer (deine Reise braucht einen Soundtrack)
- Fahrradcomputer (kabellos oder kabelgebunden. GPS-Fahrradcomputer haben kurze Akkulaufzeiten)
- Mini-Bluetooth-Speaker (gerade wenn man zu zweit reist eine sehr schöne Sache)
- Ladekabel, das zu allen Geräten passt

Die Sinnigkeit eines Solarpanels oder USB-Adapters für den Nabendynamo hängt vom Reisestil und der Region ab. Adapter für das richtige Steckdosensystem findest du i.d.R. vor Ort beim Elektroladen.

Papier

- kleine Weltkarte, um Gastgebern die Route zeigen zu können (auf Tablet oder Smartphone zu zeigen kann in ärmeren Gegenden spannend, aber auch unangenehm sein)
- ein Stapel Fotos von dir als Erinnerung (Gastgeschenk) für deine Gastgeber, denn du willst nicht mit leeren Händen dastehen, wenn die Leute dich beherbergt und durchgefüttert haben (können in jeder Stadt nachgedruckt werden)
- Tagebuch (falls es für notwendig gehalten wird)
- Stift

Zum Überleben

- Wassersack mit Duschaufsatz (wichtig zum Wassertransport in Wüsten oder als Dusche beim Wildcamping)
- Taschenmesser mit Zange (Multifunktionswerkzeug)
- Stirnlampe (nimm eine extrem leuchtstarke Lampe, dann kannst du auch nach Einbruch der Dunkelheit noch nach Stellen zum Wildcampen suchen)
- Klopapier!
- Mückenspray (abhängig von Region und Jahreszeit)
- Helm (in Großstädten die bessere Wahl)
- Wasserfilter (ein Mini Filter von Sawyer hält jahrelang und kann dir hunderte bis tausende von Euro sparen)

Kleinigkeiten

Kabelbinder, Nadel und Faden, Ersatzbatterien, Panzertape, Superkleber, Feuerzeug, Vorhängeschloss usw. gibt es überall zu kaufen.

Wichtig: All deine Sachen müssen einen festen Platz haben und immer wieder an dieselbe Stelle zurück gelegt werden, ansonsten bist du den halben Tag nur mit Suchen beschäftigt. Innerhalb der Taschen kannst du mit Plastiktüten arbeiten, die am besten unterschiedliche Farben haben. Auch bei Elektronik oder Kleidung gilt: Wenn du die Sachen in unterschiedlichen Farben kaufst, findest du sie in den dunklen Taschen schneller.

Wenn du eine Tasche komplett nur mit elastischen Dingen (Kleidung, Schlafsack usw.) füllst, kannst du sie als kleine Sitzgelegenheit nutzen; Campingstühle unter Radreisenden sind eher die Ausnahme.

Lass ausreichend Platz in deinen Taschen, damit du deine täglichen Einkäufe unterbringen kannst. Je nach Region musst du Essen und Trinken für mehrere Tage organisieren, in anderen Regionen isst du hauptsächlich Streetfood und dein Fahrrad ist deutlich leichter.

Zweckentfremde Dinge, um Platz zu sparen: z.B. kannst du mit einem Messer eine Dose und eine Bierflasche öffnen und brauchst keinen Dosen- und keinen Flaschenöffner; einen Plastikteller kannst du als Fächer verwenden; Fahrradtaschen dienen als Stuhl; der Pulli wird zum Kopfkissen usw.

LEG LOS!

Nimm dir eine Landkarte und skizziere deine Route. Mache Optimal-Berechnungen wie lange du dafür etwa brauchst und multipliziere das Ergebnis mit zwei oder drei, dann könntest du in etwa hinkommen. Verschaffe dir einen Überblick über die Einreisebestimmungen der Länder, die du dir ausgesucht hast. Geh zum Tropenarzt und bespreche, welche Impfungen er oder sie für sinnvoll hält. Schließ eine Langzeitauslandkrankenversicherung ab. Besorge dir ein Fahrrad, erstelle eine Packliste und erledige deine Einkäufe. Verstaue dein Hab und Gut ordentlich an einem sicheren Ort (am besten bei deiner Familie) und beauftrage jemand, der sich um deine Geschäfte in der Heimat kümmert. Vollmacht nicht vergessen! Kündige alle laufenden Verträge (Handy, Fitnessstudio usw.). Viel mehr musst du nicht machen.

Gute Vorbereitung ist schön, aber du musst nicht alles wissen. Vieles wirst du selbst herausfinden, manche meiner Tipps findest du vielleicht unbrauchbar. Die Überraschungen machen eine Reise aus und umso weniger du planst, umso mehr Überraschungen kannst du erleben. In der Ungewissheit verbergen sich die größten Abenteuer. Am Ende kommt es sowieso immer ganz anders, als man es sich vorgestellt hat.
Du bist bereit, es kann losgehen!

CAIXA
smirdex
Dundalk 10K
GUDE
Delicious
VINYL
Ferris
Gump
WELLA

DANKE an alle, die diese Reise zu der gemacht haben, die sie war – an alle, die mir ein Dach über dem Kopf gaben, die mich durchfütterten, die mich ein Stück begleiteten, die mich mitnahmen, die mir ihre Heimat zeigten, die mich unterstützten, die mir ein Lächeln geschenkt haben.

DEUTSCHLAND Hannes (Bamberg) – Jonas (Bamberg) – Christoph (Reinickendorf) – ASV Aiterhofen – Lea & WG (Passau) – **ÖSTERREICH** – Mario, Michi, Marianne (Puchenau) – Michi (Wien) – **SLOWAKEI** – Tomas (Bratislava) – **UNGARN** – Clara & WG (Budapest) – Henrique (Budapest) – **SERBIEN** – Slavko, Dragana, Aleksandar (Werbass) – Milan & Nevana (Belgrad) – Slobodan (Beranje) – **BULGARIEN** – Dimitar, Albena, Vicky, Nelli, Rumen, Ivanka (Gigen) – Musa & Mama (Chudomir) – Momchil (Varna) – **TÜRKEI** – Alper (Istanbul) – Emrah (Istanbul) – Osman (Ankara) – Zeynep (Ankara) – Ayse (Aksaray) – Tolga, Belgin & Mama (Ürgüp) – Şücrü & Fam (Özler) – Onur (Samsun) – Bengisu (Samsun) – Oğuz & Fam (Fatsa) – Luisa (Trabzon) – Ali & WG (Yomra) – Emrah, Sahra & Familie (Rize) – **GEORGIEN** – Vako (Khevi) – Demo (Tbilisi) – Beka, Giga (Tbilisi) – **ARMENIEN** – Nairi, Melsida, Nara (Shahumyan) – Hin Halidzor (Halidzor) – Perry & Ellen (Limburg) – **IRAN** – Zia & Fam (Tabriz) – Setayesh (Tabriz) – Shayan (Tehran) – Neda & Amir (Tehran) – Jooan & Rojin (Theran) – Ali, Benyamin & Fam (Isfahan) – Behzad, Mejid & Fam (Shareza) – Esmail & Fam (Marvdasht) – Reza & Mama, Amirali, Sajjad & Reyhane (Shiraz) – Amin, Ali, Arian (Darab) – Ahmad, Mohamed, Peyman (Bandar Abbas) – Moslim & Marshall (Jiroft) – **VAE** – Barry, Katja, Collin, Julie, Mayla (Dubai) – Ebrahim & Fam (Al Ain) – **OMAN** – Sulaiman & James (Bahla) – Mustafa (Nizwa) – Jutta & Andreas, Doris & Matthias (Flieden) – Steve (Muscat) – **NEPAL** – Sujan, Suman, Bhawani, Bishnu Bahadur (Kathmandu) – Roshan & Fam (Bhiman) – Ramlakim, Ramdave & Fam (Khojpur) – **INDIEN** – Paul (Siliguri) – Bodin Lama & Fam (Hope Tea Garden) – Rahul (Alipurduar) – St. John's Higher Secondary School (Barama) – Vikram, Kaveri, Chikoo (Guwahati) – Barabas & Bruder (Maram) – Gobi (Imphal) – Steve (Moreh) – **MYANMAR** – Bobo (Kalewa) – **THAILAND** – Mimi (Bangkok) – **MALAYSIA** – Be (Padang Besar) – Zubir (Kampung Teloi Tua) – Haji (Kampung Bagan Lawin) – Zahir & Fam (Kuala Lumpur) – **INDONESIEN** – Ifal & WG (Dumai) – Carlos & Fam (Pinggir) – Tasman (Pekanbaru) – Ryan Daughter & Fam (Pangkalan) – Afif (Padang) – Cyril (Frankreich) – Pepri & Fam (Mokumoku Selatan) – Irpan (Seluma) – Jeffry Thomas (Tanjung Kemuning) – Marlis & Friends (Bandar Lampung) – Hendro, Fam & Friends (Jakarta) – Amandine & Sam (Denpasar) – Rusli & Fam (Labuan Mapin) – Taqi & Fam (Manggalewa) – Ofan & Fam (Cunca Lolos) – Herman & Fam (Bulan) – Ferdinand & Kids (Borong) – Irvan & Fam (Daleholu Keka) – Apris & Fam (Boentuka) – **TIMOR-LESTE** – Mat, Kathy, Felix, Coco (Dili) – Mr. Bean & Fam (Tequino Mata) – Kerobin & Fam (Raça) – Domingosuevaz & Fam (Viqueque) – Kris (Huatabuilico) – **AUSTRALIEN** – Sam (Darwin) – Derek, Liz & Kids (Darwin) – Karl (Humpty Doo) – Peter (Speewah) – Pat (Marmor)

– Andrew & Fam (Gympie) – Sue (Sunshine Coast) – Andrew & Paul (Redcliffe) – Bell & WG (Brisbane) – Emily & WG (Brisbane) – Dylan & Kim (Gold Coast) – Willi & WG (Byron Bay) – Karen (Newcastle) – Caroline & Peter (Avalon) – Tell & WG (Sydney) – Jordan (Sydney) – **USA** – Shane & Tad (Kailua) – Philip (Seattle) – Barbara & Bill (Seattle) – Rex, Janette, Zach (Battle Ground) – Jason & Heretic House (Portland) – Travor (Reedsport) – Tim & David (Bandon) – Mister X (Potfarm) – Anita (Oakland) – Daniel, Danielle, Stella (South San Francisco) – Bob (Buellton) – Todd (Ventura) – Logan (Los Angeles) – Layla (Los Angeles) – Rachel & Owen (Los Angeles) – Bill & Fam (Huntington Beach) – Sheldon (Henderson) – Mike & Amy (Kingman) – Linda, Roy & Fam (Tonalea) – Steven, Graytona, Remington (Monument Valley) – Deja, James, Brian (Flagstaff) – Sharon & George (Prescott) – Ryan & Fam (Phoenix) – Grant, Jeret, Lucia (Phoenix) – Ben (Tucson) – **MEXIKO** – Fabiola (Hermosillo) – Lorena & Jack (San Carlos Nuevo Guaymas) – Oscar & Fam (Ciudad Obregón) – Edd & Friends (Los Mochis) – Alejandra (Los Mochis) – Marie (Guamúchil) – Emanuel & Cynthia (Culiacán) – Benjamin & Fam (Escuinapa) – Moises & Cuauhtemoc (Tepic) – Yamile & Carlos (Tepic) – Dago & WG (Guadalajara) – Fernanda & Paulina (Irapuato) – Karina (Querétaro) – Alex (Querétaro) – Alejandra, Mizi & Fam (Tula de Allende) – Jennifer (San Martín de las Pirámides) – Orlando & Fam (Orizaba) – Xavier (La Tinaja) – Melki & Fam (C-25) – Maria (Villahermosa) – Mauro & Fam (Villahermosa) – **GUATEMALA** – Marcotulio (Las Cruces) – Memo & Fam (San Benito) – Tomy & Eric (El Porvenir) – Ruben & Fam (Macanche) – **BELIZE** – Habib & Fam (Armenia) – Anemo & Fam (Big Falls) – **GUATEMALA** – Miguel & Rosa (Morales) – Jhony (Llano de Calderón) – Felizoto (San Francisco) – **HONDURAS** – Antonia & Olga (Namasigue) – **NICARAGUA** – Micha (Heinsberg) – **COSTA RICA** – Schleuserbande (Pelón de la Altura) – Heinrich & Maria (San José) – **PANAMA** – Noami & Fam (Almirante) – Valerie & Fam (Panama Ciudad) – **KOLUMBIEN** – Juan & Ximena (Rionegro) – Santiago & Natalia (Medllín) – Gustavo & Paola (Medellín) – David & Fam (Riosucio) – Mariluz & Fam (Yotoco) – Edwin (Cali) – Freddy (Cali) – Dorys (Pasto) – Magda, Daniela, Luisa (Ipiales) – **ECUADOR** – Esteban & Fam (Ibarra) – Esteban & Josué (Mitad del Mundo) – Roberto & Olivia (Quito) – Angela, Paulo, Joshua (El Triunfo) – Galo Alejandro (Machala) – **PERU** – Dube, Eda, Jesus (Mallares) – Johana & Fam (Chincha Alta) – Octavio (Abancay) – **BOLIVIEN** – Sabine & Fam (Gelnhausen) – **PARAGUAY** – Paula (Asunción) – Gabriel & Fam (Asunción) – DJ Jazzy K (Asunción) – **BRASILIEN** – Marcelo & Fam (Quedas do Iguaçu) – Franka, Niklaas, Geertje (São Paulo) – Marceli (São Paulo) – Bruno (Sao Sebastiao) – Argus (Praia do Itamambuca) – Isabel (Barra da Tijuca) – Bernardo (Rio de Janeiro) – **MAROKKO** – Jamal (Casablanca) – **STATE LOVE** – Elisaweta – **SPANIEN** – Valentina (Barcelona) – **SCHWEIZ** – Linda (Basel) – **FRANKREICH** – Janine & WG (Straßburg) – **DEUTSCHLAND** – Sue & WG (Heidelberg) – Emmi & WG (Darmstadt) – Michi (Heusenstamm) – **WELT** – Polizeistationen – Feuerwehren – Tankstellen – Kirchen – Moscheen – Fahrradläden – Mama – Papa – Robert – Tom – Robin – Lukas – Clemens – Hellstein – Ginger Nova – Uwe Banton – und viele viele mehr!

MY BIKE
CHAMPIONS

Deutschland Österreich Slowakei Ungarn Serbien Bulgarien Türkei Georgien Armenien Iran VAE Oman Nepal Indien Myanmar Thailand Malaysia Indonesien Timor-Leste Australien USA Mexiko Guatemala Belize El Salvador Honduras Nicaragua Costa Rica Panama Kolumbien Ecuador Peru Bolivien Argentinien Paraguay Brasilien Marokko Spanien State Love Frankreich Schweiz Deutschland